한국어의 부사

Korean Adverbials

Suh, Cheung-Soo

Seoul National University Press

한국의 탐구_32

한국어의 부사

서정수

서울대학교출판문화원

책을 열며

이 책은 우리말 부사에 관하여 이모저모를 살피는 데 목표를 두었다. 부사란 본디 '동사에 덧붙여 쓰이는 말(adverb)'을 가리키는 품사란 뜻이다. 그런데 실제로는 부사는 동사뿐 아니라 형용사나 다른 부사 그리고 문장 전체를 수식하는 기능을 보인다. 또 여기 부사라는 말은 "빨리, 매우, 조용히" 따위 단순 부사뿐 아니라 "매우 빨리, 산과 들에서, 참으로 아름답게"와 같은 부사구도 가리킨다. 더 나아가 갖가지 부사절 곧 "날씨가 더우니까," "동해물과 백두산이 마르고 닳도록"과 같은 부사절도 포함하여 가리킨다. 이 책에서는 그러한 부사와 관련된 갖가지 어구나 절을 국어학적으로 다루었다.

부사나 부사구 등은 문장의 필수 성분은 아니다. 곧 부사 따위가 없이도 문장이 성립된다는 말이다. 가령, "나는 그믐달을 사랑한다"와 같이 부사가 없이도 문장은 성립된다. 그러나 "나는 그믐달을 몹시 사랑한다" 더 나아가 "나는 그믐달을 가슴이 저리고 쓰리도록 끔찍이 사랑한다"와 같이 부사나 부사절을 알맞게 써서 문장을 지으면 훨씬 아름답고 감칠맛이 나는 글이 된다. 부사는 나무로 말하면 푸르고 윤이 나는 잎이나 갖가지 아름다운 꽃이라 할 수 있다. 한 나무는 기본적으로 뿌리, 줄기, 가지만 있어도 그 모습을 갖추기는 한다. 그러나 그것만으로는 앙상한 겨울나무나 고목처럼 우리의 사랑을 받기에는 모자람이 있다. 봄이 되어 꽃이 피고 잎이 나서 그 나무가 아름답고 푸르게 단장하면 우리의 사랑을 더욱 듬뿍 받게 될 것이고, 우리 삶의 환경을 훨씬 가멸지게 하지 않겠는가. 이처럼 부사나 부사절 등은 우리의 말과 글을 더욱 생기 있고 아름답게 가꾸고 꾸미는 구실을 한다. 부사나 부사절을 알맞게 쓸 줄 알아야 살아있고 감칠맛이 나는 글 솜씨를 지니게 된다는 말이다.

우리말 부사는 다른 나라말에서 도저히 찾아 볼 수 없는 특징이 있다. 풍부한 의성 의태어로 이루어진 멋들어진 부사들이 발달되어 있다. "알

뜰살뜰, 살뜰히, 올망졸망, 울긋불긋, 파릇파릇, 산들산들, 덜컹덜컹, 덜커덕덜커덕, 오락가락, 옥신각신, 벌렁, 뿔뿔이, 살금살금, 듬뿍듬뿍, 엎치락뒤치락, 칙칙폭폭" 등 숱한 의성 의태어에 뿌리를 둔 부사가 우리말의 독특한 자산이다. 우리는 이런 부사들로써 우리의 직감적인 느낌, 우리만이 서로 이해하고 통할 수 있는 실감 있는 말과 글을 쓰고 있는 것이다. 이런 부사들은 다른 나라말로는 도저히 번역할 수가 없다. 다만 그 뜻만을 옮길 수 있을 뿐이고 그 독특한 느낌은 다른 나라말로는 나타낼 수가 없다.

우리는 위와 같은 우리말의 부사를 체계적으로 기술하고 풀이하려고 힘썼다. 무엇보다도 풍부한 예문을 곁들여서 부사에 관한 언어학적 지식을 좀더 잘 이해할 수 있도록 힘썼다. 그러나 이 책이 문학서가 아니므로 부사들을 좀더 멋들어지고 아름답게 구사하는 데까지는 미치지 못하였음을 밝혀 둔다.

끝으로 우리 국어의 각 분야에 걸쳐서 총서로 엮어 펴낸 서울대학교출판부에 대하여 깊이 감사한다. 오늘날 제 나라말을 가벼이 여기고 돌보지 않는 풍토에서 그러한 출판 기획은 우리말과 문화 발전에 큰 힘이 되리라 믿는다.

2005년 3월

서정수

차례

1

부사와 부사구의 형태론적 특성

1.1 부사와 부사구 및 부사류어

부사(adverb)는 일반으로 체언 이외의 여러 문장 성분을 수식하는 낱말을 말한다. 부사는 각 용언이나 동사구, 관형사구, 딴 부사구, 그리고 절 또는 문장 전체를 수식 대상으로 하며 그것들의 서술 내용이나 정도를 여러 가지로 한정하는 수식어이다.

부사구(adverbial phrase)는 부사와 같은 수식 기능을 가진 구 형태의 어구를 일컫는다. 부사구는 두 낱말 형태로 이루어진 부사적 기능어라는 점에서 부사와 구분된다. 이 부사구는 뒤에서 다루는 부사절 곧 주어와 서술어의 결합체로 이루어진 절(clause) 또는 종속절과도 구분된다. 요컨대, 부사구는 그 머리가 부사인 이은말로서 부사가 그 앞의 딴 수식어와 결합한 것이다. 이런 부사구는 구문론적인 기능에서는 그 머리인 부사와 동일하다. "아주 재빨리," "너무나 잘," "더욱 뚜렷이" 따위가 그 보기이며 이들의 구문론적 기능은 각기 그 머리 부사인 "재빨리," "잘," "뚜렷이"와 동일하다.

부사류어(adverbials)는 부사와 부사구를 한데 묶어 가리킬 때는 편의상 쓰이는 용어로 정의한다. 종래 이런 범주 용어로 부사어라는 말이 쓰여 왔다. 학교문법에서 쓰기 시작한 이 용어는 비교적 널리 쓰여 왔고 서정수(1996 : 267ff)에서도 쓴 바가 있다. 그러나 우리는 부사어라는 용어 대신에 부사류어라는 용어를 쓰기로 한다. 그것은 부사어는 그 뜻이 다소 모호하기 때문이다. 곧 부사어라는 용어는 부사 낱말이라는 뜻이 두드러진 반면에 부사구라는 뜻은 잘 드러나지 않기 때문이다.

|새김| 여기에서 말하는 "부사어"는 대체로 Quirk et al.(1985)나 영문법서에 많이 쓰이는 "adverbials"에 해당하는 것으로서 부사적 수식 관계의 낱말이나 구를 통틀어 가리키는 용어이다. 곧 "어찌말," "부사류어" 또는 "부사 관계어"라고 할 수 있는

것으로서 부사구와 후치사구까지도 포함하여 가리키는 말로 쓴 것이다. 이런 부사류어는 부사 어구라 할 만큼 넓은 뜻이다.

부사, 부사구 또는 부사절은 모든 문장에 반드시 나타나는 것은 아니다. 이들은 특수한 경우를 내놓고는 문장이 반드시 갖추어야 하는 요소가 아니고 수의적(optional)인 성분이다. 그러나 실제로는 대부분의 문장에 부사나 부사구 등이 나타나서 문장의 서술 내용을 다양하고 가멸지게 만드는 것이 예사다. 따라서 부사적 기능을 가진 낱말, 구 또는 절은 주어, 서술어 및 관형사적 기능어와 함께 문장의 중요한 구성 성분이 된다.

아래 보기들에서 갖가지 부사나 부사구, 부사절이 여러 가지 수식 대상을 한정하는 모습을 볼 수 있다.

(1) a. 낙엽이 우수수 떨어진다.
b. 그 사람은 집에 있다.
c. 가을 하늘은 유난히 높다.
d. 그 사람은 꽤 멋쟁이이다.
e. 학생들은 선생님께 책을 사 드렸다.

(2) a. 이 구두는 아주 헌 것이다.
b. 그이는 바로 저 옛 집에서 살았다.

(3) a. 저 선수는 자못 빨리 달린다.
b. 나는 너무나 자주 깜박 잊는 버릇이 있다.

(4) a. 무릇 사람은 처신을 잘 해야 한다.
b. 확실히 그이는 그 여자를 믿고 서슴없이 돈을 맡겼다.

(1a)-(1d)의 보기에서 밑줄 친 부분은 각기 동사, 존재사, 형용사 및 지정사구를 수식하는 부사나 부사구이다. (1e)에서 밑줄 친 부분은 동사구 곧 "책을 사 드리다"의 대상을 한정하는 부사이다. (2a)에서 밑줄 친 부분은 관형사를 수식하는 부사이고, (2b)의 밑줄 친 부분은 관형사구 "저 옛"을 수식하는 부사이다. (3a)의 밑줄 친 부분은 딴 부사 "빨리"를

수식하고, (3b)의 밑줄 친 부분은 부사구 "자주 깜박"을 수식하는 부사이다. (4a)와 (4b)에서 밑줄 친 부분은 각기 문장 전체와 절을 수식하는 부사이다.

1.2 부사류어의 가름

위에서 보았듯이 우리말의 부사류어는 그 형태와 구조 및 의미 기능이 다양하며, 또 그 수식 대상의 범위가 매우 넓다. 부사류어가 구문 구조에서 차지하는 자리나 수식 관계 또한 여간 다양한 것이 아니다. 따라서 부사류어는 몇 가지 관점에서 쪼갈라 다루는 것이 여러모로 편리할 것이다.

우리말 부사류어는 우선 다음 세 가지 관점에서 나누어 볼 수가 있다.

(가) 형태나 성분 구조에 따른 가름
부사, 부사구, 후치사구, 부사절 따위

(나) 구문론적 관계에 따른 가름
문장 부사류어, 준문장 부사류어, 동사 / 존재사 수식 부사류어 따위

(다) 의미 기능에 따른 가름
위치 부사류어, 시간 부사류어, 동태 부사류어, 정도 부사류어 따위

(가)의 부사(adverb)는 부사류어의 가장 기본되는 낱말 형태로서 부사구를 이루는 머리(head) 구실을 한다. 부사구(adverbial phrase)는 그 머리인 부사에 한정하는 말들이 얹힌 것으로서 역시 부사적 기능을 드러낸다. 한편으로, 후치사구(postpositional phrase)는 후치사가 명사구와 결합한 것으로서 부사적 수식 기능을 보인다.

|새김| 부사절(adverbial clause)은 주어와 서술어가 갖추어진 절 전체가 부사적 기능을 보인다. 이에 대해서는 뒤에서 다룬다.

(5) 저 하늘이 매우 푸르다.
(6) 이 학생이 노래를 매우 잘 부른다.
(7) 그 아이는 우리 집에 있다.
(8) 날씨가 좋아서 우리는 밖에 나가 놀았다.

(5)의 "매우"는 부사이며, (6)의 "매우 잘"은 부사구의 보기이다. (7)의 "우리 집에"는 후치사구의 예이며 이것은 후치사 "에"가 그 앞의 명사구와 결합하여 이루어진 것이다. (8)의 "날씨가 좋아서"는 부사절의 보기이다. 부사, 부사구 및 후치사구, 부사절은 모두 뒤따르는 용언이나 구 또는 절을 수식하는 부사류어이다.

|새김| 여기에서 말하는 후치사의 개념은 종전의 문법서에 도입된 것과는 다름을 유의할 필요가 있다. 후치사라는 용어는 Ross(1878)에서 영어의 전치사에 대응하는 것으로 도입한 이래 유럽인들의 한국말 문법 관계의 논저에 등장하였다. 특히 Ramstedt (1933, 1939)에서는 모든 조사와 어미까지도 포함하여 광범위하게 가리키는 말로 이 용어를 썼다. 앞에서 이미 지적한 바와 같이 남궁억(1913), 홍기문(1947) 등에서도 후치사를 내세운 바 있다. 이것도 주격 표지(주격 조사)까지도 포함하는 넓은 뜻의 후치사이다. 이런 후치사의 개념은 우리가 말하는 것과는 상당히 다르다.

우리가 여기에서 말하는 후치사의 개념을 바탕으로 하여 후치사구를 설정하는 것은 몇 가지 점에서 타당성이 있다. 첫째로, 후치사라는 용어는 비록 지시 내용은 다르더라도 이미 오래 전부터 쓰였던 것이고, 또 영어 따위의 전치사와 대등한 기능을 가지므로 보편 문법을 지향하는 현대 언어학의 관점에서 거기에 발맞추어 새로이 정의하여 쓰는 것은 바람직하다.

둘째로 후치사라는 용어는 "부사격 조사"가 지닌 문제점을 개선할 수가 있다. 격(case)이라는 용어는 부사적 수식 기능 전반에 걸쳐 쓰는 것보다는 주격, 목적격 따위 문장의 근간 성분의 기능을 가리키는 데에 씀이 예사이다. 곧 부사류어 기능을 격 개념으로 설명하는 것은 일반 언어학의 관점에서 문제가 있다. 후치사라는 용어는 우선 이런 문제점을 해소할 수가 있다.

셋째로, 후치사 또는 후치사구라는 용어는 낱말을 위주로 한 전통 문법의 발상인 부사격이라는 용어의 문제점을 해소할 수가 있다. 일반으로 이 조사들은 한 선행 명사에 덧붙어서 그것을 부사 기능의 낱말로 만드는 데에 그치는 것이 아니고 대개는 앞 명사구와 결합하여 부사적 수식 기능을 가진 구를 이루게 된다. 그런 구를 이루는 수식어는 얼마든지 길어질 수 있을 뿐 아니라, 복합된 절이나 문장 형식을 보이는 수도 있다. 이를테면, "내가 오래 살다가 이사간 그 옛 집, 그 그리운 집에서 지금은 누가 살까?"라는 문장에서 밑줄 친 것이 그러한 구의 보기이다. 이렇게 얼마든지 길어질 수 있는 구를 단순히 "부사격 조사"로 이루는 "부사격 낱말"이라고 하는 것은 아무래도 불합리하다. 그래서 이를 구 개념으로 바꾸어야 할 터인데, 그러자면 "명사구 + 부사격 조사"와 같은 형식의 구를 이룬다고 해야 할 것이고 그것은 "부사격 조사구"라고 불러야 할 것이다. 그런데 그런 용어는 현대 언어학 용어로는 일반적 타당성이 모자란다. 그렇다고 "부사구"라고만 하면 "아주 빨리"와 같은 순수한 부사로 이루어지는 구와 구분이 안 된다. 그러나 "후치사" 또는 "후치사구"라는 용어를 쓰게 되면 그러한 문제점을 해소할 수 있을 뿐더러 영어 등의 "전치사구"와 대응되는 개념이 되므로 일반 언어학적 타당성이 높아진다.

한편으로, Lyons(1968 : 302)에서는 전치사(preposition)와 후치사(postposition)의 구분은 일반 언어학적으로 보아서 사소한 문제라고 한 바가 있다. 이 둘은 그 의미 기능 면에서 거의 같고 다만 나라말에 따라 명사구와의 상대적 위치가 다를 뿐이라는 것이다. 일반으로 라틴말, 그리스말, 영어 따위에서는 명사구 앞에 놓이므로 전치사라고 하고, 터키말, 일본말, 힌두어 들에서는 그 반대 위치에 놓이므로 후치사라 한다.

(나)에 보인 문장 부사류어, 준문장 부사류어, 동사 / 존재사 수식 부사류어의 보기는 다음에서 볼 수 있다.

(9) 대개 사람은 {a. 예의를 지킨다 / b. 재능이 있다 / c. 정직하다 / d. 짐승이 아니다}.

(10) 그이는 대통령으로서 {a. 책임을 다한다 / b. 훌륭하다 / c. *바보이다}.

(11) 그 여자는 안방에 {a. 앉았다 / b. 있었다 / c.*얌전하다 / *마나님이다}.

(9)의 "대개"는 문장 부사류어의 보기이며 문장 전체와 관련되는 부사류어로서 거의 모든 문장의 여러 자리에 자유로이 나타날 수 있다. (10)의 "대통령으로서"는 준문장 부사류어로서 자격 부사류어에 드는 것인데 대부분의 용언들과 비교적 자유로이 어울릴 수 있으나 (10c)에서 보는 바

와 같이 일부 지정사와는 어울리지 못하는 제약이 있다. (11)에서 보듯이 "안방에"와 같은 위치 부사류어는 동사와 존재사에만 쓰이고 형용사나 지정사에는 못 쓰인다. 이런 부사류어들의 구문론적 특성에 따른 가름은 문장 구조의 기술에 매우 중요한 자리를 차지한다. 그 쓰일 수 있는 자리와 못 쓰이는 자리를 가려낼 수가 있기 때문이다.

(다)의 위치 부사류어는 사태가 발생한 자리를 나타내는 부사류어이며, 시간 부사류어는 사건이 일어난 시간을 지정하는 부사류어이다. 동태 부사류어는 동작의 모습을 드러내는 부사류어이며, 정도 부사류어는 상태나 동작 양상의 정도를 나타내는 부사류어이다.

(12) 그 사람이 마루에 누워 있다.
(13) 나는 아침에 일찍 일어난다.
(14) 도둑놈이 재빨리 달아났다.
(15) 그애가 아주 똑똑하다.

(12)의 "마루에"는 위치 부사류어의 보기이며, (13)의 "아침에"는 시간 부사류어의 보기이다. (14)의 "재빨리"는 동태 부사류어, (15)의 "아주"는 정도 부사류어이다. 부사류어의 의미에 따른 가름은 뒤에서 다룰 것이다.

1.3 부사의 형태론적 특징

부사는 그 형태적 특징 또는 그 형성 방식에 따라 다음 몇 가지로 갈라볼 수 있다.

(가) 단순 부사 / 순수 부사 (나) 합성 부사 (다) 전성 부사

단순 부사 또는 순수 부사는 본디부터 부사 기능을 지닌 단일 형태이며,

합성 부사는 단순 부사끼리 또는 다른 말과 합성하여 부사가 된 것이다. 전성 부사는 주로 딴 범주의 낱말이 파생 접사와 결합하여 이루어진 것이다.

(16) 그이는 곧 이리 올 것입니다.
(17) 이 환자는 곧잘 일어나서 똑바로 걸어다니곤 한다.
(18) 물가가 높이 올랐다가 천천히 떨어졌다.

(16)의 "곧," "이리"는 단순 부사이고, (17)에서 "곧잘"이나 "똑바로"는 합성 부사의 보기이다. (18)의 "높이"와 "천천히"는 파생 부사이다.

1.3.1 단순 부사

단순 부사(simple adverb)는 단일한 형태소로 이루어진 부사류어 곧 한 형태소만으로 된 자립 형태소인 부사이다.

(19) a. 잘, 곧, 참, 꽤, 꼭, 또, 퍽, 못
  b. 똑, 척, 쑥, 딱, 떡
(20) a. 아주, 자주, 무릇, 사뭇, 얼른, 매우, 비록, 겨우, 거의, 아니
  b. 활짝, 훌쩍, 살짝, 슬쩍, 말짱, 슬슬, 쓱싹, 성큼, 번쩍, 줄줄
  c. 대개, 대저, 설혹, 혹간, 간혹, 과연, 물론, 만일, 만약
(21) a. 비로소, 오로지, 갑자기, 아무리, 하물며
  b. 슬며시, 넌지시, 부시시, 후닥닥, 우당탕, 어물쩍, 휘영청, 따르르
  c. 도대체, 대관절, 미상불, 여하간, 하여간
(22) a. 애오라지, 모름지기, 아무쪼록, 우두커니
  b. 슬그머니, 어렴풋이, 그래그래, 옹기종기, 살래살래, 뉘엿뉘엿

(19a)는 단일 음절의 순우리말 부사이며, (19b)의 것들은 시늉말 곧 의성어나 의태어에서 생긴 부사이다. (20a)는 두 음절의 토박이말 부사로서 그 수효가 가장 많다. (20b)는 시늉말과 관련된 것들인데 그리 많지

는 않다. (20c)에 보인 것들은 한자어에서 온 부사들의 보기인데 흔히 쓰이는 것들이다. 다만 이들은 한자의 의미를 바탕으로 생각한다면 단순 부사가 아니라고 할 수 있을지 모르나, 그 각 성분 한자는 부사가 아니므로 합성 부사라고 하기는 어렵다. (21)은 각기 3음절의 토박이말, 소리 시늉말(의성어), 모양 시늉말(의태어) 및 한자어 부사인데 그 수효가 그리 많지 않다. (22)에 든 보기들은 각기 4음절의 토박이말과 시늉말 부사인데 그 수효가 많지 않다. 어떻든 여기에 든 부사들은 단순 부사로 여길 만하다.

1.3.2 합성 부사

합성 부사(compound adverb)는 다음과 같이 부사들 또는 다른 낱말이나 어기(語基) 형태가 합성된 것들이다.

(23) a. 곧잘, 잘못, 똑바로
b. 맞바로, 요즈음, 아마도, 너무나, 일찍이, 더욱이, 더더구나
c. 반짝반짝, 달랑달랑, 출렁출렁, 껑충껑충, 산들산들, 으쓱으쓱, 덩실덩실, 둥글둥글

(23a)의 보기는 각각 두 개의 단순 부사가 합성된 것이고, (23b)의 것들은 부사나 딴 낱말들끼리 합성하여 이룬 것이다. (23c)의 보기는 두 형태가 겹쳐지는 것들인데 "반짝반짝"에서 그 각 성분인 "반짝"은 "반짝거리다," "불이 반짝 비치었다"에서 보듯이 일종의 어기로 분석될 수 있다. 따라서 이런 것들도 합성어의 한 가지로 볼 수 있다.

|새김| "올망졸망," "울뚝불뚝," "아득바득" 따위는 그 성분들이 분석되지 않으므로 합성어로 보기 힘들다. 이것은 의성, 의태의 단순 부사로 칠 수밖에 없을 것이다. 한편으로 이익섭(1982)에서는 "울긋불긋"의 경우는 "불긋불긋, 불긋하다"에서 보듯이 "불긋"을 분석해낼 수 있으므로 "반복 복합어"에 포함시켜야 한다고 하였다. 이런 분석이 가능하다면 "울긋"이라는 성분은 "어근"과 같은 성분으로 보아 "울긋불긋" 등은 합성어로 인정할 만하다.

1.3.3 전성 부사

형용사에서 전성된 부사

전성 부사(derivational adverb)는 형용사나 명사 따위에 파생 접사가 덧붙어 된 부사이다. 이런 전성 부사 중에는 형용사에서 파생된 것이 가장 많다.

(가) 파생 접미사 "히"나 "이"가 형용사 어기에 덧붙어서 된 전성 부사는 다음과 같은 방식으로 이루어진다.

일반으로, 형식 용언 "하다"가 결합되어 형용사처럼 쓰이는 어기에는 "히"를 덧붙이고 그렇지 않은 경우에는 "이"를 첨가한다.

(24) a. 넉넉하 → 넉넉히
[보기] 가득히, 아득히, 조용히, 간단히, 대단히, 똑똑히, 단순히, 꾸준히
b. 높 → 높이
[보기] 깊이, 많이, 같이, 길이, 얕이, 곧이, 굳이, 고이, 가까이

(24a)처럼 "하다"가 붙는 것에는 그것 대신에 "히"를 붙이고, (24b)처럼 "하다"와 관련없는 형용사에는 "이"를 붙이면 각각 부사가 된다.

|새|김| (24b)의 "고이," "가까이"는 "이"가 첨가되는 과정에서 형태 변화가 수반된 것이다. 곧 각기 〈곱 + 이〉, 〈가깝 + 이〉에서 변성된 것이다.

다만, "하다"가 붙을 수 있는 말이라도 "ㅅ"으로 끝난 어기에는 "히" 대신에 "이"를 쓴다.

(25) 반듯하다 → 반듯이
[보기] 따뜻이, 깍듯이, 다소곳이, 버젓이, 뚜렷이, 빠듯이, 오롯이

(나) 파생 접미사 "리"는 "르" 또는 "ㄹ"로 끝나는 일부 형용사 어기에

붙어 부사를 이룬다.

(26) a. 빠르 + 리 → 빨리
[보기] 달리, 게을리, 배불리
b. 멀 + 리 → 멀리
[보기] 널리

(다) 파생 접미사 "우 / 오"가 일부 한정된 형용사 어기에 첨가되어 부사를 이룬다.

(27) a. 잦 + 우 → 자주, 고르 + 우 → 고루, 겹 + 우 → 겨우
b. 바르 + 오 → 바로

형용사의 부사화소 "게"와 전성 부사

형용사는 몇 가지 방법으로 부사로 전성되어 쓰이는데, 많은 형용사, 이를테면, "섭섭하다, 답답하다, 아름답다, 예쁘다, 맵다" 따위는 대부분 "게"가 덧붙어 부사처럼 쓰이게 된다.

(28) 그들이 섭섭하게 헤어졌다.
(29) 꽃이 아름답게 피었다.

딴 파생 접미사의 첨가로 부사를 이루지 못하는 형용사에는 "-게"가 첨가되어 부사류어처럼 쓰이는 것이다.

그런데 최현배(1937)에서는 "게"는 파생 접미사가 아니고 부사절을 형성하는 문법 요소로 처리하였다. 이를테면, 다음 (30)에서 "높이"는 부사로 전성된 형태이지만 "높게"는 부사절의 서술부를 이루면서 절 전체를 부사적 기능으로 바꾼다고 한 것이다.

(30) a. 비행기가 높이 떴다.
b. 비행기가 높게 떴다.

(30a)의 "높이"와 (30b)의 "높게"는 부사적 기능은 마찬가지이나 전자는 부사이고 후자는 부사절의 서술부라는 것이다.

이러한 처리 방식을 두고는 이론(異論)이 있다. (28), (29)에서와 같이 "섭섭하게"나 "아름답게" 따위가 표면상 독립된 낱말처럼 쓰이고 있을 경우에 전성 부사와 쉽사리 구분되지 않는다. 또 (30)에서의 "높이"와 "높게"도 서로 별다른 의미 차이가 없이 동일한 환경에서 쓰인다. 그런데도 전자는 전성 부사요, 후자는 부사절에 속한다고 치는 것이 과연 올바른 것인지 강하게 이의를 제기하는 논의가 있다(김영희 1976b).

그런데 전통 문법서(최현배, 1937)에서 "높이" 따위는 전성 부사이고 "높게" 따위는 용언의 부사형으로 처리한 것은 현대 문법의 이론에 비추어 한 가닥 근거가 제시될 수 있다.

(31) a. (?)저 비행기가 고도가 높이 떴다.
b. 저 비행기가 고도가 높게 떴다.

(31a)에서 보는 것처럼 "높이" 형태는 그 앞에 (고도가 …)와 같은 성분이 끼어들면 어색하게 된다. 반면에 "높게"는 (31b)에서 보는 것처럼 그 앞에 그런 성분이 나타나도 비교적 나은 문장으로 느껴진다. 이러한 점은 "높게" 형태는 그 앞의 명사구에 대한 서술어 구실을 함으로써 구문론적인 결합 관계를 가질 수 있음을 시사한다. 이와는 달리 "높이" 형태는 그런 서술어 기능이 거의 드러나지 않는다. 이러한 구문론적 기능 차이는 "빨리"와 "빠르게"에서도 나타난다.

(32) a. (?)이 기차가 속도가 아주 빨리 달린다.
b. 이 기차가 속도가 아주 빠르게 달린다.

또 (31)이나 (32)를 다음과 같이 바꾸어 보아도 결과는 비슷하다.

(31)′ a. (?)고도가 높이 저 비행기가 떴다.

b. 고도가 높게 저 비행기가 떴다.

(32)′ a. (?)속도가 빨리 이 기차가 달린다.

b. 속도가 빠르게 이 기차가 달린다.

다른 한 가지 결정적인 증거는 타동사 구문에서 드러난다.

(33) a. 주인이 담을 높이 쌓았다.

b. 주인이 담을 높게 쌓았다.

(33)′ a. *주인이 담이 높이 쌓았다.

b. 주인이 담이 높게 쌓았다.

(33)에서는 "높이"나 "높게"가 다 가능하다. 이 때에는 어느 편이나 단순한 부사 기능을 보인 것이다. 그러나 (33)′에서는 상황이 판이하다. 이 때에는 내포문이 개입되어 "높다"가 서술어 구실을 겸해야 하는데, 역시 "높이" 형태는 그러하지 못하고 "높게"만이 서술어 기능을 보인다. 결국, 전자는 전성 부사이고 후자는 서술어로서의 기능을 아직 간직한 것임을 알 수 있다.

위의 고찰에서 볼 때에, "높이" 무리는 "높다" 무리가 지닌 서술어적 기능이 거의 드러나지 않고 부사적인 기능만을 보인다고 해석되며, 그 반면에 "높게" 따위는 그 본래의 서술어적 기능도 드러낸다고 여겨진다. 이는 전자는 전성 부사라 하고 후자는 용언의 부사형이라 한 전통적 견해의 타당성을 뒷받침한다고 할 만하다.

"게"가 다음에서와 같이 내포문의 서술어에 덧붙는 것도 그것이 단순한 파생 접미사가 아님을 입증한다.

(34) a. 그 아이가 마음이 곱게 생겼다.

b. 그 아이가 [마음이 곱다]게 생겼다.

(34a)와 같은 문장에서는 (34b)에 보인 것처럼 [마음이 곱다]라는 절이

전체적으로 "생기다"라는 서술어를 수식한다. 이처럼 "-게"는 주로 동사구 안에 내포된 절 또는 내포문을 이끄는 구실을 함이 확실하다.

다음과 같은 예들에서 보이는 비슷한 형태들도 부사절에 속하는 것으로 여긴다. 그것은 기저적으로는 한 문장의 서술적 기능을 드러낼 수 있는 것들이기 때문이다.

(35) a. 그 사람은 어려서 재주가 좋았다.
b. 그 사람은 [나이가 어려서] 재주가 좋았다.

(36) a. 그 학생은 늦도록 소설을 읽었다.
b. 그 학생은 [밤 시간이 늦도록] 소설을 읽었다.

각 a의 "어려서," "늦도록" 따위는 각 b에서와 같은 기저 구조에서 유래된 것으로 볼 수 있다.

"게"가 부사절을 형성하는 문법 요소라는 또 한 가지 근거는 그 분포 관계에서 찾을 수 있다. "-게"가 모든 형용사에 두루 쓰이는 형태라는 점은 그것이 파생 접미사보다는 절 형성의 문법 요소임을 강력히 뒷받침한다. "게"는 형용사뿐 아니라 동사들에도 두루 결합하여 접속 형태나 사동법의 문법 형태로서 널리 쓰이기도 한다. 곧 이 형태는 일부 특정한 앞말과 결합하는 파생 접미사와는 다른 것이다.

명사나 명사 어기에서 전성된 부사

일부 명사 또는 그와 비슷한 어기가 파생 접미사의 첨가로 부사가 되는 일이 있다.

(가) 반복되는 동일 명사 또는 어기에 "이"가 첨가되어 부사를 이룬다.

(37) a. 일일이, 낱낱이, 샅샅이, 줄줄이, 곳곳이, 조목조목이
b. 나날이, 다달이

(나) 명사 또는 명사성 어기에 "히"가 첨가되어 부사를 이룬다.

(38) 자연히, 천천히, 서서히, 극히, 감히, 톡톡히

이 때에는 "하다"가 붙어서 형용사를 이룰 수 없는 명사성 어근에 "히"가 붙는 것이므로 위의 (24a)에서 보인 것들과는 다르다.

(다) 명사 또는 〈한자어 + 적〉 형태에 "(으)로"가 첨가되어 부사적으로 쓰인다.

(39) 날로, 달로, 참으로, 진실로, 정말로, 사실로, 참말로, 겉으로, 속으로, 홀로, 여러모로, 마음으로, 차례로, 자유로, 강제로, 절대로

(40) a. 일반(적)으로, 직접(적)으로, 간접(적)으로, 대체(적)으로, 실제(적)으로
b. 전적으로, 광적으로, 감정적으로, 이성적으로, 전통적으로, 총체적으로, 단적으로

(39)에서는 일부 명사에 "(으)로"가 첨가되어 부사류어로 쓰이는 것을 보인다. 이 때의 "-(으)로"는 "집으로 간다"에서의 방향 지시 후치사(또는 부사격 조사)와는 다른 형태소로 보아야 할 것이다. 이는 일종의 부사 형성 접미사로 여김이 마땅하다. (40)에서는 한자어에 "적"이 붙은 말에 "으로"가 덧붙어 부사적으로 쓰이는 것들을 보인다. 이 때의 "으로"도 접미사로 보아야 할 것이다.

|새|김| "날로, 참으로" 따위에서 "(으)로"는 파생 접미사로 보아야 마땅하다. 다만 그것이 후치사와 동일한 형태이므로 얼핏 보아 서로 관련이 있는 듯하다. 그러나 그것은 후치사로서의 "(으)로"가 지닌 어떤 의미와도 관련이 없다. 더구나 "일반적으로"와 같은 말에서 "으로"는 후치사라고 볼 수 있는 근거가 전혀 없다.

(라) 명사 또는 명사성 어기에 "내"가 첨가되어 부사를 이룬다.

(41) a. 끝내, 끝끝내, 봄내, 여름내, 일년내, 마침내, 하루내, 저녁내, 아침내
b. 가으내, 겨우내, 내(나이)내

이런 부사는 생산성이 높지는 않으며, 특히 (41b)와 같은 것은 일종의 음운 변화가 수반되어 이루어지는 합성어의 성격을 띤다.

(마) 체언에 접미사 "(이)서" 따위가 첨가되어 부사를 이루는 일이 있다.

(42) a. 그애가 혼자서 놀았다.
b. 애들이 {둘이서 / 셋이서 / 여럿이서} 싸웠다.

(43) a. 그 아이가 혼자 놀았다.
b. 그들이 {혼자 / 둘이 / 여럿이} 싸웠다.

(42)에서 "혼자서"는 "서" 형태가 첨가되었고 "둘이서"에는 "둘이 + 서"로 분석된다. "이"는 일종의 조음소와 같은 구실을 한다고 여겨진다. 그런데 (43)에서처럼 "서"가 임의로 탈락이 될 때에는 "혼자"나 "둘이" 따위가 부사처럼 쓰이기도 한다. 전통 문법에서는 이런 체언은 부사의 구실을 한다고 설명했다. 그러나 이런 것들은 본디 "서"가 임의로 탈락되어 나타난 표면 현상이므로 명사가 그대로 부사 기능을 한다고 할 수 없다. 곧 이런 경우는 "-서"의 임의로 탈락으로 말미암아 부사가 명사와 동일 형태가 된 것이라 설명된다.

|새김| **한일 두 나라말의 사람 수효의 가리킴 방식** : 일본말에서는 우리의 "혼자(서)"와 "둘이(서)"에 대응하는 것으로서 "hitori(de)," "hutari(de)"라는 낱말이 있다. 이 말은 다음과 같이 부사류어와 주격으로 쓰인다.

〈1〉 Karera wa {hitori de / hutari de} asonda.
'그들은 {혼자서 / 둘이서} 놀았다.'

〈2〉 Karera wa {*hitori / *hutari} asonda.
'그들은 {*혼자 / 둘이} 놀았다.'

〈3〉 (kare) hitori ga asonda.
'(그) 혼자가 놀았다.'

(karera) hutari ga asonda.
'(그들) 둘이가 놀았다.'

〈1〉에서 보듯이 일본말에서는 우리말의 "혼자서"나 "둘이서"에 해당하는 "hitori de"와 "hutari de"는 부사류어적으로만 쓰이고 "−de"("−서"에 해당함)가 탈락되면 〈2〉에서 보듯이 부사류어로 쓰일 수 없고, 〈3〉에서와 같이 주격으로만 쓰인다. 또 일본말에서는 우리말의 "서이(서)," "너이(서)"에 해당하는 고유어는 없는 듯하다. 그래서 각기 "sannin de," "yonnin de"와 같이 쓰는 것이 보통이다.

위에서 보듯이 한일 두 나라말에서 사람 수효의 가리킴 방식은 차이가 있고 그 낱말의 수효도 다르지만 서로 대응되는 특별한 고유어가 발달된 점은 주목할 만한 일이다. 이는 날짜 가리킴말의 고유어가 두 나라말에 나란히 발달된 점과 일맥 상통한다. 이런 일상말 표현에서 보이는 비슷함은 두 나라말의 관계를 밝히는 데에 중요한 실마리가 될 수 있을 것이다.

그 밖의 전성 부사

그 밖의 전성 부사란 용언이나 딴 범주에 파생 접미사 따위가 첨가되어 부사로 쓰이는 것을 말한다.

(44) a. 용언 + 어 / 아 : 참 + 아 → 차마, 넘 + 어 → 너머
b. 용언 + 래 : 날 + 래 → 날래, 모르 + 래 → 몰래, 다르 + 래 → 달래

(45) 부사 + 이 : 곰곰이, 더욱이, 일찍이, 곧이, 샅샅이

(44)에 보인 전성 부사에는 상당한 음운 변화를 거쳐서 된 것들이 있으므로 공시성이 문제가 될 수 있다. 그러나 그 어원 분석이 쉽사리 이루어지므로 공시적인 파생어라고는 할 수 있을 것이다. (45)의 예들은 접미사가 공통적으로 분석되므로 접미 파생어에 속한다고 할 수 있다.

1.4 부사구의 형태론적 특징

위에서 살핀 부사의 형태론적 특징은 부사구에도 거의 그대로 적용된

다. 부사구란 부사들이 결합해서 이룬 부사 기능 형태인데 그 모든 기능은 그 머리인 부사의 그것과 일치하기 때문이다.

(46) 매우 잘, 썩 잘, 아주 많이, 꽤 빨리, 너무 많이, 퍽 높이

이런 부사구의 성분은 모두 부사이기 때문에 그 형태론적 특징은 각 성분의 것과 별로 다를 바가 없다.

부사구를 이루는 성분들의 결합 관계는 구문론적인 것이므로 형태론적으로 결합한 합성 부사 곧 "곧잘," "똑바로" 따위와는 다르다. 부사구는 개별 부사가 독립적으로 이어져서 수식 기능을 서로 보완하여 드러낸다. 이런 점에서 부사구는 그 개별 성분 부사의 쓰임으로 처리해도 무방하다. 다만, 그것을 한 덩이로 묶어 부사구라는 이름을 붙였을 뿐이다. 이는 두 성분이 하나의 부사와 동일한 기능을 보이는 형태론적 결합체와는 구별되는 것이다.

국어의 부사구는 대개 그 머리 부사는 동태 부사이고 그 앞 부사는 정도 부사이다. 위의 "매우 잘, 썩 잘" 따위가 그 보기이다.

(47) 그 사람은 노래는 썩 잘 부르지만, 춤은 잘 못 춘다.
(48) 사람들이 너무나 많이 모여서 아주 천천히 걸어 갔다.
(49) 그는 일을 아주 잘 못 처리하였다.

특히 (49)의 "아주 잘 못"은 부사가 셋이 이어진 것인데 이런 것도 가끔 나타난다.

|새김| "너무 너무 너무 좋아"에서와 같이 "너무"라는 부사를 지나치게 반복하여 쓰는 것은 바람직스럽지 않다. "너무"라는 말에는 '지나치다'는 뜻이 들어 있으므로 "좋다, 아름답다"와 같이 긍정 평가의 뜻을 가진 말과 결합시키는 것은 의미적으로 불합리하다. "너무나 좋다"는 "좋음이 지나치다"는 뜻이 되어 오히려 안 좋다는 것을 나타낼 수가 있기 때문이다.

1.5 후치사구의 형태론적 특징

"후치사구"란 앞에서 언급한 바와 같이 〈명사구 + 후치사〉 유형의 부사류어를 말한다. 명사구는 〈관형어 + 체언〉의 형태를 지니는 것인데 이런 명사구의 문법적 기능은 그 머리인 체언의 그것과 동일하다. 그래서 여기에서는 〈체언 + 후치사〉를 중점적으로 다룬다. 우리가 말하는 후치사는 전통 문법의 부사격 조사에 해당하는 것인데 우리는 몇 가지 이유로 후치사라고 하였다. 또 이것이 머리가 되어 선행 명사구와 결합하는 것은 구(이음말)로 볼 수 있으므로 후치사구라 한 것이다. 그전에는 체언에 부사격 조사가 붙어서 된 부사류어라고 처리하였으나 단순한 낱말이 아니라 각기 다른 범주의 두 요소가 결합하여 형성되는 구가 되는 것이다. 이런 후치사는 한낱 부속물 또는 굴절 형태처럼 다루어 왔으나 기능상으로는 일반 낱말 못지않은 주요 범주이다. 따라서 이들과 앞 말의 결합은 후치사구로 처리하여야 마땅하다.

후치사구는 다음 몇 가지 방식으로 형성되는데 일부는 변이 형태를 보이기도 한다.

(50) a. 명사 + 후치사 : 집에서, 바다로, 기차로(써), 선생으로(서)
b. 대명사 + 후치사 : 나에게, 우리로서, 그들에게서
c. 수사 + 후치사 : 하나로써, 하나부터 열까지

(51) 체언 + ϕ : 오늘, 내일, 어제, 그저께

(52) 명사구 + 후치사 : 저 집에, 새 직장으로, 모든 힘으로(써), 저기 저 사람에게

(50)은 부사류어 형성의 후치사는 상당히 많다. (51)의 〈체언 + ϕ〉는 체언과 동일한 형태가 그대로 부사류어로 쓰이는 경우이다. 그런데 이들

도 본디 〈체언 + 후치사〉에서 후치사가 상례적으로 탈락되어 굳어진 것으로 볼 수가 있다. 곧 "오늘"은 "오늘 + 에"이던 것이 "에"라는 후치사가 상례적으로 탈락한 데에서 이루어진 것이라 볼 수가 있다. (52)에서는 〈관형어 + 체언〉이라는 명사구 전체에 후치사가 첨가되어 부사류어가 됨을 보이는 것이다.

특히, (52)에서 보이는 구조는 유의할 필요가 있다. 그것은 〔〔관형어 + 체언〕〔후치사〕〕의 결합 관계를 보인다. 이것은 〔〔저 집〕〔에〕〕와 같은 구조 관계를 말한다. 이는 종전에 생각하던 결합 관계인 〔관형어〔체언 + 후치사〕〕 곧 〔〔저〕〔집에〕〕와 같은 구조 분석과 다르다. 후자에서는 "집에"라는 부사류어를 "저"라는 관형어가 수식하는 셈이 된다. 이는 관형어가 부사류어를 수식한다는 말이 되니 우리말 문법의 일반 규칙에 어긋난다.

앞에서 고찰한 바는 주로 부사류어 형태들의 특성이다. 곧 단순 부사, 전성 부사, 합성 부사, 부사구 및 후치사구 등이 지닌 구조의 특성들을 살핀 것이다. 이러한 것들은 대체로 어휘적 구조에 속하고 구문론적 차원은 아니다. 그러나 이는 구문론적 기술의 바탕이 된다.

|새|김| **체언의 부사류어 기능** : 부사류어로 쓰이는 "오늘"은 "오늘 + 에"에서 "－에"가 상례적으로 탈락된 것으로 처리하면 후치사구의 범주를 일반화할 수 있으며, 아울러 체언이 부사 기능도 보일 수 있다고 했던 전통적 설명 방식을 바로잡을 수 있다. 또 "오늘에"와 같은 쓰임이 지금도 나타나는 사실을 무리 없이 설명할 수가 있다.

〈1〉 우리는 모두 오늘에 산다.

〈2〉 그 편지는 오늘에야 도착했다.

"내일," "모레" 등도 "오늘"과 마찬가지로 "－에"가 상례적으로 탈락한 것으로 보면, 체언이 후치사구를 이룰 경우로 여겨지며, 그 의미도 더욱 뚜렷해진다. "아침에," "저녁에" 등과 동일한 구조의 시간 부사류어라 설명할 수 있기 때문이다. 이것은 체언이 부사 구실을 한다고 하는 전통 문법의 설명 방식보다 훨씬 체계적인 것이다.

2 부사류어의 구문론적 특성

2.1 부사류어의 구문론적 기술

부사류어의 구문론적 특성이란 부사류어들이 문장 구조에서 피수식 성분들과의 어울림 관계에서 드러내는 여러 가지 속성을 가리킨다. 이는 앞에서 살핀 형태론적 특성이나 뒤에서 서술하는 의미적 특성과 다르다. 형태론적 특성은 주로 부사류어의 어휘적 구조나 그것들이 이루는 구의 구조적 성격을 가리킨다. 의미적 특성은 부사류어들이 지니는 고유한 의미 기능을 가리킨다. 그런데 구문론적 특성은 그 부사류어 어휘나 구들이 문장 구조를 이루는 과정에서 드러내는 기능을 통틀어 일컫는다.

이러한 부사류어의 구문론적 기술은 무엇보다도 중요하다. 우리의 문법 기술 목표는 문장을 이루는 규칙을 마련하는 것이기 때문이다. 문법적인 문장을 이룰 수 있도록 부사류어를 알맞게 쓰려면 부사류어 자체의 형태론적 구조나 그 의미적 특징을 알아 보는 데 그쳐서는 안 된다. 어디까지나 그 부사류어들이 문장 구조에서 어떤 기능과 제약을 가지고 어울리는지를 밝혀 기술할 필요가 있다. 종래처럼 부사류어의 형태 의미론적 특성의 기술을 목표로 하여 분류하고 분석하는 것이 아니고 그것을 바탕으로 하되 구문론 차원에서 부사류어를 기술하는 것이 긴요하다.

부사류어의 구문론적 기술에서는 모든 부사류어를 구문론적 특성과 기능에 따라 재분류하여 다루어야 한다. 각 형태의 부사류어는 문장 구조에서 지니는 기능적 특성에 따라 나누어 살펴야 한다는 것이다. 앞에서 다룬 단순 부사, 전성 부사, 후치사구 따위의 구분이나 위치, 시간, 양상 따위의 의미론적 기준에 따른 구분을 망라하여 한데 섞어서 구문론적 특성에 따라 다시 분류하여 다루어야 한다는 것이다.

2.2 부사류어의 자리

국어 부사류어는 수식 대상의 앞에 오는 것이 원칙이다. 다른 여러 수식어의 경우와 마찬가지로 부사류어도 그 수식 대상의 앞에 놓이는 것이 예사이다. 뒤바뀜 문장과 같은 특수한 경우가 아니고는 부사류어가 그 수식 대상의 뒤에 놓이는 일은 거의 없다(성기철 1992:131).

(1) a. 그이가 그 여자의 얼굴을 힐끔 보았다.
    b. 그이가 그 친구를 맞이했다, (정말) 반가이.

(2) a. 대개 그 사람은 약속을 지킨다.
    b. 그러나 저 사람은 약속을 안 지킨다, 대개는.

(1a)의 "힐끔"은 그 수식 대상 "보다"의 앞에 자연스럽게 놓였다. 그러나 (1b)의 "(정말) 반가이"는 그 수식 대상인 "맞이하다"의 뒤에 놓여 있는데 정상적인 자리가 아님을 알 수 있다. (2)의 "대개"는 문장 전체를 수식 대상으로 하는 경우인데 그 위치는 비교적 자유스럽다. 그러나 그것이 (2b)에서처럼 문장의 끝으로 옮겨질 때에는 특별한 경우로 여겨진다.

|새김| 일본말에서도 대체로 우리말에서처럼 부사류어는 피수식어의 앞에 놓인다.

〈1〉 Kare wa hitori de sabisiku aruite imasu.
'그이는 혼자서 쓸쓸히 걷고 있습니다.'

그러나 영어에서는 부사류어가 수식어의 앞이나 뒤에 자유로이 놓일 수 있는 것들이 많다. 이를테면,

〈2〉 The play was indeed exellent. '그 연극은 참으로 훌륭했다.'
〈3〉 The play was exellent indeed. '그 연극은 훌륭했다 참으로.'

부사류어는 일반으로 피수식어의 바로 앞에 놓이는 것이 가장 자연스

럽다. 부사류어는 피수식어의 사이에 딴 요소를 개입시키지 않고 바로 가까이에 놓일 때에 가장 자연스러운 문장을 이룬다는 것이다. 다만 문장 전체를 수식하는 부사류어는 비교적 자유스럽게 놓일 수 있다.

(3) a. 그 사람이 술을 많이 마신다.
b. 그 여자가 많이 담배를 피운다.

(4) a. 그 아이는 행실이 매우 착하다.
b. 그 아이는 매우 행실이 착하다.

(5) a. 무릇 하늘은 착한 사람을 돕는다.
b. 하늘은 무릇 착한 사람을 돕는다.

(3)의 "많이"나 (4)의 "매우"와 같은 부사류어는 각기 그 수식 대상인 동사나 형용사의 바로 앞에 놓이는 것이 가장 자연스러움을 알 수 있다. (5)의 "무릇"은 문장 전체를 수식하는 부사류어이므로 그 위치를 바꾸어도 별 차이가 없다.

|새|김| **선행 명사와 분리 가능한 "하다" 결합형의 수식** : 이른바 형식 동사 "하다"와 결합된 동사구로서 그 선행 명사와 분리될 수 있는 것들은 그 수식어와의 위치 관계에 색다른 제약을 보인다.

〈1〉 그이가 {a.열심히 공부한다 / b.열심히 공부를 한다 / c.공부를 열심히 한다}.
〈2〉 그이가 {a.?잘 공부한다 / b.?잘 공부를 한다 / c.공부를 잘 한다}.

"열심히"와 같은 부사는 "공부하다" 따위 동사구와 어울릴 때에 그 자리를 비교적 자유스럽게 옮길 수 있으나, "잘"과 같은 부사류어는 "하다"의 바로 앞에 놓이는 것이 자연스럽다. 이러한 현상은 부사와 그 수식 대상과의 어울림 관계에 유다른 제약이 있음을 시사한다. 이런 부사와 수식 대상과의 어울림에서 드러나는 위치 관계는 좀더 자세히 규명할 필요가 있을 것이다(성기철 1992:131).

2.3 부사류어의 겹침

부사류어는 한 문장 안에 여러 개가 동시에 나타나서 수식 기능을 보일 수 있다. 부사나 후치사구 따위가 다양하게 나타나서 문장 구조를 복잡하게 이룰 수가 있는 것이다.

(6) 보통 사람들이 주일날에는 야외로 끼리끼리 나가서 즐거이 논다.
(7) 오늘 아침에 여덟 시에 일어나서 책을 열심히 읽었다.

(6), (7)에서 밑줄 친 부분이 모두 부사류어이다. 이처럼 부사류어는 필요에 따라 몇 개씩 겹쳐 쓰일 수 있는 문장 성분이다.

부사류어가 겹쳐서 쓰일 때에 그 순서는 대개 〈문장 부사류어, 시간 부사류어, 처소 부사류어, 동태 부사류어〉와 같은 모습을 보인다. 그러나 이것은 대체적인 경향일 뿐이고 그것이 고정되어 있는 것은 아니다. 어떻든 부사류어는 그 수식 대상의 앞에 놓임은 변함없는 원칙이다.

(8) a. 일반으로 〈문장 부사류어〉 마을 사람들은 일요일 밤에 〈시간 부사류어〉 집에서 〈처소 부사류어〉 편히 〈동태 부사류어〉 쉰다.
b. 마을 사람들은 일반으로 〈문장〉 집에서 〈처소〉 일요일 밤에 〈시간〉 편히 〈동태〉 쉰다.
c. 마을 사람들은 일반으로 〈문장〉 집에서 〈처소〉 편히 〈동태〉 일요일 밤에 〈시간〉 쉰다.
d. (?)마을 사람들은 편히 〈동태〉 일반으로 〈문장〉 집에서 〈처소〉 일요일 밤에 〈시간〉 쉰다.

(8a)에서처럼 문장 부사류어(문장), 시간 부사류어(시간), 처소 부사류어(처소) 및 동태 부사류어(동태)와 같은 순서로 배열되는 것이 가장 자연스럽다. (8b)에서는 앞의 세 가지 부사류어를 자리바꿈한 것인데 조금 어색하기는 하나 받아들일 만하다. 그러나 (8c)에서와 같이 동태 부사류어를 시간 부사류어 앞에 가져다 놓으면 상당히 어색한 문장이 되며 그 동태 부사류어를 문장 부사 앞으로 가져가면 받아들이기 어려운 문장이 되고 만다.

부사류어의 어순에 관한 논의

김승렬(1988)에서는 문부사나 접속 부사의 정상적 위치는 문두이고, 한정 부사의 정상적 위치는 피한정어의 바로 앞 자리라 할 수 있으나 여기에도 제약이 있으며 어순에 관련된 여러 제약을 여덟 가지로 분석하였다. 제약의 내용을 몇 가지 보면 다음과 같다.

(가) 문부사는 정상 위치는 문두이지만, 문중과 문말에도 나타난다.
(나) 문부사는 한정 부사를 뛰어넘지 못한다.

(9) a 아마도 그녀는 매우 빨리 달릴 것이다.
b. 그녀는 아마도 매우 빨리 달릴 것이다.
c. *그녀는 매우 아마도 빨리 달릴 것이다.
d. *그녀는 매우 빨리 아마도 달릴 것이다.

(다) 한정 부사의 정상적 위치는 피한정어의 바로 앞이지만 술부를 벗어나서 문두나 논항의 사이로 끼어들 수 있다.

(10) a. 철수가 밥을 빨리 먹는다.
b. 철수가 빨리 밥을 먹는다.
c. 빨리 철수가 밥을 먹는다.

한편으로, 성기철(1992)에서는 국어의 어순 문제를 다루면서 부사류어는 어순에 따라 "문 자유 어순 부사류어, 서술부 자유 어순 부사류어, 서술부 인접 부사류어(핵 인접 부사류어)"로 구분된다고 하였다.

문 자유 어순 부사류어는 주어의 앞뒤 어순, 또는 서술부 앞이나 목적어 다음 위치 등 서술부 내부에서 자유로운 어순을 취할 수 있는 것들이라 하였다.

(11) a. 어제 영국에 유학을 갔던 초등학교 동창생이 미국을 경유해서 서울에 돌아왔다.
b. 영국에 유학을 갔던 초등학교 동창생이 어제 미국을 경유해서 서울에 돌아왔다.
c. 영국에 유학을 갔던 초등학교 동창생이 미국을 경유해서 어제 서울에 돌아왔다.
d. 영국에 유학을 갔던 초등학교 동창생이 미국을 경유해서 서울에 어제 돌아왔다.

서술부의 자유 어순 부사류어는 문두 위치로 오기는 어렵지만 서술부 안에서는 비교적 자유로운 어순이 허용되는 것이다.

(12) a. *조금 전에 만났던 친구는 바둑을 좋아하였다.
b. 내가 만났던 친구는 조금 바둑을 좋아하였다.
c. 내가 만났던 친구는 바둑을 조금 좋아하였다.

서술부 인접 부사(핵 인접 부사)는 핵어에 인접하는 어순만이 허용되는 것이라고 하였다. 부사 중에서 어순의 제약을 가장 크게 받는 전형적인 예로 부정의 부사 "아니"와 "못"을 들었다. 이 두 부사는 핵어의 바로 앞 어순만 허용되는 것이 특징이다.

(13) a. 나는 술을 안 마신다.
b. *나는 안 술을 마신다.
c. *안 나는 술을 마신다.

(14) a. 철수는 대학에 못 간다.
b. *철수는 못 대학에 간다.
c. *못 철수는 대학에 간다.

또한, 성기철(1992)에서는 부사류어의 다른 유형인 부사절의 어순을 논의했다. 여기 부사절이란 것은 종래의 부사절에다 종속절로 알려진 것을 함께 포괄하여 지칭하고 있다. 그 어순 관계로 보아서는 두 가지 절이 그렇게 선명하게 구분되는 것이 아님을 밝히고 결국, 종래의 종속절이란 것이 부사절과 다를 바 없음을 보여 주었다.

2.4 부사류어의 임의성과 필수성

부사류어는 문장 구조에서 딴 성분을 여러 가지로 한정하는 수식어이다. 일반으로 이런 수식어로서의 부사류어는 주어나 목적어, 보어나 서술 용언처럼 필수 성분은 아니다. 부사류어는 주어나 서술어를 이루는 주성분들에 대하여 필요에 따라 한정 작용을 하는 임의 성분이다.

(15) a. 물이 위에서 아래로 천천히 흐른다.
  b. 물이 흐른다.

(16) a. 그들이 교실에서 책을 열심히 읽는다.
  b. 그들이 책을 읽는다.

(15a)의 부사류어 "위에서 아래로 천천히"가 안 나타나고 (15b)처럼 주어와 서술어만 있어도 문장이 성립된다. (16a)에서 "교실에서, 열심히" 따위가 안 나타나고 (16b)와 같이 되더라도 문장이 성립하는 데에는 지장이 없다. 곧 부사류어는 의미 표현의 필요에 따라 쓰일 수도 있고 안 쓰일 수도 있는 임의 성분으로서 주어, 목적어, 서술 동사 등의 필수 성분과는 다른 것이다.

그런데 특정한 용언이 이루는 문장에서는 부사류어가 반드시 나타나야 한다. 부사류어가 함께 쓰이지 않으면 온전한 문장을 이루지 못하는 특정한 용언이 있다. 이런 현상은 드문 일이기는 하지만 부사류어가 반드시 나타나야 하는 필수 성분으로 인정되는 예가 되는 것이다. 이런 부사류어는 필수 부사류어(obligatory adverbials)라고 하는 것인데 정확히 말하면 "필수적으로 쓰이는 부사류어"라 할 것이다. 부사류어 자체는 일반 부사류어인데, 다만 그런 특수한 환경에 따라 필수적으로 쓰이는 부사류어가 되는 것이다.

(17) a. 산이 바다가 되었다.
b. *산이 되었다.

(18) a. 우리가 조군을 사위로 삼았다.
b. *우리가 조군을 삼았다.

(19) a. 그이가 적과 싸웠다.
b. ※그이가 싸웠다.

(20) a. 시간은 금과 같다.
b. ※시간은 같다.

(21) a. 그이가 보물을 방바닥에 {두었다 / 놓았다}.
b. (※)그이가 보물을 {두었다 / 놓았다}.

(22) a. 우리가 김씨를 대통령으로 {뽑았다 / 만들었다}.
b. (※)우리가 김씨를 {뽑았다 / 만들었다}.

(23) a. 그이가 오늘 집에 {있다 / 없다}.
b. (※)그이가 오늘 {있다 / 없다}.

(17)-(23)의 각 b에서 보듯이 용언 "되다, 삼다, 싸우다, 같다, 두다 / 놓다, 뽑다 / 만들다, 있다 / 없다" 따위는 일정 형태의 부사류어와 어울리지 않고는 온전한 문장을 이루지 못한다. 이런 경우에 쓰이는 부사류어가 필수 부사류어이며, 이들은 불완전 용언 또는 그와 유사한 용언이 쓰일 때에는 반드시 수반되어야 하는 것이다.

위 각 b의 문법성 또는 받아들일 수 있는 가능성은 조금씩 다르다. (17b)와 (18b)는 구문론적으로 성립되지 않는다. 따라서 "되다"나 "삼다"가 그 앞에 아무런 부사류어가 없이 쓰이는 구문은 온전히 비문이다. (19b)나 (20b)는 구문론적으로나 의미적으로 온전치 못한 문장이지만 화용론적 상황이 주어져서 그 의미가 이해될 수 있을 때에는 쓰이는 수가 있다. (21)–(23)에서도 각 b는 온전치 못한 문장이지만 화용론적인 보충을 받아 곧잘 쓰이기는 한다. 그래서 이런 문장만 단독으로 쓰여도 그렇게 어색하게 들리지 않는 형편이다. 그러나 이런 경우에도 그런 환경 여건이 갖추어지지 않는다면 불완전한 문장으로 여겨져 금방 되물음을 당할 것이다. 이런 점에서 위의 각 b와 같은 문장은 온전치 못한 문장이라 하는 것이다. 여기 온전치 못한 문장이란 적어도 의미와 구문론적 요건 가운데 어느 한 가지가 갖추어지지 못한 것을 가리킨다고 할 수 있다.

필수 부사류어와 논항

우리가 말하는 필수 부사류어는 대부분 "명사구 + 후치사"의 형태이므로 논항(argument)으로 칠 수가 있다. 논항이란 의미론에서 한 명제를 구성하는 명사(名辭)가 그 명제에 대하여 가지는 관계를 가리킨다. "그 아이가 똑똑하다"와 같은 명제에서 "그 아이"가 논항이다. Fillmore(1968) 등의 격문법(Case Grammar)에서는 기저 구조가 서술어와 논항들로 이루어진다고 한 바 있다.

(24) 그 사람이 열쇠로 문을 열었다.

(24)와 같은 문장의 기저 구조에서는 "열다"라는 동사가 행동자("그 사람"), 기구격("열쇠"), 대상격("문")의 세 격, 곧 세 개의 논항을 지니게 된다고 한다.

(25) 열쇠로 문이 열렸다.

동일한 동사라도 (25)와 같은 문장의 기저 구조에서는 두 개의 논항을 지니게 된다. 이러한 논항의 개념에 비추어 보았을 때에, 자동사는 일반으로 한 자리(one-place)의 논항, 여느 타동사는 두 자리(two-place)의 논항을 필수적으로 가지게 된다. 그런데 위에서 본 "되다"는 두 자리 논항이 반드시 있어야 하는 서술어이다. 또 "삼다"와 같은 불완전 타동사는 세 자리 논항을 지니게 되는 서술어임을 알 수가 있다. 결국, 이러한 논항 중의 하나가 우리가 말하는 필수 부사류어에 해당하는 것이다.

한편으로, 남기심(1993:10-13) 및 같은 책의 많은 곳에서 동일한 동사라도 환경에 따라 필수 논항과 같이 쓰이게 됨을 밝혔다.

(26) a. 그는 그 도시에 머물렀다.
b. ?그는 ϕ 머물렀다.

(27) a. 이 도회지에 굉음이 새벽을 뒤흔들었다.
b. ϕ 굉음이 새벽을 뒤흔들었다.

(26)에서처럼 "머물다"와 같은 동사는 "그 도시에"라는 위치 부사류어를 필수 논항으로 하므로 함부로 생략을 할 수가 없다. 그러나 (27)의 "뒤흔들다"와 같은 동사는 그런 부사류어를 필수 논항으로 하지 않음을 알 수가 있다.

그 저서에서는 그 밖에 "접어들다, 놀라다, 참견하다, 찍히다, 있다, 없다, 박히다, 생기다, 가득차다" 따위 많은 동사가 부사류어를 필수 논항으로 하는 서술어가 될 수 있다고 기술하였다.

2.5 자유 부사류어와 제약 부사류어

부사류어는 그 수식 대상의 범주에 따라 분류하는 것이 중요하다. 부사류어가 문장 구조에서 어떤 성분을 수식하느냐에 따라 부사류어를 갈라 놓아야만 그것을 알맞게 골라 쓸 수 있기 때문이다. 문장 전체를 수식할 수 있는 부사류어, 몇 개 범주의 용언들을 두루 수식할 수 있는 부사류어, 특정한 범주의 용언에만 쓸 수 있는 부사류어 또는 특정한 개별 용언하고만 어울리는 부사류어 따위로 가려서 분류해 놓아야 그것들을 알맞은 자리에 쉽사리 골라 쓸 수가 있게 되는 것이다. 이는 마치 집을 지을 때에 주요 재료들을 그 용도에 따라 기둥감, 들보감, 마루감, 천장감 따위와 같이 갈라서 정리해 놓는 것과 같은 것이다.

이러한 구문론적인 결합 관계에 따른 분류는 앞에서 살핀 부사류어의 형태론적 특징이나 뒤에서 다룰 의미적 특질에 따른 분류보다 훨씬 쓸모가 있다. 형태-의미적 관점에서의 분류는 부사류어의 여러 특성을 밝히는 데에 필요한 것이지만 문장 구조에서 부사류어가 쓰이는 자리를 직접 나타내주지는 않는다. 이런 점에서 우리는 형태론적 분류와 의미적 분류를 바탕으로 하여 구문론적인 관계에 따라 부사류어들을 새로이 분류해야 하는 것이다.

이런 구문론적 관계에 따른 부사류어들의 가름은 그것들이 문장 구조에서 드러내는 기능과 제약 조건을 기준으로 이루어진다. 말하자면 용언 또는 다른 성분과의 어울림 관계(共起關係 co-occurrence relation)를 기준으로 하여 부사류어들을 가르게 된다는 것이다. 부사류어와 용언 및 다른 성분과의 주된 어울림 관계는 다음과 같은 예에서 볼 수 있다.

(28) a. 대개 어린이는 우유를 마신다.
b. 어린이는 대개 집안에 있다.
c. 어린이는 대개 순진하다.
d. 어린이는 재롱둥이이다 대개.

(29) a. 그이가 노래를 잘 부른다.
b. *그이가 노래를 매우 부른다.

(30) a. *이 꽃이 잘 아름답다.
b. 이 꽃이 매우 아름답다.

(28)에서처럼 "대개"와 같은 부사류어는 용언의 종류나 놓이는 자리에 관계없이 자유롭게 쓰일 수 있다. (29)와 (30)에서 보듯이 "잘"이라는 부사는 동사하고만 어울리고 형용사와는 결합하지 못한다. 그 반면에

"매우"라는 부사는 동사와 결합하지 못하지만 형용사와 어울릴 수 있다.

이러한 어울림 관계에 따라 부사류어는 크게 두 가지로 나뉜다. 그것은 자유 부사류어(free adverbials)와 제약 부사류어(bound adverbials)이다. "대개"와 같은 부사류어는 전자에 속하고, "잘"이나 "매우" 등은 후자에 드는 것이다.

(31) 자유 부사류어 : 용언의 종류에 관계없이 두루 어울리는 것
대개, 무릇, 그러나, 늘, 모두, 다 따위

(32) 제약 부사류어 : 용언의 종류에 따라 어울림이 제약되는 것
잘, 빨리, 매우, 집에서, 기차로(써), 졸졸 따위

자유 부사류어나 제약 부사류어는 다시 몇 가지로 하위 분류될 수 있다.

본시 자유 부사류어와 제약 부사류어의 개념은 Mckay(1968)에서 다룬 바 있다. 이것은 각기 Chomsky(1965)에서 내세운 동사구 보족어(VP-complement)와 동사 보족어(verbal complement)에 해당되는 것이다. 동사구 보족어란 동사구 전체를 수식하는 것으로서 개별 동사와 직접 관계없이 선택되는 부사류어를 말하므로 자유 부사류어가 된다. 동사 보족어란 동사구 안의 개별 동사와의 어울림 관계에 따라 선택되는 부사류어이므로 제약 부사류어가 된다. 우리말의 경우에 자유 부사류어와 제약 부사류어의 구분을 시도한 것은 서정수(1971a)에서 볼 수 있다. .

문장 부사와 제약 부사의 구분 기준 문제

이환묵(1976:126-139)에서는 문장 부사의 특징을 양태 부사인 경우와 비교하여 다음과 같이 세 가지로 지적하고 있다.

〈1〉 문장 부사는 진리치가 없는 문장에 쓰이지 않는다.

〈2〉 문장 부사가 진리치를 가진 문장에 사용될 경우, 부정이나 의문의 초점이 되지 않는다.

〈3〉 문장 부사는 문장(명제)에 대한 화자의 주관적인 판단을 나타낸다.

반면, 양태 부사는 술부가 가진 객관적 성질을 나타낸다. 이는 다음과 같은 틀에 의해 검증이 가능하다.

명제 + 나에게 + □□□□□□□□□□□□□□□□□□□□□□
(+ 형용사)

한편으로, 김경훈(1977)에서는 시간, 장소, 정도, 양태, 서법 부사 따위에 보이는 수식 양태에 관하여 통사, 의미론적인 관점에서 분석을 시도하였다. 여기에서는 문장 부사를 확인할 수 있는 기재를 다음과 같이 다섯 가지로 제시하였다.

〈1〉 부사가 들어 있는 문장에서 부사를 제외한 문장 요소들을 명사화시켜 이것을 서술할 경우 그 부사는 문장을 수식할 수 있다.

〈2〉 위에서 명사화하여 변형된 내용이 일반적 현실을 묘사하고 있는가를 확정하기 위하여 "것" 대신에 "사실"을 삽입하였을 때 문법적인 문장이 될 수 있는가, 또는 이러한 내용이 보편적인 현실의 기술은 아니더라도 화자의 개인적(이때 화자를 문장에서 "나에게"로 제시하였음) 혹은 심리적인 상황의 서술로서 볼 수 있는가를 살펴야 한다. 이런 점들이 문장에 적합한 것으로 나타나면 이 경우의 부사는 문장 부사이다.

〈3〉 문장에 부정 변형을 시켜 전제 관계가 성립하는가의 여부를 통하여 전제 관계가 성립하지 않는 경우 그 부사는 부정의 지배를 받지 않으므로, 문장을 수식하는 것이다.

〈4〉 "것"을 수식하는 관형절의 성질을 분석하여 시간 부사, 장소 부사와 양태 부사의 경우는 관계문의 구조를 취하는 데 반하여 문장 부사는 보문의 형태를 취한다는 차이가 있다.

〈5〉 부사에 위치 제약을 살펴보면 정도 부사와 양태 부사는 각각 피수식어와의 위치 제약을 통하여서만 그 기본적 수식 관계를 추출할 수 있으며, 또한 문장 부사도 정도 부사와 양태 부사의 위치 제약을 넘을 수 없다.

2.5.1 자유 부사류어의 특성

자유 부사류어란 용언의 종류에 관계없이 선택되는 부사류어를 일컫는다. 곧, 모든 종류의 용언과 자유로이 어울릴 수 있는 것이다. 이런 부사류어는 결과적으로 문장 전체를 수식하는 문장 부사류어(sentential adverbials)의 기능을 드러내게 된다. 특정한 동사와 어울리지 않으므로 자연히 문장 전체 서술 내용을 한정하는 기능을 보이는 것이다. 그래서 이 자유 부사류어의 자리는 문장의 첫머리인 것이 보통이지만 딴 자리로도 비교적 자유로이 이동될 수가 있다.

(33) a. 일반으로 예술은 인간 문화의 꽃처럼 아름답다고 말한다.
b. 예술은 일반으로 인간 문화의 꽃처럼 아름답다고 말한다.
c. 예술은 인간 문화의 꽃처럼 아름답다고 일반으로 말한다.

(33)에서 "일반으로"라는 부사는 문장의 첫머리가 가장 알맞으나 다른 자리로도 이동될 수가 있다. 이것은 그것이 특정한 용언과 결부되지 않기 때문이다. 이것은 "매우"와 같이 특정한 범주의 용언 곧 형용사 따위하고만 결합하는 부사와는 대조된다.

(34) a. 예술은 인간 문화의 꽃처럼 가장 아름답다고 말한다.
b. (?)가장 예술은 인간 문화의 꽃처럼 아름답다고 말한다.
c. ?예술은 인간 문화의 꽃처럼 아름답다고 가장 말한다.

"가장"과 같은 부사는 그 수식 대상이 "아름답다"와 같은 용언에 한정되어 어울리는 것이므로 그 앞에 놓이는 것이 자연스럽고, 그 밖의 자리에는 어색하다. 이것은 문장 부사류어가 자유 부사류어의 성격을 띠고, 일부 용언하고만 결합하는 제약 부사류어와는 구분되는 것임을 말해준다.

자유 부사류어로 인정되는 부사류어 중에는 특정한 환경에서는 제약 부사류어로 쓰이는 수가 있다.

(35) a. 그들이 다 노래를 불렀다.
b. 노래를 부른 것은 그들 다이다.

(36) a. 그이가 노래를 다 불렀다.
b. 그이가 다 부른 것은 노래이다.

(35a)와 같은 문장에서는 "다"가 자유 부사류어로 인정된다. (35b)에서 알 수 있듯이 그들이 다 노래를 불렀기 때문이다. 그러나 (36a)와 같은 경우에는 그것이 동사에 직접 걸리는 수식어로서 노래를 끝까지 불렀다는 뜻이 되기 때문이다. 이때의 "다"는 자유 부사류어가 아니고 제약 부사류어로 쓰인 것이다. 이런 "다"는 다른 용언들과 두루 어울리지 않기 때문이다.

(37) a. *그분들이 다 {많다 / 적다}.
b. 그분이 다 {좋다 / 나쁘다}.

(38) a. *그애가 다 학생이다.
b. 그애들이 다 학생이다.

(37a)에서는 "많다"라는 형용사가 "다"의 직접 수식을 받지 못함을 보인다. 그러나 (37b)에서 "다"가 쓰인 것은 그것이 주어를 한정하기 때문이다. (38a)에서는 "다"가 "학생이다"와 어울릴 수 없음을 보이며, (38b)에서는 그것이 주어를 한정하는 것임을 알 수 있다. "다" 따위가 이렇게 자유 부사류어와 제약 부사류어의 양면성을 지니는 것은 그것이 수량어의 특성을 가졌기 때문이다. (수량어에 관해서는 서정수 1996 : 9.7-25 참조.)

요컨대, 여기에서 말하는 자유 부사류어란 많은 경우에 각 용언과 두루 어울릴 수 있는 부사류어를 가리킨다. 그 중에는 언제나 거의 예외 없이 자유 부사류어의 기능을 드러낼 수 있는 것들도 있고, 일부 예외를 가졌거나, 경우에 따라서는 제약 부사류어로도 쓰이는 것들도 있다.

2.5.2 자유 부사류어의 가름

자유 부사류어는 그 의미 기능에 따라 다음의 네 가지로 나누어 볼 수가 있다. 이런 가름은 순수한 구문론적 기준에 따른 가름이 아니지만 자유 부사류어의 속성을 이해하는 데 도움이 될 것이다.

(가) 문장 연결 부사류어

문장 연결 부사류어(sentential conjunctor)는 "그리고, 그러나, 그런데" 따위와 같이 문장들을 서로 잇는 것인데 이들은 사실상 문장 전체를 수식하는 부사이므로 그 성격상 자유 부사류어가 된다.

(나) 시간 자유 부사류어

시간 자유 부사류어란 시간 관계 부사류어 중에 "늘, 언제나, 항상" 따위처럼 시간 변화와 관계가 먼 것들을 가리킨다. 이들은 서정수 1996: 13.19에서 자세히 다루었다.

(다) 양태 자유 부사류어

양태 자유 부사류어는 뒤의 5장에서 서술하는 거개의 양태 부사류어에 해당한다. 이 양태 부사류어 중에서 "당위성 표시 부사류어"를 제외한 것들 곧 "확실성, 개략성, 의외성, 가상성" 따위를 나타내는 부사류어는 대체로 이 자유 부사류어에 든다.

(라) 수량 자유 부사류어

수량 자유 부사류어는 대개 "모두, 전부" 따위 전칭 부사류어이다.

|새|김| 간투사(interjection)도 넓은 의미로는 자유 부사류어에 든다. 그러나 그것들은 감탄사에 속하므로 여기에서는 다루지 않는다.

2.5.3 자유 부사류어 처리의 실제 문제

자유 부사류어 중에는 그 어울림에 약간의 예외를 보이는 것들이 있다. 어떤 부사류어는 거의 자유로 어울릴 수 있으나 극히 소수의 용언과는 예외적으로 어울리지 못하는 일이 있다.

(39) ?그 집이 {항상 / 늘} 가깝다.

(39) 따위에서처럼 "항상"은 "가깝다," "멀다" 따위의 극소수 용언과는 어울리지 못한다. 이런 경우에 이것을 문장 부사류어에서 제외하는 것은 문제가 있다. 대다수의 환경에서는 자유 부사류어로 인정되기 때문이다. 이런 경우에는 자유 부사류어로 분류하되 다음과 같이 환경 자질을 표시해 두는 방식이 바람직하다. 그 예외를 밝히면서 자유 부사류어로 다루게 될 수 있기 때문이다.

(40) 항상, [– … 가깝다, 멀다]

(40) "항상"이라는 말은 "가깝다, 멀다"라는 용언 앞 자리(…)에는 나타날 수 없음(그 앞의 빼기 부호 "–"가 그것을 표시함)을 드러낸다. 사전에서 "항상"이라는 말에 이렇게 표시하여 두면, 그것은 그런 특정한 환경에서는 쓰일 수 없고 그 나머지의 환경에는 모두 쓰일 수 있음을 드러낸다.

2.5.4 문장 연결 부사류어

문장 연결 부사류어는 앞 문장을 의미적으로 이어받아 뒷 문장과 연결하면서 수식하는 것이다. 이들은 본디 접속 형태에 대용형(pro-form) "그러(하)" 따위가 결합해서 이루어진 것이다. 국어에는 이런 대용 성격의 문장 연결 부사류어가 많이 있다. 이런 부사류어는 전통적으로 문장 전체를 수식하는 것으로 알려졌다.

(41) a. 그들은 서로 오래간만에 만났다. 그러나 금방 헤어졌다.
b. 그들은 서로 오래간만에 만났으나 금방 헤어졌다.

(42) a. 나는 밤중에 그 집을 찾아갔다. 그런데 그 여자를 만나지 못했다.
b. 나는 밤중에 그 집을 찾아갔는데 그 여자를 만나지 못했다.

(43) a. 나는 그 애가 미웠다. 그래도 차별 대우를 하지는 않았다.
b. 나는 그 애가 미웠어도 차별 대우를 하지는 않았다.

(41a)의 "그러나"는 (41b)의 접속 형태 "(으)나"에 "그러"라는 대용 형태가 결합한 것으로서 앞 문장을 뒤 문장에 대립 관계로 잇는 문장 연결 부사류어이다. (42a)의 "그런데"는 (42b)의 대응 형태 "ㄴ데"에 "그러"가 결합되어 형성된 것으로서 앞뒤 문장을 대체로 대조 관계로 잇는 문장 부사류어이다. 이 두 형태는 본디 각기 "그러하나"와 "그러한데"에서 "하"가 줄어진 것이라고 볼 수 있다. 그러나 현대어에서는 그런 분석이 인정되기 어렵다. 그런 원말이 쓰이지 않기 때문이다. (43a)의 "그래도"는 "그리하여도"의 줄임꼴로서 (43b)의 "어도"에 대응되는 문장 부사류어이다. 요컨대 이러한 문장 연결 부사류어들은 각 b와 같은 복합문을 두 문장으로 나누어 말할 때에 쓰이는 것이다.

이런 문장 연결 부사류어들은 그 기능에 비추어 문장의 첫머리에 놓이는 것이 예사이다. 곧 이 부사류어는 앞 문장을 이어받아 뒤 문장으로 잇는 매개 구실을 하므로 그 자리는 두 문장의 사이, 곧 뒷 문장의 첫머리가 정상적이다. 이런 점에서 이 부사류어는 다른 자유 부사류어와는 달리 그 자리가 거의 고정되어 있다.

|새|김| 다음과 같은 연결 기능어들도 문장 연결 부사류어의 한 가지로 볼 수 있다. 그러나 이들은 감탄사의 한 가지인 "간투사(interjection)"로 여기는 것이 낫다.

〈1〉 말하자면, 이를테면
〈2〉 글쎄, 예, 그래, 아니요, 아니

(44) a. 그러나 그 사람들은 멈추지 않고 앞으로 나아갔다.
b. (?)그 사람들은 그러나 멈추지 않고 앞으로 나아갔다.

문장 연결 부사류어의 의미적 분류

문장 연결 부사류어들을 그 의미 관계에 따라 나누어 보면 대체로 다음과 같다. 이들의 쓰임은 뒤에서 전반적으로 다룬다.

〈1〉 **대립 관계** : 그러나, 그러하나, 그렇지만, 그러하지만, 그런데, 그러한데

〈2〉 **양보 관계** : 그래도, 그러하더라도, 그렇더라도, 그럴지라도, 그럴망정, 그럴지언정, 그렇다 손치더라도, 그런데도

〈3〉 **조건 관계** : 그러면, 그리하면, 그러하면, 그렇다면

〈4〉 **인과 관계** : 그러니까, 그러니, 그래서, 그리하여, 그러므로, 따라서

〈5〉 **부가 관계** : 그 밖에, 그외에, 그런데다가, 더욱이, 게다가, 그리고

〈1〉의 대립 관계 부사류어 중에 대표적인 것은 "그러나"이며 실제로 가장 많이 쓰이기도 한다. "그러하나"는 현대 말씨에서 별로 많이 쓰이지 않는 편이다. "그렇지만"은 대화체에서 많이 쓰이며, 양보 관계의 의미도 얼마쯤 드러내는 수가 있다.

(45) 그 사람이 낮에는 열심히 공부를 했다. {그렇지만 / 그러나} 밤에는 놀았다.

(46) 너는 이제까지 모든 일을 잘 해 왔다. {(?)그러나 / 그렇지만 / 그래도} 자만하지 말고 더욱 잘 하도록 힘써야 한다.

(45)와 같은 예에서 "그렇지만"은 "그러나"와 온전히 교체될 수 있다. 그러나 (46)과 같은 글에서는 그것이 "그래도"와 같은 양보적인 의미가 더 짙다고 여겨진다.

특히, 〈1〉의 "그런데"는 대체로 문장 연결 부사류어로 쓰일 때에는 "그

러나"보다는 얼마쯤 약한 대립 관계를 나타낸다.

(47) a. 그 학생은 수학을 잘 한다. {그러나 / 그런데} 국어는 잘 못한다.
b. 그 학생은 수학을 잘 한다. {그러나 / 그런데} 국어를 잘 하는 것도 중요하다.

(47a)와 같이 앞뒤 문장의 내용이 완전히 대립될 때에는 "그런데"보다는 "그러나"가 더 알맞다. 이와는 달리 (47b)에서처럼 두 문장이 온전히 대립되지 않은 상황일 때에는 "그러나"는 너무 강한 편이고 "그런데"가 더 알맞다. 한편으로 "그런데"는 화제의 전환을 할 때에 많이 쓰이게 된다.

〈2〉의 양보 관계를 나타내는 문장 연결 부사류어로는 "그래도," 〈3〉의 조건 관계를 나타내는 문장 연결 부사류어로는 "그러면," 그리고 〈4〉의 인과 관계 표시 문장 연결 부사류어로는 "그러니까"가 대표적이며 가장 많이 쓰인다. 〈5〉의 부가 관계 표시 문장 부사류어로는 "그 밖에"가 잘 쓰이며, "그리고"는 더러 쓰이기는 하나 군더더기일 경우가 많다.

2.5.5 시간 자유 부사류어

시간 자유 부사류어는 시간과 관련되는 부사류어 중에 각 용언과 두루 어울릴 수 있는 것들을 가리킨다. 시점이나 순간을 나타내는 시간 부사류어는 자유 부사류어가 될 수 없으며, 다만 긴 동안이나 잦은 빈도를 나타내는 부사류어 등은 자유 부사류어의 기능을 드러낸다. 시간 부사류어로서 자유 부사류어가 될 수 있는 범주는 대체로 다음과 같다.

〈1〉 시간대 / 시역 부사류어
〈2〉 시작점 부사류어
〈3〉 동안(期間) 부사류어
〈4〉 잦기 부사류어
〈5〉 차례 부사류어

위 각 범주의 시간 부사류어 중 일부는 자유 부사류어가 될 수 있다.

|새김| 시간 부사류어 중에는 위의 범주 이외에 "시점 / 순간 부사류어" 범주가 있다. 그런데 이 범주의 부사류어는 모두 자유 부사류어가 되지 못하므로 여기에서는 제외한다. 시간 부사류어는 뒤의 4장에서 자세히 다룬다.

시간대 / 시역(時域) 부사류어의 일부

시간대 / 시역 부사류어들 중에 다음과 같은 것들은 각 용언과 두루 어울리는 자유 부사류어의 성격을 띤다. 이런 속성을 가지지 못하는 거개의 시간대 부사류어들은 자유 부사류어에 들지 못한다.

(48) 본디, 일찍이, 본래, 원래, 종래(에), 과거에, 옛날에, 오늘날

이들 가운데 "본디, 일찍이, 옛날에"를 예로 들어 본다면 다음과 같이 여러 범주의 용언과 자유로이 결합한다.

(49) a. {본디 / 일찍이 / 옛날에} 그 아이들은 시골에서 자랐다.
b. 그 아이들은 {본디 / 일찍이 / 옛날에} 얌전했다.
c. {본디 / 일찍이 / 옛날에} 그 아이들은 시골에 있었다.
d. 그 아이들은 {본디 / 일찍이 / 옛날에} 시골 사람이었다.

시작점 부사류어의 일부

시작점을 표시하는 부사류어들은 일부 자유 부사류어로 인정될 수 있다. "부터"의 선행어가 긴 시간대를 나타내는 경우 이를테면, "봄부터," "옛부터" 따위일 때에는 자유 부사류어로 쓰이는 일이 많다. 그러나 선행 시간어가 짧은 시간을 나타낼 때에는 형용사 따위는 어울리지 못하는 일이 있으므로 그럴 때에는 자유 부사류어로 인정되지 않는다.

(50) a. 그 모임이 아침부터 시작되었다.

b. 그 아이는 열시부터 학교에 있었다.

(51) a. 그 여자 아이는 옛날부터 예뻤다.

b. ?그 아이는 아침부터 예뻤다.

(52) a. 그 아이는 이번 학기부터 반장이다.

b. (?)그 아이가 아침부터 반장이다.

(50)에서 보듯이 동사나 존재사는 어떤 시작점 표시어와도 자유롭게 어울리나, (51), (52)에서 보듯이 형용사나 존재사일 때에는 짧은 시간의 시작점을 표시하는 데에 일부 제약이 있다.

동안(期間) 부사류어의 일부

동안 부사류어 중에 매우 길거나 무한정한 기간을 나타내는 것들은 자유 부사류어에 속한다. 비교적 짧은 기간을 나타내는 부사류어들은 자유 부사류어에 들지 못한다.

(53) 오랫동안, 내내, 겨우내, 일년내내, 끝없이, 영원히, 영구히

이런 "긴 동안의 부사류어"는 비상태성 동사뿐 아니라 상태성 동사 및 형용사 따위와도 어울릴 수 있다.

(54) a. 우리는 그 사람을 {오랫동안 / 내내} {믿었다 / 알았다}.

b. 그이는 {일년내 / 10년 동안 / 평생} 가난했다.

c. 그이는 {15년 동안 / 일생 동안} 이 학교의 선생이다.

곧 긴 동안의 부사류어는 상태성 용언과도 곧잘 어울리는 자유 부사류어가 된다.

잦기 부사류어의 일부

아주 높은 빈도 또는 끝없이 반복되는 것을 나타내는 부사류어들은 자

유 부사류어로 인정된다. 대개 일시적 반복을 나타내는 것들은 여기에서 제외된다.

(55) 늘, 항상, 항시, 노(상), 마냥, 밤낮, 종시, 여전히, 줄곧, 날마다, 해마다

이런 부사류어들은 대개 끝없이 반복되는 빈도를 나타내므로 어떤 용언과도 어울릴 수가 있다.

(56) a. 나는 늘 그 사람을 만난다.
b. 그이는 언제나 명랑하다.
c. 그 학생은 마냥 도서관에 있다.
d. 우리는 날마다 정부의 파수꾼이다.

이런 무한 반복성 부사류어는 전형적인 자유 부사류어에 해당한다. 시간 변화를 초월하는 것이기에 동작성이나 상태성을 가리지 않고 어울릴 수 있는 것이다.

차례 부사류어의 일부

시간적인 앞뒤 관계를 나타내는 부사류어 중에 대체로 다음과 같은 보기들은 자유 부사류어에 들 만하다.

(57) 이미, 벌써, 아직, 아직껏, 여태

(58) a. 영호는 이미 왔으나 철희는 아직 안 왔다.
b. 순희는 이미 집에 있으나 철수는 여태 집에 없다.
c. 하늘이 벌써 흐리지만 아직 어둡지는 않다.
d. 그들이 이미 성인이지만 아직 지도자는 아니다.

그러나 위 (57)에 보인 것들 이외의 차례 표시 부사류어는 거개 자유 부사류어가 되지 못한다.

2.5.6 양태 자유 부사류어

양태(modality) 부사류어는 말하는이가 문장의 내용을 두고 드러내는 심리적 태도를 주로 나타낸다. 문장이 표시하는 명제의 내용을 말하는이 나름대로 인식하고 평가하는 태도를 나타내는 것이 양태 부사류어이다. 이런 점에서 양태 부사류어는 서법(mood)의 의미 기능과 비슷하다. 다만 이들은 문법 형태가 아니고 부사류어라는 점이 다르다.

이런 양태 부사류어는 거개가 자유 부사류어에 든다. 양태 부사류어는 의미적 범주에 따라 다음의 여러 하위 범주로 나누어지는데 아래 〈8〉의 (당위성) 부사류어 말고는 대부분 자유 부사류어이다.

〈1〉 확실성 부사류어
〈2〉 개략성 부사류어
〈3〉 일반성 부사류어
〈4〉 예외성 부사류어
〈5〉 의외성 부사류어
〈6〉 가상성 부사류어
〈7〉 당연성 부사류어
〈8〉 당위성 부사류어

확실성 부사류어

확실함을 나타내는 부사류어는 거개 자유 부사류어이다.

(59) a. 확실히, 분명히, 틀림없이
b. 정말(로), 참말(로), 참으로, (참), 진실로, (사)실(로)

이 부사류어들은 다음에서 보는 바와 같이 분열문 변형이나 위치 변형 그리고 각 용언들과의 자유로운 어울림 관계로 보아 자유 부사류어로 인정된다.

(60) a. 그 아이가 {확실히 / 분명히 / 정말로} 노래를 잘 부른다.
b. 그 아이가 노래를 {확실히 / 분명히 / 정말로} 잘 부른다.
c. 그 아이가 노래를 잘 부르는 것은 {확실하다 / 분명하다 / 정말이다}.

(61) a. 그 아이가 {확실히 / 분명히 / 정말로} 집에 있다.
b. 그 아이가 있는 것은 {확실하다 / 분명하다 / 정말이다}.

(62) a. 그 아이가 {확실히 / 분명히 / 정말로} 똑똑하다.
b. 그 아이가 똑똑한 것은 {확실하다 / 분명하다 / 정말이다}.

(63) a. 그 아이가 {확실히 / 분명히 / 정말로} 바보이다.
b. 그 아이가 바보인 것은 {확실하다 / 분명하다 / 정말이다}.

|새|김| 확실성 부사류어로 분류되는 것 중에 "뚜렷이"와 "명확히" 같은 것은 제약 부사류어로 여겨진다.

〈1〉 a. 그 아이가 이 단어를 {뚜렷이 / 명확히} 발음했다.
b. ?그 아이가 이 단어를 발음한 것은 {뚜렷하다 / 명확하다}.
〈2〉 (?)그 여자는 집에 {뚜렷이 / 명확히} 있다.
〈3〉 (?)오늘 날씨는 {뚜렷이 / 명확히} 따뜻하다.
〈4〉 (?)그 사람은 {뚜렷이 / 명확히} 바보이다.

"뚜렷이"와 "명확히"는 위에서 본 "확실히"와는 달리 각 용언과 자유로이 어울리지 못하므로 자유 부사류어가 못된다.

개략성 부사류어

대상을 대체적으로 한정하는 개략성 부사류어는 거개 자유 부사류어이다.

(64) 대개, 대략, 개강, 대저, 대체(로), 대관절

(65) a. {대개 / 대략 / 대체로} 우리 조상들은 어렵게 살았다.
b. 우리 조상들은 {대개 / 대략 / 대체로} 부지런했다.
c. {대개 / 대략 / 대체로} 우리 조상들은 들에 있었다.

d. 우리 조상들은 {대개 / 대략 / 대체로} 농부들이었다.

(65)에서 보는 바와 같이 (64)의 부사류어들은 각 용언과 어울리고 그 자리도 자유로이 옮길 수 있으므로 자유 부사류어이다.

불확정성 표시 부사류어는 개략성 부사류어와는 다르지만 확실히 말하지 않는다는 점에서 비슷한 바가 있어서 여기에서 다룬다. 곧 어느 편인지 분간하지 않고 말할 때에 쓰이는 부정 부사류어들도 자유 부사류어에 든다는 것이다.

(66) 어떻든, 어쨌든, 여하간, 하여튼, 좌우간

(67) a. {어떻든 / 좌우간 / 하여튼} 오늘 밤에는 비가 오겠다.
b. 오늘 밤에는 날씨가 {어떻든 / 좌우간 / 하여튼} 흐리겠다.
c. {어떻든 / 좌우간 / 하여튼} 오늘 밤에는 내가 집에 있겠다.
d. 오늘 밤에는 그 사람이 {어떻든 / 좌우간 / 하여튼} 당번이다.

일반성 부사류어

대상을 폭넓게 두루 한정하는 일반성 부사류어도 거개 자유 부사류어다.

(68) 무릇, 일반(적)으로, 보통(으로), 보편적으로

(69) a. {무릇 / 일반으로 / 보통으로} 그 사람들은 노래를 많이 부른다.
b. 그 사람들은 {무릇 / 일반으로 / 보통으로} 돈이 많이 있다.
c. {무릇 / 일반으로 / 보통으로} 그 사람들은 수다스럽다.
d. 그 사람들은 {무릇 / 일반으로 / 보통으로} 지식인들이다.

예외성 부사류어

일부 사항을 특별히 한정하여 가리키는 예외성 부사류어들도 거개 자유 부사류어이다.

(70) a. 다만, 단, 단지, 오직, 오로지, 애오라지, 특히, 특별히

b. 각각, 각기, 낱낱이, 홀로, 혼자(서)

(71) a. 젊은이들은 {다만 / 오직 / 특히} 운동을 즐긴다.
b. {다만 / 오직 / 특히} 젊은이들은 혈기가 왕성하다.
c. 젊은이들은 시방 놀이터에 {다만 / 오직 / 특히} 많이 있다.
d. {다만 / 오직 / 특히} 젊은이들은 배우는 사람들이다.

의외성 부사류어

예상과 반대됨을 나타내는 의외성 부사류어도 대부분 자유 부사류어이다.

(72) a. 오히려, 도리어, 외려, 반대로, 거꾸로
b. 의외로, 뜻밖에, 차라리

(73) a. {오히려 / 반대로 / 차라리} 여자들이 더 빨리 달린다.
b. {오히려 / 반대로 / 차라리} 여자들이 더 드세다.
c. {오히려 / 반대로 / 차라리} 여자들이 더 의리가 있다.
d. {오히려 / 반대로 / 차라리} 여자들이 더 거인이다.

가상성 부사류어

개연성이나 가상적인 표현을 할 때에 쓰는 부사류어들도 거개 자유 부사류어이다.

(74) 아마(도), 혹(시), 혹간

(75) a. 설혹, 설령, 설사, 비록, 아무리, 암만
b. 만일, 만약, 가사, 가령

(76) a. {아마도 / 혹시 / 혹간} 그가 집에 들를지 / 있을지 모른다.
b. {아마도 / 혹시 / 혹간} 그가 외로울지 모른다.
c. {아마도 / 혹시 / 혹간} 그가 스님일지 모른다.

(77) a. {설령 / 설사 / 비록} 그 스님이 세속에 물들지라도 / 있을지라도 무관하다.
b. {설령 / 설사 / 비록} 그 스님이 수다스러울지라도 상관이 없다.

c. {설령 / 설사 / 비록} 그 스님이 비구승일지라도 괜찮다.

(78) a. {만일 / 가령 / 가사} 우리가 성자가 된다면 / 돈이 있다면 이야기는 다르다.

b. {만일 / 가령 / 가사} 우리가 다 넉넉하다면 혹시 모른다.

c. {만일 / 가령 / 가사} 우리가 백만장자라면 남을 도울 것이다.

당연성 부사류어

당연함을 나타내는 부사류어들은 대부분 자유 부사류어에 해당한다. 응당 그렇게 되는 것을 나타내는 부사류어들은 자유 부사류어의 성격을 지닌다.

(79) 물론, 무론, 천상, 하기야

(80) a. {물론 / 하기야} 그분이 {잘 가르치지 / 실력이 있지}.

b. {물론 / 하기야} 그 여자가 얌전하지.

c. {물론 / 하기야} 그이가 인격자이지.

위에서 보는 바와 같이 "당위성 부사류어" 밖에는 거의 모든 양태 부사류어는 자유 부사류어가 될 수 있다.

|새김| 당위성 표시 부사류어 곧 필연성 또는 마땅히 그렇게 해야 함을 나타내는 부사류어들은 일반으로 동사와 존재사에만 어울리고 형용사나 지정사와는 잘 어울리지 않는다. 따라서 이들은 자유 부사류어의 범주에 들지 못한다. 양태 부사류어들 중에 당위성 표시 부사들 "마땅히, 모름지기, 반드시, 필연적으로, 일부러, 기어이, 기어코, 기필코, 굳이, 부디, 구태여, 한사코, 부득부득" 따위는 자유 부사류어가 되지 못한다.

〈1〉 {마땅히 / 반드시 / 기어이} {a.그 친구는 안으로 들어갔다 / b.술집에 있다}.

〈2〉 {마땅히 / 반드시 / 기어이} {b.?그 친구는 착하다 / b.*그 친구는 학생이다}.

〈2〉에서 보듯이 형용사나 지정사구일 때에는 당위성 부사류어가 잘 안 쓰인다.

2.5.7 수량 자유 부사류어

수량을 나타내는 부사류어들 중에 자유 부사류어가 될 수 있는 것들은 이른바 전칭 수량사(universal quantifier)이다. 비전칭 수량사와 관련된 부사류어들은 자유 부사류어보다는 제약 부사류어로 쓰이는 경향이 짙다.

(81) a. 모두, 다, 죄(다), 모조리, 몽땅, 온통, 전부, 전체로
     b. 많이, 조금, 약간

우선 (81a)의 전칭 수량 부사류어들은 다음에서 보듯이 자유 부사류어임이 확인된다.

(82) a. 그들이 {모두 / 다 /전부} 수박을 맛있게 먹었다.
     b. 수박을 맛있게 먹은 이는 그들 {모두 / 다 / 전부}이다.

(83) a. 선수들이 {모두 / 다 / 전부} 운동장에 있다.
     b. 운동장에 있는 것은 선수들 {모두 / 다 / 전부}이다.

(84) a. 이 반 학생들이 {모두 / 다 / 전부} 우수하다.
     b. 우수한 것은 이 반 학생들 {모두 / 다 / 전부}이다.

(85) a. 이 제품들은 {모두 / 다 / 전부} 일류이다.
     b. 일류인 것은 이 제품들 {모두 / 다 / 전부}이다.

(81)의 전칭성 부사류어들은 (82), (83), (84), (85)에서 보듯이 자유 부사류어로 인정된다.

|새김| 전칭 수량 부사류어로서 "모두, 다, 전부" 따위는 제약 부사류어로 쓰이는 일이 있다.

〈1〉 a. 그 사람들이 {모두 / 다 / 전부} 국수를 먹었다.
     b. 국수를 먹은 이는 그 사람들 {모두 / 다 / 전부}이다.

〈2〉 a. 그 사람들이 국수를 {모두 / 다 / 전부} 먹었다.
b. 그 사람들이 {모두 / 다 / 전부} 먹은 것은 국수이다.

〈1〉에서처럼 수량 부사류어들이 주어를 한정할 경우에는 대개 자유 부사류어가 된다. 그러나 〈2〉에서처럼 수량사가 "먹다"라는 동사를 직접 한정하는 경우에는 제약 부사로 쓰인 것이다. 이런 점에서 볼 때에 수량 부사류어는 그 놓이는 자리가 의미 분화에 영향을 준다고 할 수 있다.

한편, (81b)의 비전칭 수량 부사류어들은 다음에서 보듯이 자유 부사류어로 여기기 어려운 바가 있다.

(86) a. (?)여자들이 {많이 / 조금} 김치를 담그었다.
b. ?김치를 담근 것은 여자들 {많이 / 조금}이다.

(87) a. 여자들이 김치를 {많이 / 조금} 담그었다.
b. 김치를 {많이 / 조금} 담근 것은 여자들이다.

(86)에서처럼 비전칭 수량 부사류어는 자유 부사류어로서의 쓰임은 어색한 반면에, (87)에서와 같이 용언의 바로 앞에 놓여서 그것을 수식하는 제약 부사류어로서의 쓰임이 더 자연스럽다. 이는 존재사, 형용사, 지정사의 경우에도 마찬가지이다.

2.6 제약 부사류어

2.6.1 제약 부사류어의 특성과 가름

제약 부사류어는 모든 용언과 자유로이 어울리지 못하고 일정 범위의 용언 또는 특정한 용언하고만 어울릴 수 있는 부사류어들을 일컫는다. 국어의 많은 부사류어들은 이런 특성을 가지고 쓰이는 제약 부사류어들이다. 제약 부사류어는 그 수식 대상에 따라 대체로 다음과 같은 여러 범주로 나누어 볼 수 있다.

〈1〉 준자유 부사류어

〈2〉 동사 수식 부사류어

┌ 일반 동사 수식 부사류어(동사에 두루 쓰이는 것)
└ 특정 동사 수식 부사류어({질질 / 문득 / 딱}처럼 일부 동사에만 쓰이는 것)

〈3〉 존재사 수식 부사류어

〈4〉 형용사 따위 수식 부사류어

┌ 형용사 수식 부사류어
├ 지정사구 수식 부사류어
├ 관형사 수식 부사류어
└ 동태 부사 수식 부사류어

2.6.2 준자유 부사류어

준자유 부사류어란 동사, 형용사 따위 주요 용언을 두루 수식할 수 있으나, 다만 일부 특정 용언 특히 지정사구와 잘 어울리지 않는 부사류어이다. 곧 이들은 자유 부사류어와는 구별되는 것이다.

이 준자유 부사류어는 대체로 다음과 같은 범주에 속하는 부사류어들이다. 이들은 앞에 말한 자유 부사류어에 매우 가까운 부류들이지만 다만 일부 용언과의 어울림에 제약이 있다.

거개의 시역 부사류어

"오늘, 내일, 모레, 글피, 그제, 주일날(에), 공일날(에), 요즈음, 요새, 요사이, 무렵(에), 이 달에" 따위처럼 상당한 크기의 시역을 나타내는 부사류어들은 대부분 준자유 부사류어에 든다.

(88) a. {오늘 / 내일 / 모레} 2,500만명이 이동한다 / 사람들이 집에 없다.
b. ?{오늘 / 내일 / 모레} 모양이 좋다.

c. ?{오늘 / 내일 / 모레} 내가 선생이다.

(89) a. {요즈음 / 저녁 무렵(에) / 주말에} 떼강도들이 날뛴다 / 모임이 많이 있다.
b. {요즈음 / 저녁 무렵(에) / 주말에} 일꾼들이 한가하다.
c. ?{요즈음 / 저녁 무렵(에) / 주말에} 강도들이 십대이다.

(88), (89)에서 보듯이 이들 부사류어들은 대부분의 용언들과 두루 어울릴 수 있으나 일부 용언 특히 지정사구와 자연스럽게 어울리지 못하는 것을 알 수 있다. 이런 점에서 이들은 준자유 부사류어에 속한다.

상당수의 동안 부사류어

"한동안, 얼마 동안, 몇 달 동안" 따위 동안 부사류어들은 상당수가 준자유 부사류어에 해당한다.

(90) a. 그들이 {한동안 / 얼마 동안 / 몇 달 동안} 물건을 안 팔았다.
b. 그들이 {한동안 / 얼마 동안 / 몇 달 동안} 가게에 없었다.
c. 그들이 {한동안 / 얼마 동안 / 몇 달 동안} 매우 바빴다.
d. (?)그들이 {한동안 / 얼마 동안 / 몇 달 동안} 불성실하다.
e. (?)그들이 {한동안 / 얼마 동안 / 몇 달 동안} 부자이다.

이 부사류어들은 나타내는 기간이 길지 않기 때문에 항구적인 상태 서술에는 자연스럽게 쓰이지 않는다. 이런 점에서 이들은 자유 부사류어와는 구분되는 것이다.

잦기 부사류어의 상당수

"가끔, 때때로, 종종, 간혹, 이따금, 어쩌다가" 따위 잦기 부사류어들은 준자유 부사류어에 속한다.

(91) a. 바로는 {가끔 / 때때로 / 이따금} 미소를 지었다.

b. 한나는 {가끔 / 때때로 / 이따금} 책상 앞에 있었다.
c. 한길은 {가끔 / 때때로 / 이따금} (?)기분이 좋았다.
d. 채연은 {가끔 / 때때로 / 이따금} ?몸이 튼튼했다.
e. 중연은 {가끔 / 때때로 / 이따금} ?어린 아이이다.

위에서 보듯이 이런 잦기 부사류어들은 대부분 상태성 용언과 어울리기 어렵게 된다. 곧 잦기 부사류어들은 상태성 용언들과 자유로이 어울리지 못하는 제약이 있다.

자격 부사류어

"친구로(서), 학생으로(서), 비싼 것으로서" 따위 자격 표시 부사류어들은 거의 모두 준자유 부사류어라 할 수 있다.

(92) a. 그 여자는 아내로서 {지아비를 극진히 받들었다 / 조금도 모자람이 없다}.
b. 그 여자는 친구로서 {참으로 훌륭하다 / ?얼굴이 예쁘다}.
c. 그 여자는 교사로서 {적격이다 / ?미인이다}.

위에서 보듯이 자격 부사류어는 동사나 존재사와는 자유로이 어울리지만 형용사나 지정사와의 어울림에는 일부 제약이 있다.

일부 비전칭 수량 부사류어

"많이, 잔뜩, 조금, 좀, 약간, 다소, 얼마쯤" 따위 비전칭 수량 부사류어들의 일부는 준자유 부사류어에 든다.

(93) a. 그들은 {많이 / 조금 / 얼마쯤} 사과를 먹었다.
b. 그들은 {많이 / 조금 / 얼마쯤} 외부에 있다.
c. 그들은 {많이 / 조금 / 얼마쯤} 기분이 좋았다.
d. (?)그들은 {많이 / 조금 / 얼마쯤} 돌팔이 의사이다.

e. ?그들은 {많이 / 조금 / 얼마쯤} 운동 선수이다.

비전칭 수량 부사류어로서는 위 (93)에 보인 것들 정도가 준자유 부사류어가 될 수 있다.

|새|김| "함께, 각기, 따로" 따위 공동 / 개별성을 나타내는 부사류어들은 다음에서 보는 바와 같이 동사와 존재사에만 어울리는 부사류어이므로 준자유 부사류어라 하기 어렵다.

〈1〉 젊은이들은 {함께 / 각기 / 따로} {어울린다 / 있다}.
〈2〉 아이들은 {함께 / 각기 / 따로} {(?)친하다 / ?학생이다}.

〈2〉에서 보듯이 "함께, 각기, 따로" 따위는 지정사나 형용사와도 어울리지 못하므로 준자유 부사류어로 칠 수 없다.

부정 부사류어

부정 부사 "아니, 안"은 동사와 형용사에 그리고 환경에 따라 존재사와 어울리나 지정사구와는 함께 쓰이지 않으므로 준자유 부사류어라 할 수 있다. 그러나 "못"은 일반으로 동사에만 어울리므로 준자유 부사류어에도 들지 못한다.

(94) 아이들이 {a.안 넘어진다 / b.안 많다 / c.안 있다 / d.*안 보배이다}.
(95) 소나무는 {a.안 자란다 / b.안 푸르다 / c.(?)안 있다 / d.*안 풀이다}.

2.6.3 동사 수식 부사류어

동사 수식 부사류어는 주로 동사 범주에만 한정되어 쓰인다. 이들 중에는 존재사를 수식하는 것도 일부 포함되나 형용사나 지정사구 따위는 전혀 수식하지 못한다. 말하자면 동사성을 가진 용언들만을 대상으로 하는 부사류어들이다.

동사 수식 부사류어들은 그 의미적 특질에 따라 몇 가지로 갈라 볼 수 있다. 동사와 결합하는 부사류어들은 그 의미 특질 면에서 공통성이 있으므로 자연히 그것을 바탕으로 분류하여 다루는 것이 예사이다. 이를테면, 동사가 벌이게 되는 동작은 공간과 시간을 배경으로 하게 되므로 공간이나 시간을 나타내는 부사류어의 한정을 받게 된다. 또 동사가 나타내는 동작은 그 방법이나 수단 따위와도 밀접한 관련을 가지고 펼쳐지므로 동태나 수단 따위를 나타내는 부사류어의 한정을 받게 되는 것이다. 따라서 동사의 수식 부사류어는 그 의미 범주에 따라 몇 가지로 갈라서 살피게 되는 것이다.

이렇게 의미적 관계를 바탕으로 한 부사류어의 범주들은 구문론적 결합 관계와 밀접한 관련을 가진다. 이 부사류어들의 의미적 관계와 그것을 바탕으로 한 분류는 뒤의 3장에서 자세하게 다루게 되거니와, 그러한 의미적 기준의 분류 결과는 우리가 여기에서 다루는 동사 수식 부사류어의 구문론적 결합 관계를 기술하는 바탕이 된다.

동사 수식 부사류어들은 대체로 다음과 같은 의미 범주에 따라 그 구문론적 결합 관계가 기술된다. 곧 동사를 수식하는 부사류어들은 의미를 바탕으로 분류한, 다음과 같은 범주의 부사류어 전부 또는 일부와 결합하는 것이다.

공간 부사류어의 거의 전부

위치, 관계 대상, 처소, 시발점, 방향, 거리 따위 부사류어의 거개는 주로 동사를 수식할 수 있다. 특히 이들은 동사가 나타내는 공간적 배경을 나타내므로 문장 구조에서 동사와 밀접한 관련을 가지고 쓰이게 된다. 이들 공간 부사류어 어휘들의 가름은 3장에서 다루게 된다.

시간 부사류어의 다수

시점 / 순간 부사류어의 전부, 시간대 / 시역 부사류어의 일부, 시작점 부사류어의 거의 전부, 동안 부사류어의 일부, 잦기 부사류어의 일부, 차례 부사류어의 일부는 주로 동사와 어울려 쓰이게 된다. 특히 동사의 동작은 시간적 변화와 밀접한 관련을 가지고 이루어지므로 시간 관계 부사류어는 대부분 동사와만 긴밀하게 어울려 쓰인다. 이 시간 관계 부사류어들의 의미적 분류는 뒤의 4장에서 다룰 것이다.

동태 부사류어의 전부

동작의 모습이나 동태 따위를 나타내는 동태 부사류어는 거의 동사에만 한정되어 쓰인다. 이것은 본디 동사 전용의 수식 부사류어로 알려진 것이다. 이 동태 부사류어의 의미적 분류와 고찰은 뒤의 6장에서 다루게 된다.

수단, 까닭 부사류어의 전부

동작에 따르는 도구나 기구 또는 원인 결과 따위를 나타내는 수단 및 까닭 부사류어는 거의 동사에만 쓰이는 것들이다. 이 부사류어들은 동태 부사류어와 함께 전형적인 동사 수식 부사류어이다. 이들의 의미적 고찰과 분류는 뒤의 4장에서 다룰 것이다.

상대 부사류어의 대부분

"아내와 싸운다"에서 "아내와" 따위 상대 부사류어들도 주로 동사와 결합하여 쓰인다. 이 부사류어는 특정 동사에만 한정되어 쓰일 뿐더러 일부 형용사와도 결합한다.

당위성 부사류어의 전부

"마땅히, 반드시" 따위 당위성 부사류어는 그 의미 특질에 비추어 동사하고만 결합할 수 있다. 이 부사류어 어휘는 5장에서 다룬다.

2.6.4 동사 수식의 공간 부사류어

공간 부사류어는 주로 의미적 관계에 따라서 대체로 다음과 같이 분류되고 있다. 그 자세한 내용은 뒤의 3장에 나타나 있다. 여기에서는 그 요지만을 보이고 그것이 구문론적으로 어떤 기능을 드러내는지에 관해 간단히 살핀다.

위치 부사류어

소재 / 존재 위치 부사류어 : 사물이 놓이거나 존재하는 위치를 나타냄.
낙착점 / 귀착점 부사류어 : 동작 또는 그 결과가 귀착하는 지점을 나타냄.

관계 대상 표시 부사류어

목표점 : 주로 이동성 동사의 목표점이나 대상을 나타냄.
도착점 : 동작이 미쳐서 그치는 지점이나 대상을 나타냄.
받는이 : "주다" 따위 수여 동사의 대상자를 나타냄.
받을이 : "보내다" 따위 전달 행위 대상을 나타냄.
듣는이 : 이르거나 말하는 행위의 대상을 나타냄.
관계점 : 동작이나 상태가 관련되는 대상을 나타냄.
처소 부사류어 : 동작이 구체적으로 벌어지는 자리를 나타냄.
시발점 부사류어 : 동작이 시작되는 위치를 가리킴.
방향 부사류어 : 동작이 향하거나 변화하는 방향을 나타냄.
거리 부사류어 : 동작이 움직이거나 뻗치는 거리를 나타냄.

위의 각 범주에 속하는 부사류어와 동사의 어울림 관계는 대체로 다음과 같다.

첫째로, 위치 부사류어는 "소재지 / 존재 위치"와 "낙착점 / 귀착점"의 두 범주로 나뉘는데 그 중에 동사는 후자하고만 어울리고 전자와는 결합하지 않는다. 동사는 다음 (96)과 같은 위치 부사류어와는 안 어울리고 (97)의 위치 부사류어의 경우에만 쓰인다.

(96) a. 그 노동자는 늘 공장에 있다. 〈소재지〉
b. 그이는 늘 마음에 걱정이 있다. 〈존재 위치〉

(97) a. 감이 마당에 떨어졌다. 〈낙착점〉
b. 그이가 책을 마루에 {두었다 / 놓았다}. 〈낙착점〉

둘째로, 관계 대상을 나타내는 각 범주의 부사류어들은 다음과 같이 모두 동사들과 어울린다.

(98) 할머니들이 평생교육원에 다닌다. 〈목표점〉
(99) 우리는 오후에 정상에 이르렀다. 〈도착점〉
(100) 친구가 나에게 만년필을 주었다. 〈받는이〉
(101) 그 소년은 동무에게 편지를 보냈다. 〈받을이〉
(102) 형은 동생에게 일부러 타일렀다. 〈듣는이〉
(103) 그 작품은 대중에게 영향을 미치었다. 〈관계점〉

셋째로, 처소, 시발점, 방향 및 거리를 나타내는 부사류어는 거의 모두 동사하고만 어울린다.

(104) 그 가수는 밤무대에서 노래를 부른다. 〈처소〉
(105) 압록강은 백두산에서 발원한다. 〈시발점〉
(106) 두만강은 동해로 흐른다. 〈방향〉
(107) 비행기는 점점 멀리 날아간다. 〈거리〉

특히, 처소 부사류어는 주로 동작이 이루어지는 자리를 나타낸다. 이런 부사류어는 단순한 위치 지정에 그치지 않고 어떤 움직임이 벌어지는 자리를 말한다. 이 부사류어는 본디 동사하고만 어울리게 되어 있으며, 특히 동작성이 뚜렷한 동사들하고 주로 어울린다.

(108) a. 그이는 마루에서 술을 마신다.

b. *그이는 마루에서 {있다 / 시원하다 / 주인이다}.

c. ?그이는 마루에서 {앉는다 / 선다 / 눕는다}.

(108a)에서처럼 동작이 벌어지고 있는 자리를 나타내는 것이 처소 부사류어이다. (108b)에서 보듯이 존재사, 형용사 및 지정사 따위는 처소 부사류어와 어울리지 못한다. 한편으로, 처소 부사류어는 일부 동사와도 어울리지 못하는 특성이 있다. 이 점에 대하여는 뒤에서 다루거니와 동사는 처소 부사류어를 기준으로 하위 분류할 수가 있다.

2.6.5 동사 수식의 시간 부사류어

시간 관계 부사류어는 다음과 같은 하위 범주로 나누어 살펴 볼 수 있다.

〈1〉 시점 / 순간

〈2〉 시간대 / 시역

〈3〉 시작점

〈4〉 동안

〈5〉 잦기

〈6〉 차례

위와 같이 6개 범주로 나뉜다. 이들은 거의 모두 동사와 어울려 쓰이는데 그 중에는 동사에만 한정되어 쓰이는 것들이 많다.

첫째로, 시점 / 순간 부사류어는 거의 전부가 동사하고만 쓰인다. 특히 순간성 시간 부사류어는 동사하고만 결합한다. 순간성 시간 부사류어란 순간 또는 시간적 변화를 나타내는 부사류어를 말한다. 이들은 본디 동사하고만 어울리고 형용사 따위와는 잘 어울리지 않는다. 동사만이 시간적으로 변화하는 움직임을 나타낼 수 있기 때문이다.

(109) 그 친구는 {방금 / 즉시 / 이내} 떠난다.
(110) 그 아이는 학교에 {*방금 / *즉시 / *이내} 있다.
(111) 그 사람은 {*방금 / *즉시 / *이내} 예쁘다.
(112) 그 친구는 {*방금 / *즉시 / *이내} 선생이다.

순간성 부사류어는 이 밖에도 "갑자기, 느닷없이, 돌연, 대뜸, 곧, 막, 순간적으로, 당장에, 시시각각으로" 따위가 있다. 이들은 뒤의 4장에 열거되어 있으며 동사와 어울리게 된다.

둘째로, 그 밖의 시간 관계 부사류어들 중에는 동사에만 한정되어 쓰이는 것들이 많지 않다. 시간대 / 시역 부사류어는 거의 전부가 동사 밖의 용언들과도 어울릴 수 있다. 앞에서 본 바와 같이 이들은 자유 부사류어나 준자유 부사류어들로 쓰이고 동사에 한정되어 쓰이는 것은 거의 없다. 시작점 부사류어, 동안 부사류어, 잦기 부사류어, 차례 부사류어들은 그 일부만 동사 수식 부사류어에 든다. 대부분은 동사 밖의 용언들과도 어울릴 수 있다.

(113) 그 일은 처음부터 잘못 되었다. 〈시작점〉
(114) 그 여자가 잠깐 한눈을 팔았다. 〈동안〉
(115) 그 남녀는 자주 만났다. 〈잦기〉
(116) 그이는 맨 먼저 나를 찾았다. 〈차례〉

대개 극히 짧은 시간과 관련된 부사류어들은 동사에만 한정하여 수식을 할 수 있고, 같은 범주의 부사류어들이라도 경우에 따라 동사 이외의 다른 용언들도 수식할 수 있다.

2.6.6 동사 수식의 과정성 및 당위성 부사류어

주로 동사만을 수식하는 부사류어는 다음과 같다. 〈1〉－〈4〉는 과정성 부사류어이고, 〈5〉는 양태 부사류어의 한 가지인 당위성 부사류어이다.

〈1〉 동태 부사류어 : 동작의 방식이나 모습 표시

[보기] 잘, 빨리, 갑자기, 가만히 따위

〈2〉 수단 부사류어 : 동작의 기구 방법 따위 표시

[보기] 칼로, 기차로, 손으로 따위

〈3〉 까닭 부사류어 : 동작의 원인이나 이유 표시

[보기] 병으로 (입원하다) 따위

〈4〉 상대 부사류어 : 동작의 상대를 나타냄.

[보기] 철수와 (싸우다) 따위

〈5〉 당위성 부사류어 : 동작의 필연성을 나타냄.

[보기] 꼭, 반드시 따위

〈1〉 동태(manner) 부사류어는 동작의 모습이나 방식을 여러모로 수식하는 구실을 한다. 이를테면, 잘하고 못함(優劣), 쉽고 어려움(難易), 빠르고 느림(緩急), 동작 태도 따위를 나타내어 동작을 직접으로 한정하는 특성을 보인다.

동태 부사류어는 동사 일반을 수식하는 "일반 동태 부사류어"와 일부 한정된 동사만을 수식하는 "특수 동태 부사류어"로 갈라진다. 특히 후자는 의성어와 의태어가 많이 포함되어 있어서 매우 다양한 모습을 보인다. 다음에서 밑줄 친 것들이 각기 그 예이다.

(117) 아이들이 밖에서 잘 놀지만 어른들은 바삐 돌아간다. 〈일반 동태 부사류어〉

(118) a. 사내 아이들이 계집 아이들을 졸졸 따라다닌다. 〈특수 동태 부사류어〉
b. 국이 부글부글 끓는다.

(118)에서처럼 특정한 동사에만 한정된 부사류어는 대개 의성, 의태어이며 수효는 그렇게 많지 않으나 우리말의 한 특징을 드러낸다.

일반 동태 부사류어는 일반으로 동사와 존재사를 같이 수식할 수 있는 것은 포함되는데, 그 수효는 많지 않고 거개가 동사만을 수식한다.

(119) 빨리, 급히, 어서, 갑자기, 얼른, 훌륭히, 천천히, 끔찍히 따위

(120) a. 선수들은 {빨리 / 급히 / 갑자기} 운동장을 돌았다.
b. *그 아이가 집에 빨리 있다.
c. *그 여자가 어서 예쁘다.
d. *그 소녀가 갑자기 천재이다.

(120)은 (119)의 동태 부사류어들이 동사에만 쓰이고 존재사나 다른 용언들과는 어울리지 못함을 보인다. 특히 형용사나 지정사일 때에는 그런 동태 부사류어가 전혀 못 쓰인다.

〈2〉 수단을 표시하는 부사류어도 일반으로 동사 구문하고만 어울린다.

(121) 우리는 그를 따뜻한 우정으로 맞이했다.

〈3〉 까닭을 나타내는 부사류어도 대부분 동사하고만 어울린다.

(122) 그 사람이 화병으로 고생을 하였다.

〈4〉 상대 표시 부사류어도 대부분 동사하고만 어울린다.

(123) 그 사람이 민호와 다투었다.
(124) 그이는 철호와 힘을 합하였다.

〈5〉 당위성 부사류어는 양태 부사류어의 한 가지로서 "꼭, 반드시, 모름지기, 마땅히" 따위이다. 이 당위성 부사류어는 다른 많은 양태 부사류어들이 자유 부사류어인 것과는 달리 동사하고만 어울리는 특성을 보인다.

(125) 그이는 {반드시 / 꼭} 시골에 내려간다.
(126) 그 아이들은 {마땅히 / 모름지기} 예의를 지킨다.

2.6.7 특정 동사 수식 부사류어

특정 동사 수식 부사류어는 국어 부사류어의 꽤 많은 부분을 차지하고 있으나 수식 대상이 극히 제한되어 있는 것이 특색이다. 이 부사류어는 대개 입에 올리자 마자 뒤따라오는 동사가 있을 정도로 특정한 동사와 밀접한 관계를 가지고 쓰이는 것이다. 이 부사류어와 결합할 수 있는 동사는 몇 개로 정해져 있는 것이 보통이고 많아도 십여 개를 넘지 않는다.

(127) 그 사람은 신을 질질 끈다.
(128) 그 여자의 얼굴이 문득 내 머리에 {떠올랐다 / 생각났다}.
(129) 그 사람이 문간에 딱 {버티고 / 막고} 서 있었다.
(130) 그이는 판을 깡그리 {쓸어 버렸다 / 치웠다}.

(127)의 "질질"이라는 부사에는 "끌다"라는 동사가 바로 뒤따라 연결될 뿐이고, 그 밖의 다른 동사와는 어울리지 않는다. 또 (128)의 "문득"이라는 부사는 "생각나다," "떠오르다" 따위가 뒤따르며, (129)의 "딱"이라는 부사에는 "버티다," "벌어지다," "막다" 따위가 뒤따를 정도이다. 게 중에는 (130)의 "깡그리" 따위와 같이 "쓸다, 먹다, 치우다, 줍다, 싣다, 죽다, 깎다" 따위 여러 동사와 어울리는 것들도 더러 있으나 그 대부분, 특히 의성어, 의태어들은 피수식 동사가 매우 제한되어 있다. 그 어휘는 4장에 제시되어 있다.

|새|김| 몇 개의 한정된 낱말하고만 어울릴 수 있고 그 밖의 낱말과는 결합하지 않는 의성 의태 부사류어에 대하여는 사전 따위에서 다음과 같은 방식으로 나타내주면 좋을 것이다.

〈1〉 졸졸, [+ … 흐르다, 따르다]
〈2〉 꽉, [+ … 잡다, 맞다, 차다]

〈1〉과 같은 표지는 "졸졸"과 같은 부사가 "흐르다, 따르다" 따위 특정한 동사하고만 어울리고 그 밖의 동사하고는 어울리지 못함을 나타낸다. 〈2〉에서는 "꽉"이라는 부사가 "잡다, 맞다, 차다" 따위 동사하고만 어울림을 나타낸다. 이렇게 표시하여 두면 그 제약 부사류어가 쓰이는 환경을 밝혀 주어 우리말을 처음 배우는 이들에게 도움을 줄 것이다.

2.6.8 존재사 수식 부사류어

존재사 "있다, 없다, 계시다"는 독특한 부사류어의 수식을 받는다. 부사류어 중에는 〈1〉 존재사에만 쓰이는 것도 있고, 〈2〉 존재사와 동사에만 쓰이는 것도 있으며, 한편으로 〈3〉 존재사와 형용사에만 쓰이는 것들도 있다. 그 밖에 존재사를 포함한 각 용언에 두루 쓰이는 자유 부사나 준자유 부사도 있다. 그러나 이들은 앞에서 다루었으므로 여기에서는 논의하지 않는다.

〈1〉 존재사에만 쓰이는 부사류어의 범주로는 다음과 같은 것들이 있다.

(131) 나는 늘 집에 있다. 〈소재〉
(132) 그이는 마음에 아무 생각이 없었다. 〈존재 위치〉

이 두 범주의 부사류어는 존재사하고만 어울린다.

〈2〉 동사와 공통으로 쓰이는 존재사 수식 부사류어로는 다음과 같은 것들이 있다.

(133) 잘, 무사히, 얌전히, 못, 단순히, 꾸준히 따위
(134) a. 그 선수가 {잘 / 못 / 무사히} 달린다.
b. 그 아이가 집에 {잘 / 못 / 무사히} 있다.
(135) 그 사람은 밤에는 {꼭 / 반드시} 집에 {a. 있다 / b. 들어온다}.

(133)의 동태 부사류어들은 (134)에서 보듯이 동사와 존재사에 쓰일 수 있다. 또 (135)에서 보듯이 "꼭, 반드시" 따위 당위성 부사류어도 동사

와 함께 존재사에도 쓰일 수 있다.

〈3〉 존재사 "있다"는 "재미있다," "멋있다" 따위와 같이 상태성 표현과 관련된 경우에는 "잘" 들과 어울리지 못하는 반면에 "매우" 등과 결합한다.

(136) *이 책이 잘 재미있다.

(137) a. 이 책이 매우 재미있다.
b. 이 책이 매우 재미가 있다.
c. *이 책이 재미가 매우 있다.

그런데 (137c)에서 보듯이 "매우"가 "있다"와 직접 결합하지 못함을 보이는 것은 그것이 "재미 + 있다"로 이루어지는 상태적 속성과 어울린다고 여겨진다. 곧 "있다"가 특정한 선행어와 함께 상태성 용언처럼 쓰일 때에도 "매우" 등과 결합하지 못하고, 그 앞의 상태적 속성의 낱말하고만 결합하는 특성이 있다.

2.6.9 형용사/관형사 따위 수식 부사류어

형용사/관형사 따위 수식 부사류어란 형용사, 지정사, 관형사 및 딴 부사를 수식하는 것이다. 이 부사류어는 그런 여러 범주에 속하는 피수식어에 공통으로 쓰이는 것이다. 이 부사류어는 동사 수식 부사류어가 아닌 부사들을 한데 묶어 가리킨다. 따라서 이것은 구문론적인 결합 관계를 바탕으로 설정한 범주이다.

그런데 이 부사류어는 뒤의 6장에서 말하는 정도 부사류어(degree adverbials)와 일치한다. "정도 부사류어"라는 용어는 의미적 특질을 바탕으로 한 것으로서 피수식어의 의미 효과를 한층 세차게 하거나 약하게 하는 기능을 보이는 것으로 뜻매김된다. 이런 정도 부사류어는 우리가 여기에서 설정한 형용사/관형사 따위 수식 부사류어와 그 수식 범위 면에서 일치를 보이는 것이다. 다시 말하면, 형용사/관형사 따위 수식 부사류어는 구문론적인 공통 기능을 바탕으로 설정한 것인데 의미적인 면에서 설정한 정도 부사류어와 공통된 특성을 보인다.

(138) 이 산은 참으로 높다.
(139) 그 여자는 꽤 미인이다.
(140) 이것은 그야말로 헌 옷이다.
(141) 거리에 차들이 아주 빨리 달린다.

(138)의 "참으로"는 형용사 "높다"의 의미 효과를 강화하고, (139)의 "꽤"는 지정사구 "미인이다"의 정도를 한정한다. (140)의 "그야말로"는 관형사 "헌"의 의미 효과를 강조한다. (141)의 부사 "아주"는 "빨리"라는 동사 수식 부사의 정도를 한정한다. 이처럼 이 부사류어는 구문론적인 결합 관계로 보아 네 가지의 범주들을 수식하는 것인데 의미적인 면에서 피수식어의 정도를 수식한다는 공통성을 보이는 것이다.

이 부사류어의 주된 수식 대상은 형용사이다. 이 부사류어는 형용사를 수식하는 것이 그 대표적인 기능이다. 이런 형용사를 수식하는 부사류어가 지정사구 따위 딴 범주의 낱말도 수식한다고 할 수가 있다. 곧 형용사를 수식하는 부사류어가 대부분 딴 범주의 낱말에도 쓰여서 그 정도를 제약하는 것이다.

형용사를 수식하는 부사류어는 여러 형용사에 두루 쓰이는 것이 있고 특정한 형용사하고만 결합하는 것이 있다. 앞의 것은 일반 형용사 수식 부사류어로서 뒤의 6.2에서 말하는 일반 정도 부사류어에 해당한다. 뒷것은 특정 형용사 수식 부사류어로서 뒤의 6.7에서 말하는 특수 정도 부사류어에 해당한다.

(142) 그 사람이 {매우 / 아주} 똑똑하다. 〈일반 형용사 수식 부사류어〉
(143) 오늘 밤에는 보름달이 휘영청 밝다. 〈특정 형용사 수식 부사류어〉

이 두 부류에 드는 부사류어 어휘는 뒤의 6장에서 제시한다.

위 두 가지 중에 일반 형용사 수식 부사류어들은 다른 범주의 낱말들에도 쓰이게 된다. 특정 형용사는 글자 그대로 특정한 형용사에만 국한되어 쓰이므로 딴 범주에는 전혀 못 쓰인다.

(144) 그 사람이 {매우 / 아주} 부자이다.
(145) 그것이 {매우 / 아주} 새 모자이군요.
(146) 그 여자가 {매우 / 아주} 재빨리 걷는군요.
(147) *그것이 휘영청 {새 / 헌} 모자이군요.
(148) ?저 비행기가 휘영청 높이 떴다.

"매우"나 "아주"와 같은 일반 형용사 수식 부사류어는 형용사, 지정사구 따위에도 두루 쓰일 수 있으나 "휘영청"과 같은 특정 부사류어는 그렇지 못하다.

이 형용사 따위 수식의 정도 부사류어는 뒤의 6장에서 다루는 정도 부사류어와 실질적으로 동일하므로 여기에서는 더 자세히 언급하지 않는다.

3
공간 부사류어의 의미

3.1 부사류어의 의미에 따른 분류

여기에서 말하는 부사류어의 의미적 특성은 구문론적 기능과 밀접한 관련을 가진 것이다. 무릇 부사류어가 지닌 의미는 다양하므로 그 특성은 여러 가지 관점에서 살펴 볼 수 있다. 순수 의미론적 관점에서 어휘적 의미를 고찰할 수도 있고, 수사학적 관점에서 그 의미 양상을 살필 수도 있을 것이다. 그러나 우리의 관심사는 부사류어가 문장 구조에서 드러내는 구문론적 의미 특성이다. 곧 우리가 말하는 부사류어의 의미는 "구문-의미적" 특성이다.

부사류어의 구문-의미적 특성을 분석하여 기술하는 데에는 우선 다음과 같은 방법으로 분류할 필요가 있다.

〈1〉 부사류어들이 지니는 의미적 공통성에 따라 몇 가지로 범주 구분을 한다. 이러한 구분에서는 구문론적 특성이 암암리에 고려될 것이다. 이렇게 일차로 구분한 범주는 〈표 1〉의 왼편에 표시된 대로 여섯 가지가 된다.

〈2〉 일차로 분류된 각 범주는 각기 하위 범주로 나누어 볼 수 있다. 이러한 하위 구분도 역시 구문론적 특성에 따라 조절되는데 그 결과는 대체로 〈표 1〉의 바른편에 나타나 있다. 이런 하위 범주 구분에는 용언들과의 어울림 관계가 중요한 기준이 된다. 이를테면, "위치"와 "목적지" 또는 "처소"라는 범주는 비슷한 개념인데도 따로 갈라 세운 것은 그것들과 어울리는 동사들의 특성이 각기 다르기 때문이다.

〈표 1〉 부사류어의 의미에 따른 분류

<table>
<tr><th>범 주</th><th colspan="2">하 위 범 주</th><th>보 기</th></tr>
<tr><td rowspan="6">시 간</td><td colspan="2">시점 / 순간</td><td>아침에 일어난다</td></tr>
<tr><td colspan="2">시간대 / 시역</td><td>요즈음</td></tr>
<tr><td colspan="2">시작점</td><td>아침부터</td></tr>
<tr><td colspan="2">동안</td><td>하루동안</td></tr>
<tr><td colspan="2">잦기</td><td>자주</td></tr>
<tr><td colspan="2">차례</td><td>먼저, 나중에</td></tr>
<tr><td rowspan="6">과 정</td><td rowspan="2">동태</td><td>일반 동태 부사류어</td><td>잘 간다</td></tr>
<tr><td>특수 동태 부사류어</td><td>졸졸 흐른다</td></tr>
<tr><td colspan="2">수단</td><td>칼로(써) 자른다</td></tr>
<tr><td colspan="2">까닭</td><td>병으로 입원하다</td></tr>
<tr><td colspan="2">자격</td><td>친구로(서) 사귄다</td></tr>
<tr><td colspan="2">상대</td><td>순희와 싸운다</td></tr>
<tr><td rowspan="8">양 태</td><td colspan="2">확실성</td><td>확실히</td></tr>
<tr><td colspan="2">개략성</td><td>대개, 대체로</td></tr>
<tr><td colspan="2">일반성</td><td>일반으로</td></tr>
<tr><td colspan="2">예외성</td><td>다만</td></tr>
<tr><td colspan="2">의외성</td><td>오히려</td></tr>
<tr><td colspan="2">가상성</td><td>만일 / 만약</td></tr>
<tr><td colspan="2">당연성</td><td>물론, 하기야</td></tr>
<tr><td colspan="2">당위성</td><td>꼭, 반드시</td></tr>
<tr><td>수 량</td><td colspan="2">전칭 / 특칭</td><td>모두, 많이</td></tr>
<tr><td>부 정</td><td colspan="2">안 / 못</td><td>안 간다, 못 온다</td></tr>
<tr><td rowspan="3">정 도</td><td colspan="2">일반 정도 부사류어</td><td>매우, 꽤</td></tr>
<tr><td colspan="2">특수 정도 부사류어</td><td>휘영청</td></tr>
<tr><td colspan="2">비교 정도 부사류어</td><td>(보다) 더</td></tr>
</table>

3.2 공간 부사류어의 갈래와 위치 부사류어의 의미

3.2.1 공간 부사류어의 의미 갈래

공간(space) 부사류어란 동작이나 상태와 관련된 위치, 처소 따위 구체적인 공간적 배경을 한정하는 수식어이다. 어느 위치, 어떤 자리와 관련되어 동작이나 상태가 벌어지고 있는지를 나타내는 부사류어이다. 이러한 공간 부사류어는 어느 나라말에서나 발달되어 있는데 우리말에서도 마찬가지이다. 모든 움직임과 모습은 구체적으로 일정한 공간적 마당에서 펼쳐지게 마련이기 때문이다.

공간 부사류어는 그 의미 기능이나 용언과의 관계에 따라 위 〈표 1〉에 보인 대로 여러 하위 범주로 나뉜다.

공간 부사류어는 우선 위치 부사류어와 관계 대상 지칭 부사류어로 나뉜다. 전자는 다시 소재지 / 존재 위치를 나타내는 것과 낙착점 / 귀착점을 나타내는 것으로 나누어진다. 후자 곧 관계 대상을 나타내는 부사류어는 다시 목표점, 도착점, 받는이, 받을이, 듣는이, 관계점 따위의 하위 범주로 나누어 볼 수가 있다. 각 범주의 의미와 쓰임을 차례로 살펴본다.

3.2.2 위치 부사류어의 의미적 갈래

위치(position) 부사류어는 존재 상태나 동작과 관련된 위치 지정을 하는 것이다. 곧 동작이나 상태가 나타나는 지점(point)만을 가리키는 것이다. 동작의 과정이 구체적으로 벌어지는 자리가 아니라, 다만 그것이 어느 지점과 관련되어 있는지를 가리킴에 그치는 것이 위치 부사류어이다. 이는 동작이 벌어지는 자리를 나타내는 "처소 부사류어"와 다른 점이다.

(1) 그이가 지금 집에 있다.

(2) 그 여자가 걸상에 앉았다.

(3) 그 아이가 마루에서 놀았다.

(1)은 존재 위치를, (2)는 앉아 있는 위치를 나타낸다. 그런데 이것은 (3)의 처소를 나타내는 경우와는 다름을 알 수 있다. 전자는 그 자리에서 어떤 움직임을 보이지 않고, 다만 그 위치만을 지정하는 데 반해서 후자는 노는 동작이 벌어지고 있는 자리를 나타낸다.

위치 부사류어는 주로 후치사구로 이루어지는데 그것은 {에} 곧 "에(게) / 한테"이다. "에게 / 한테"는 유정성(animate) 체언에, "에"는 무정성(inanimate) 체언에 덧붙는다.

(4) a. 우리 집은 서울에 있다.
b. 그 책은 나에게 있다.

(4a)의 "서울에"는 무정 체언 "서울"과 "집"에 "에"가 붙어서 이루어진 위치 부사류어이다. (4b)의 "나에게"는 "나"라는 유정 체언에 "에게"가 덧붙은 것이다. "에"와 "에게 / 한테"는 각기 무정 체언과 유정 체언에 상보적으로 분포되어 있다.

(4)′ a. *우리 집은 서울{에게 / 한테} 있다.
b. *그 책은 나에 있다.

(4)′의 a에서 보듯이 무정 체언인 "서울"에는 "에게 / 한테"가 못 쓰이는 반면에 (4)′의 b에서는 "나"라는 유정 체언에는 "에"가 못 쓰임을 보인다.

3.2.3 소재지 / 존재 위치 부사류어의 의미

후치사 {에}의 첨가로 이루어지는 위치 부사류어는 소재지 또는 존재 위치를 나타낸다.

(5) 그이는 날마다 연구실에 있다.
(6) 전화기는 거실에 있으니 쓰시오.
(7) 목장에 가축이 없군요.
(8) a. 운동장에 사람들이 많다.
b. 길거리에 사람이 {적다 / 드물다}.

위 예문들에서는 "에" 후치사구가 사람이나 사물이 놓여 있는 구체적인 지점 곧 소재지를 나타낸다. 이런 경우에는 존재사 "있다"나 "없다"가 서술어로 쓰이기 예사이다. (8a)의 "많다"는 수량 표시어로서 "많이 있다"로 분석되므로 존재사와 비슷한 성질을 지닌다. (8b)의 "적다"와 "드물다" 따위도 각기 "조금 있다," "드물게 있다"와 같이 분석된다. 따라서 이들도 존재사와 상통되는 바가 있다.

이렇게 구체적인 소재지를 나타내는 {에} 관련 부사류어는 필수항을 나타내는 것으로 분석된다(남기심 1993:20-21). 곧 위 (5)-(8)에서처럼 이 부사류어들이 함께 쓰여야 정상적인 문장이 되는 것이다.

(5)′ ?그이는 날마다 있다.
(6)′ ?전화기는 있으니 쓰시오.
(7)′ ?가축이 없군요.
(8)′ a. 사람들이 많다.
b. 사람이 {적다 / 드물다}.

위와 같은 문장들도 화용론적 상황에 따라서는 쓰일 수 있으나 그런 상황이 주어지지 않는다면 비문에 가까운 문장이 되어 버리고 만다. 따라서 이 소재지 표시의 부사류어는 일반으로 필수 부사류어의 성격을 지닌다.

한편으로, 이 후치사 {에}의 첨가로 이루어지는 부사류어가 구체적인 소재지가 아니고 다소 추상적인 존재 위치만을 가리키는 수가 있다. 남기심(1993)에서는 이런 때의 {에} 관련 부사류어는 필수항이 안 되고 임의항이 된다고 지적하고 이런 부사류어는 '존재'를 나타내는 것이라 하여 전자의 '소재지' 표시 부사류어와 구분하였다.

(9) a. 귀신이 이 세상에 있을까?
b. 귀신이 있을까?

(10) a. 그는 언제나 걱정이 마음에 있는 사람이다.
b. 그는 언제나 걱정이 있는 사람이다.

위 (9), (10)과 같은 문장에서 "에" 첨가 부사류어는 구체적인 소재지를 나타내지 않고 얼마쯤 추상적인 존재 위치를 나타낸다. 이럴 때에는 각 b에서 보듯이 그 부사류어가 생략되어도 무방하다. 그러한 추상적인 위치 부사류어는 구체적으로 지정되는 지점을 나타내지 않기 때문일 것이다.

"에게 / 한테"와 같은 후치사가 유정성 명사와 결부되는 부사류어는 흔히 소지(所持)를 나타내게 된다. 이것도 넓은 의미에서는 소재를 나타내는 것인데, 다만 유정성이라는 점 때문에 소지자의 표시로 바뀐다고 할 수 있다.

(11) a. 그 책이 누구에게 있니?
b. 그 책은 나에게 있다.
c. 그것은 내가 가지고 있다.

(12) a. 그 사람한테 그림이 {많다 / 있다}.
b. 그 사람이 그림이 {많다 / 있다}.

(11)에서 보듯이 "사람"에게 사물이 사람에게 있음을 나타낼 때에는 소재 개념으로 여기지 않고 소지자의 지칭으로 해석하는 것이 예사이다. (12)에서 보듯이 이런 소지자의 표시로 여겨질 때에는 겹주격 문장의 형식으로도 나타나게 된다.

낙착점 / 귀착점 표시 부사류어

위치 부사류어 "명사구 + 에(게)"는 소재지나 존재 위치 표시 이외에 사물의 낙착점(落着點) 또는 귀착점(歸着點)을 나타내는 데에도 쓰인다. 이런 부사류어는 대체로 정해진 서술어와 어울리게 된다.

(13) a. 밤이 길바닥에 떨어졌다.
b. 풀잎에 이슬이 내렸다.

(14) a. 우표가 봉투에 붙었다.
b. 바위에 이끼가 끼었다.

위에서 보듯이 "떨어지다, 내리다, 붙다, 끼다" 따위 자동사는 "명사구 + 에(게)"와 어울려 동작이 귀착되는 위치를 드러낸다. 그 밖에 다음과 같은 자동사도 이런 부류에 든다.

(15) 앉다, 서다, 남다, 눕다, 서리다, 퍼지다, 스며들다

한편으로, 이 부류에 드는 부사류어는 타동사하고 어울려 쓰이기도 한다.

(16) 내가 그 연장을 선반에 {놓았다 / 두었다}.
(17) 할아버지가 아이를 품에 안았다.
(18) 사람들이 모두 성명서에 도장을 찍었다.
(19) 모든 이가 머리에 모자를 썼다.

위에서 보듯이 특정한 타동사들은 그 목적어와 함께 이 위치 부사류어와 어울려 쓰이는 수가 있다. 이렇게 타동사가 관련되어 있을 때에도 그 동작이 벌어지는 처소가 아니라 동작이 어느 위치에 나타난 것인지를 지적한다.

위치 부사류어는 뒤에서 말하는 처소 부사류어와 나란히 쓰이는 일이 있다.

(20) a. 학생들이 운동장에서 잔디 위에 앉아서 놀았다.
b. 그 애는 방안에서도 어머니{에게 / 한테} 업혔다.

"운동장에서"는 학생들이 노는 행동이 벌어진 자리를 나타내는 처소 부사류어이고 "잔디 위에"는 '앉은 지점'을 나타내는 위치 부사류어임을 알 수 있다. "방안에서"는 업히는 동작이 벌어진 자리를 가리키며 "어머니에게 / 한테"는 업혀 있는 위치만을 가리킨다. 이렇게 위치 부사류어는 처소 부사류어와 한 문장 안에서 서로 배타적으로 쓰이는 것이다.

3.2.4 위치 부사류어 형성의 명사구

위치 부사류어를 이루는 명사구의 머리 체언은 일반으로 소재지, 존재 상태 또는 동작의 낙착점이나 귀착점을 나타내는 공간어 또는 사물이나 사람을 가리키는 낱말이다. 위에서 지적한 바와 같이 그것은 일반 동작의 처소 개념이 아니고 그 "지점"을 표시할 따름이다. 특히 다음과 같은 위치 표시 낱말들은 이 후치사와 어울려 합성어와 같은 기능을 보인다.

앞에, 뒤에, 옆에, 위에, 아래에, 밑에, 바닥에, 꼭대기에

가끔 위치 부사류어 "여기에," "거기에," "저기에" 따위는 "여기," "거기," "저기"로 축약되는 일이 있다.

|새김| Ramstedt(1939)에서는 이런 형태 곧 "앞에, 뒤에" 따위를 후치사라고 한 바가 있다. 그만큼 이들은 영어의 전치사와 비슷한 구실을 한다고 여겨지는 것이다. 그러나 "우리의 앞에"와 같이 "앞"이라는 명사 앞에는 관형어가 올 수 있으므로 "에"만이 후치사이고 "앞에" 따위는 후치사구에 해당한다.

(21) 그 아이들이 {여기 / 거기 / 저기} 모였다.

전통 문법서들에서는 이렇게 부사류어로 쓰이는 "여기, 거기, 저기" 따위는 그 자체가 부사라 하고 "여기에" 따위와 같이 후치사 "에"와 함께 쓰

일 때의 "여기"는 명사라고 본다. 곧 동일 형태가 명사와 부사의 양면으로 쓰인다고 하는 것이다. 그러나 우리는 위 (21)의 "여기, 거기" 따위는 단순히 "에"가 생략된 경우로 처리한다. 그것은 이들이 각기 "여기에," "거기에" 따위와 의미적으로 동일하고 "에"는 임의로 붙거나 떨어질 수 있기 때문이다. 다시 말하면 우리는 "여기," "저기" 따위는 부사가 아닌 체언이고 거기에 "에"가 첨가되어 "여기에"라는 후치사구 곧 부사류어를 이룬다고 기술한다.

위치 부사류어 중에는 추상화되는 것이 있다. 후치사 앞의 명사구가 일반 공간어가 아니라 추상 명사일 때에 그러한 경향이 있게 된다.

(22) a. 싸움의 목적은 승리에 있다.
b. 그 경기는 참가에 의의가 있다.

"승리"나 "참가" 따위는 공간적 위치를 나타내는 말이 아니라 추상적 개념이다. 그러나 이 때에도 위치 지정과 비슷한 구실을 한다는 점에서 위치 부사류어의 특수한 경우로 치는 것이 마땅하다.

|새|김| (22a)의 "승리에"는 본디 "승리하는 데에"의 축약형으로 볼 수가 있고, (22b)의 "참가에"도 "참가하는 데에"의 축약이라 할 수 있다.

3.2.5 위치 부사류어의 제약

위치 부사류어는 그 의미를 기준으로 가른 범주이지만 구문론적으로도 중요한 특성을 보인다. 이 구문론적 특성은 서정수 1996 : 13.24-25에서 종합적으로 다루어진 바 있다. 여기에서는 이 부사류어만이 보이는 고유 특질을 살펴 본다.

위치 부사류어와 어울릴 수 있는 용언은 앞에서 살폈듯이 "있다, 계시다" 따위 존재사와 "많다, 없다" 따위 존재 상태와 관련된 형용사와 일부 동사들이다. 그 밖의 대다수 형용사와 동사와 지정사는 이 위치 부사류어와 일반으로 어울리지 못한다.

(23) a. *그 사람은 집에 책을 읽었다. 〈동사일 때〉
b. *그 사람은 밖에 유능하다. 〈형용사일 때〉
c. *이 아이는 이 마을에 학생이다. 〈지정사일 때〉

일반으로 위치 부사류어의 수식 대상은 다음과 같이 요약된다.

〈1〉 대체로 존재사 및 그와 유사한 의미 기능을 가진 형용사 "많다"('많이 있다'로 분석됨)만을 한정한다.
〈2〉 위치 지정만이 필요한 일부 소수의 동사만을 한정한다.
〈3〉 그 밖의 용언들은 일반으로 수식하지 못한다.

위치 부사류어와 어울릴 수 있는 주요 용언의 예는 다음과 같다.

(24) 있다, 없다, 많다

(25) 서다, 앉다, 눕다, 꿇다, 엎드리다, 남다, 머물다

(26) a. 놓다, 두다, 얹다, 세우다, 꽂다, 박다
b. 붙이다, 바르다, 걸다, 감다, 매달다, 끓이다
c. 쓰다, 적다, 그리다, 긋다, 찍다

(24), (25)에 보인 것들은 목적어를 따로 가지지 못하는 자동사인 데 반해서 (26)의 것들은 타동사적 성격을 지닌다.

대체로 (26)에 보인 낱말들은 "에다가" 형태를 첨가하여 "책상에다가"와 같이 쓸 수 있다. 곧 이 무리에만 "에"에 "다가"를 임의로 붙일 수 있다는 것이다. 이는 (24), (25)의 무리에 드는 용언과는 대조되는 점이다. "다가"는 "다가 서다"에서 보듯이 '가까이 감'을 뜻하므로 "에다가"는 가까이 접하거나 달라 붙는 대상을 가리키는 데에 쓰이는 것이다.

| 새김 | 최현배(1961:396)에서는 "-다가"는 본디 "닥다"라는 동사에서 비롯된 "닥아" 형태라고 하고 다음과 같은 보기를 들었다.

〈1〉 흙을 파아 닥아, 집터를 고룬다.

〈2〉 아들이 온갖 소문을 들어 닥아, 외어 바칩니다.

"다가"는 그 본래꼴인 "닥아"로 해야 함을 밝히고, 그것은 '가지고 오다'와 같은 의미의 보조 용언이라고 서술하였다.

"에다가"의 "다가"도 "닥아"와 같은 어원으로 여겨질 수 있다고 본다. "에 닥아"(에 가까이 붙여)가 "에다가"로 된 것이라고 볼 수 있다는 것이다. 그러나 현행 맞춤법과 표준어에서는 "다가" 또는 "에다가"로 적는다.

위에 보인 용언들 중에는 처소 부사류어와 어울리는 것이 있다. 이런 용언은 환경에 따라 위치 부사류어나 처소 부사류어의 양쪽으로 쓰일 수가 있는 것이다.

(27) a. 주인이 지금 집에 있다.
b. *주인이 지금 집에서 계시다.

(28) a. 나는 집에서 원고를 씁니다.
b. 나는 원고지에 원고를 씁니다.
c. 나는 집에서 원고지에 원고를 씁니다.
d. *나는 원고지에서 원고를 씁니다.

(27)에서 보듯이 존재사에는 "-에"만이 쓰일 수 있는 데 반하여, (28)에서처럼 "쓰다"와 같은 동사는 위치 부사류어와 처소 부사류어의 양쪽에 어울릴 수 있다. 그런데 이 두 부사류어의 성격은 분명히 다름을 알 수 있으며, 어느 쪽이냐에 따라 동사와의 관계가 달리 나타난다. (28a)에서처럼 "(집)에서"와 어울릴 때에는 '쓰는 동작이 벌어진 처소'를 가리키고, (28b)에서처럼 "(원고지)에"와 어울릴 때에는 그런 동작이 벌어지는 처소가 아니라 위치 지정만이 드러난다. 이렇게 서로 다르다는 것은 (28c)에서 보듯이 두 가지가 한 문장에서 함께 쓰임에서도 확인할 수 있다. 이 문제는 "처소 부사류어"를 다룰 적에 다시 논의할 것이다.

위치 부사류어와 주제화

위치 부사류어는 문장의 앞 쪽으로 옮겨지고 동시에 한정사 "는/은"이 첨가되면 주제화가 된다. 이렇게 주제화가 될 때에는 단순한 위치 부사류어의 성격을 얼마만큼 벗어나는 일이 있다.

(29) a. 그 사람이 집에 없다.
b. 집에 그 사람이 없다.
c. 집에는 그 사람이 없다.

특히 (29c)와 같이 위치 부사류어가 주제화되면 "없다" 따위 서술어와 더 자연스럽게 어울릴 뿐 아니라 그 밖의 용언하고도 비교적 잘 어울리는 경향이 있다.

(30) a. 집에는 걱정거리가 태산 같다.
b. (?)걱정거리가 집에 태산 같다.

(31) a. 우리 나라에는 큰 부자가 적다.
b. (?)큰 부자가 우리 나라에 적다.

"태산 같다"나 "적다" 따위는 일반으로 각 b에서 보듯이 위치 부사류어와 잘 어울리지 않는데 각 a에서처럼 그것이 주제화가 되어 문장 앞머리에 놓이면 좀더 자연스럽게 쓰일 수 있다.

이렇게 주제화가 되면 어울리는 용언의 범위가 넓어지는 것은 그것이 문장 부사류어 또는 자유 부사류어의 성격을 얼마쯤 띠게 되기 때문이라고 생각된다. 앞 2.5에서 보았듯이 문장 부사류어 또는 자유 부사류어는 대개 문장의 앞 자리에 놓이고 문장 전체 또는 절을 수식하며 거의 모든 용언과 두루 어울린다. 그런데 본디 그러한 문장 부사류어가 아니고 개별 용언과 한정적으로 결합하는 제약 부사류어도 주제화가 되어 문장 첫머리에 놓이게 되면 이런 문장 부사류어와 같거나 거기에 가까운 성격을 지니게 되는 경향이 있다. 곧 제약 부사류어가 주제화가 되면 비록 그것이 온전한 문장 부사류어가 안 된다 하더라도 일정 용언에 매이는 경향이 줄어지는 반면에 문장 전체 또는 절 전체와 어울리는 경향을 보이게 된다는 것이다. 이런 점에서 위치 부사류어도 주제화가 되면 그것과 어울릴 수 있는 용언의 범위가 자연히 넓어지게 된다고 볼 수 있다.

앞으로 여러 군데에서 지적되겠지만 어느 제약 부사류어라도 주제화가 되어 문장의 앞머리에 놓이게 되면 그 결합하는 용언의 범위가 넓어지는 경향이 있다. 이것은 국어 부사류어의 한 특성으로 여겨질 만한 것으로 주목된다. 그러나 이런 주제화는 순수한 부사류어의 성격을 어느 정도 바꾸는 특수한 경우이므로 부사류어의 본디 특성을 분석하여 분류하는 데에서는 고려하지 않고 주제화를 거치기 전의 후치사구를 기준으로 하여 고찰한다.

|새|김| **일본말 위치 부사류어와의 견줌** : 위치 지정 부사류어는 일본말에서도 대응 형태가 있다. 일본말에서도 "體言 + ni"는 우리말의 "체언 + 에"와 마찬가지로 처소 부사류어와 대립되는 위치 지정만을 한다. 사물의 존재 지점을 나타낼 때에는 "에"와 "ni"는 거의 일대일로 맞대응되는 현상을 보인다.

〈1〉 여기에 책이 있다.
Koko ni hon ga a ru.

〈2〉 문 앞에 차가 서 있다.
Mon no mae ni kuruma ga tomat te i ru.

다만 일본말에서는 그 앞선 말이 유정(animate) 체언일 때에도 "ni"만이 쓰인다. 우리말에서처럼 "에게 / 한테"와 같은 변이형태가 없기 때문이다.

〈3〉 그 책은 나{에게 / 한테} 있다.
Sono hon wa watakusi ni a ru.

일본말의 "ni"는 사물의 동작이나 작용이 드러나는 위치나 귀착점만을 나타내는 점에서도 우리말의 "에"와 마찬가지이다.

〈4〉 뜰에 꽃을 심었습니다.
Niwa ni kusabana o ue masita.

〈5〉 벽에 지도를 붙여 주십시오.
Kabe ni tizu o hat te kudasai.

〈6〉 테이블 위에 보따리를 폈습니다.

Teeburu no ue ni tutumi o hiroge masita.

그 밖에 "서다, 앉다, 두다, 놓다, 쓰다(書), 쌓다" 따위와 대응되는 일본말 동사들도 대부분 이런 부류에 든다.

한편으로, "놀다," "배우다"와 같은 동사에는 이 위치 부사류어가 쓰이지 못하고 처소 부사류어로 바뀌는 것도 두 나라말은 일치한다.

〈7〉 아이들이 마당에서 놀고 있다.

Kodomotati ga niwa de ason de iru.

〈8〉 아이들은 날마다 학교에서 배운다.

Kodomotati wa mainiti gakkoo de manan de iru.

우리말의 "에서" 처소 부사류어나 그와 대응되는 일본말의 "de" 처소 부사류어는 마찬가지로 일반 동사와 어울린다. 다시 말하면 이러한 동사들은 위치 부사류어와 어울리지 못하고 처소 부사류어하고만 결합하는 것이다.

요컨대, 일본말에도 우리말의 "에" 위치 부사류어와 대응되는 "ni" 위치 부사류어가 있을 뿐 아니라 또한 그것들은 우리말의 "에서"에 해당하는 "de" 처소 부사류어와 대립된다. 이러한 사실은 매우 흥미로운 일이며 영어나 다른 언어들에서는 그 유례를 찾기 어려운 독특한 현상이다. 이 문제는 서정수(1993)와 S. Martin(1992)에서 다룬 바 있다.

3.3 관계 대상 부사류어의 의미

3.3.1 관계 대상 부사류어의 의미적 갈래

관계 대상 부사류어란 동작의 목표점이나 대상 또는 지향점(指向點) 따위를 가리키는 부사류어이다. 동작의 위치나 그 벌어지는 구체적인 자리를 가리키는 것이 아니라 동작의 목표점이나 동작이 직접 또는 결과적으로 미치는 대상을 가리킴이 이 부사류어의 의미적 특징이다.

이 부사류어도 형태적으로 {에} 곧 "에 / 에게"가 명사구에 첨가되어 이루어지는 후치사구이다. 그런데 이 부사류어는 앞의 위치 부사류어에 비하여 더 추상적인 관계 대상을 나타내는 특성이 있다. 앞에서 말한 위치 부사류어는 존재 상태나 동작의 귀착점 등을 지정하는 데 비하여, 여기에서 말하는 관계 대상 부사류어는 동작이 목표하거나 표적으로 삼는 대상 또는 동작이 지향하는 대상이나 관련자 따위를 가리킨다.

관계 대상 부사류어는 어울리는 동사의 의미적 특성에 따라 몇 가지로 갈라 볼 수 있다. 곧 서술 동사의 의미 특질이 달라짐에 따라 이 부사류어의 의미 기능도 얼마쯤 달라지는 양상을 보인다. 그리하여 대체로 다음 여섯 가지의 작은 범주로 갈라 볼 수가 있다.

〈1〉 목표점 : 주로 이동성 동사의 목적지나 대상
〈2〉 도착점 : 동작이 미쳐서 그치는 지점이나 대상
〈3〉 받는이 : "주다" 따위 수여 동사의 대상
〈4〉 받을이 : "보내다" 따위 전달 행위 대상
〈5〉 듣는이 : 이르거나 말하는 행위의 대상
〈6〉 관계점 : 동작이나 상태가 관련되는 대상

3.3.2 목표점 부사류어

목표점 부사류어란 "가다," "오다" 따위 이동성 동사의 이동 목적지를 나타내는 부사류어이다. 이는 "명사구 + {에}"의 형태를 보인다.

(32) 그 노인들이 학교에 다닌다.
(33) 젊은이들은 벌써 산 꼭대기에 올라갔다.
(34) 이 동네 아낙네들이 그 환자에게 다녀왔다.

(32)의 "학교에"와 (33)의 "꼭대기에"는 사물 명사에 "에"가 첨가된 것이고 (34)의 "환자에게"는 사람 명사이므로 "-에게"가 첨가되었다. 이 뒷것 곧 "환자에게"는 얼핏 보아 공간 개념과 다른 것으로 여겨지기 쉬우나, 따져 보면 "가는 동작의 목표점"이라는 점에서 앞의 경우와 다를 바 없다.

목표점 부사류어는 일반으로 필수항이다. 이것이 임의로 생략되면 정상적인 문장이 되지 못한다.

(32)′ 그 노인들이 다닌다.
(33)′ 젊은이들은 벌써 올라갔다.

위에서처럼 목표점 표시어가 임의로 생략되면 온전치 못한 문장이 되고 만다. 각기 어디에 다니거나 올라가는지를 알 수 없기 때문이다.

3.3.3 도착점 부사류어

도착점 부사류어는 동작의 종착지나 행위의 접점(接點) 따위를 나타낸다. 앞에서 말한 목표점은 동작이 지향하는 지점을 가리키는 데 반하여 이 도착점은 그러한 동작이 직접 닿는 지점이다.

(35) 그 배가 항구에 도착하였다.
(36) 우리는 정오에 정상에 이르렀다.
(37) 소매치기가 내 몸에 다가붙었다.
(38) 그 아이가 바위에 부딪쳤다.

(35)와 (36)에서는 "명사구 + 에"가 도착점을 나타낸다. 곧 이 부사류어는 이동 행위의 종착지를 표시한다. (37)과 (38)에서는 행위가 접촉하는 접점(接點)을 나타낸다. 이 접점은 도착점과 실질적으로 동일하다고 할 수 있다.

이 도착점 부사류어와 어울릴 수 있는 동사는 다음과 같으며 이들은 넓은 의미의 이동 동사에 들 수 있다.

(39) 도달하다, 이르다, 미치다, 당도하다
(40) 다가붙다, 닿다, 마주치다, 접촉하다, 접하다

(39)의 것들은 주로 도착점을 표시하는 부사류어와 어울리고 (40)의 부류는 접점을 표시하는 부사류어와 관련된다.

|새|김| **"도착지"와 "접지"** : 남기심(1993:13-15)에서는 도착지(도착점)와 접지(접점)를 나타내는 것을 각기 딴 범주로 갈라서 제시하였다. 그 이유는 아마도 접지를 나타내는 동사와 어울리는 부사류어의 "에"는 "와"와 서로 교체되는 경향이 있으나 도착지 표시 부사류어는 그런 교체가 안 된다는 점인 듯하다.

〈1〉 우리는 {산 마루에 / *산 마루와} 이르렀다.

〈2〉 그 애가 {차에 / 차와} 부딪혔다.

〈1〉에서 보듯이 도착지 표시 부사류어의 "-에"는 "-와"와 교체될 수 없으나 〈2〉의 접지 표시 부사류어는 그러한 교체가 가능하므로 두 가지 범주로 구분해야 한다고 한 듯하다. 그런데 위의 같은 책에서 접지 부사류어와 어울리는 것으로 예시한 "다가붙다"와 어울리는 부사류어에서는 그런 교체가 안 된다.

〈3〉 그 거지가 {나에게 / ?나와} 다가붙었다.

이런 사실은 "도착지"와 "접지"를 서로 딴 범주로 가를 만한 구문론적 근거가 희박함을 드러낸다. 우리가 "도착점"이라는 범주에 "접점" 표시어를 포함시킨 것은 이 때문이기도 하거니와 의미적으로도 뚜렷한 차이점을 찾기 어렵기 때문이다.

3.3.4 받는이 부사류어

받는이 부사류어란 "주다" 따위 수여 행위가 미치는 대상을 가리킨다. 이것은 간접 목적어 또는 여격으로 알려지기도 했는데 우리말에서는 부사류어의 한 가지로 침이 마땅하다. 그 형태는 역시 "명사구 + {에}"인데 {에}의 변이형태 중에 "에게 / 한테"가 주로 쓰인다. 받는이는 거개가 사람이기 때문이다.

(41) a. 어른들이 아이들에게 선물을 주었다.
b. 아이들은 어른들께 인사를 드렸다.

(42) a 학생들이 회계과에 등록금을 냈다.
b. 그이들은 나라에 세금을 바쳤다.

(41)의 "아이들에게, 회계과에" 따위는 주거나 내는 행위의 수령자를 가리킨다. 따라서 이 부사류어는 수여 동사의 행위가 미치는 대상이 되는 것이다. "어른들께"의 "－께"는 "－에게／한테"의 존대 형태로서 앞 말이 존대 대상자일 때에 선택된다. (42)에서는 수령자가 사람으로 이루어진 기관일지라도 직접 사람을 가리키지 않을 때에는 "－에"가 쓰임을 보인다. 수령자의 일부를 가리킬 때에도 "－에게"가 아니고 "－에"를 쓴다. 그러나 복수의 사람을 가리킬 때에는 "－에게"를 쓴다.

(43) a. 그이가 관리의 손에 뇌물을 건네주었다.
     b. 그이가 관리에게 뇌물을 주었다.
(44) a. 그이가 가난한 이들에게 선물을 주었다.
     b. 그이가 가난한 이들의 단체에(／*에게) 선물을 주었다.

받는이를 나타내는 부사류어도 특정한 상황이 주어지지 않으면 쉽사리 생략될 수 없는 필수항이다.

(41)′ a. ?어른들이 선물을 주었다.
     b. ?아이들은 인사를 드렸다.

위에서 보듯이 받는이 부사류어도 특정한 화용론적 상황이 주어지지 않고 생략되면 온전한 문장이 못 된다.

또 이 받는이가 필요한 수여 동사 구문에서는 목적어도 특정한 화용론적 상황이 주어지지 않고 생략되면 온전한 문장을 이루지 못한다.

(41)″ a. ?어른들이 아이들에게 주었다.
     b. ?아이들은 어른들께 드렸다.

위에서 보는 것처럼 목적어를 임의로 생략하면 어색한 문장이 된다. 무엇을 주었는지 알 수 없는 문장이 되기 때문이다.

결국, 이 수여 동사 구문은 세 개의 논항이 필요하다. 곧 주어와 목적어 이외에 받는이 부사류어가 갖추어져야 하는 문장이 된다는 것이다. 이는 받는이 부사류어가 일반으로 필수적인 논항이 됨을 뜻한다. 영어 문장 등에서 이 받는이를 간접 목적어라 하여 두 개의 목적어 구문으로 여긴 것은 이 때문이다.

수여 동사와 부사류어

수여 동사의 보기는 다음과 같다.

(45) 주다, 드리다, 바치다, 올리다, 내다
(46) 내주다, 가져다주다, 보내주다, 건네주다, 안겨주다, 집어주다
(47) 수여하다, 부여하다, 부과하다, 봉헌하다, 제공하다

한편으로, 다른 나라말에서는 이런 수여 동사와 어울리는 부사류어를 간접 목적어 또는 여격(dative case)이라고 하여 한 문법적 기능 범주로 여기는 일이 있다. 그런 문법에서는 대개 격표지 따위가 없고 직접 목적어와의 관계 등에서 문법적인 제약을 보이기 때문이다. 그러나 우리말에서는 그런 특별한 문법적 관계가 없을 뿐 아니라, 위치 부사류어와 유사한 형태의 후치사를 수반하여 피수여자를 가리킨다. 따라서 우리말에서는 여격 또는 목적어라는 범주를 따로 설정할 필요가 없이 한 부사류어 형태로 처리하는 것이 간편하다. 이는 일찍이 최현배(1937/61)에서 보인 처리 방식이기도 하다.

3.3.5 받을이 부사류어

받을이 곧 전달 대상 표시 부사류어는 무엇을 보내거나 전달하는 대상을 나타낸다. 특히 이 경우에 말하는 "받을이"는 직접 받는이와는 달리 부친 것을 받게 되어 있는 대상이다. 이 부사류어도 형태적으로는 앞의 받는이 표시 부사류어와 마찬가지로 "명사구 + {에}"이다.

(48) a. 그 소년은 달나라 동무에게 편지를 보냈다.
b. 그 소년은 고아원에 동화책을 전달했다.

(49) a. 그 사람은 애인에게 선물을 부쳤다.
b. 그 신문은 온 나라에 기쁜 소식을 전했다.

(48a)의 "동무에게," (48b)의 "고아원에" 따위는 모두 보냄과 전달 행위의 목표점을 가리킨다.

받을이 표시 부사류어도 특정한 화용론적 상황이 주어지지 않고 임의로 생략되면 온전한 문장을 이루는 데에 지장을 준다. 따라서 이 부사류어도 필수 부사류어적 성격을 띤다.

(48)′ a. ?그 소년은 편지를 보냈다.
b. ?그 소년은 동화책을 전달했다.

위에서 보듯이 받을이를 표시하는 부사류어가 임의로 생략되면 불완전한 문장이 됨이 예사이다. 누구에게 전달한 것인지 불분명한 문장이 되기 때문이다. 결국, 이 받을이 부사류어가 관련되는 문장도 세 개의 논항이 필요한 구문이다. 주어와 받을이가 표시되더라도 목적어가 나타나지 않으면 안 되기 때문이다.

(48)″ a. ?그 소년은 달나라 친구에게 보냈다.
b. ?그 소년은 고아원에 전달했다.

(48)″에서 보듯이 목적어도 생략되면 온전한 문장이 못 되는 것이다.

전달 동사와 수여 동사

동사 "보내다," "부치다," "전하다," "전달하다" 따위는 수여 동사 "주다"와 많은 점에서 공통된다. 그래서 이들도 수여 동사의 일부로 칠 수 있다.

(50) a. 돌이가 친구에게 선물을 {보냈다 / 주었다}.
b. 친구가 돌이에게서 선물을 받았다.

(50a)에서 보듯이 "보내다"는 "주다"와 동일한 구문 구조를 이루며 같은 환경에서 쓰일 수 있고, (50b)에서 보듯이 두 경우가 다 "받다"라는 동사와 대응될 수 있다.

다만 "보내다"는 다음과 같은 경우에 "주다" 따위 수여 동사와 차이를 보인다.

(51) 돌이가 {a.친구에게 / b.*친구를} 선물을 보냈다.
(52) 돌이가 {a.친구에게 / b.친구를} 선물을 주었다.

(51a)에서 보듯이 "보내다"와 어울리는 "에게"는 (51b)처럼 "를"로 바꾸는 것이 허용되지 않으나, "주다"는 (52)에서 보듯이 "에게"와 "를"의 교체가 가능하다. 곧 "주다"와 어울리는 "체언 + 에게"가 부사류어이면서도 이른바 간접 목적어 기능을 얼마쯤 드러냄에 반하여, "보내다"와 어울리는 "체언 + 에게"는 그러한 간접 목적어적 기능이 없고, 다만 받을이 표시 부사류어로서의 기능만을 보일 뿐이다.

3.3.6 듣는이 부사류어

듣는이 부사류어는 타이르거나 말하는 대상 곧 듣는이를 가리키는 것이다. 이 때의 부사류어 형태는 주로 "체언 + {에게 / 한테}"인데 그것은 동사가 언어적 전달 행위를 나타내기 때문이다. 이런 언어 행위의 청자는 받는이나 받을이와는 또 다른 특성이 있다.

(53) a. 그 형은 동생에게 간곡히 타일렀다.
b. 그 소녀는 하느님께 기도했다.
(54) a. 친구가 나에게 그 문제에 대하여 말했다.

b. 길수가 선생님에게 돌이의 잘못에 대하여 일러바쳤다.

이 부사류어는 주로 언어 행위와 관련된 청자를 가리킨다.

"타이르다"나 "말하다" 따위 언어 행위를 나타내는 문장에서 듣는이 부사류어는 필수 논항으로 여겨진다. 곧 특정한 상황이 주어지지 않으면 듣는이 표시 부사류어를 임의로 생략할 수가 없다.

(53)′ a. ?그 형은 간곡히 타일렀다.
b. (?)그 소녀는 기도했다.

위에서 보듯이 특정한 상황이 주어지지 않고 듣는이 부사류어가 임의로 생략되면 "주다," "보내다" 따위의 경우와 마찬가지로 어색한 문장이 된다.

그런데 "타이르다," "말하다" 따위는 타동사보다는 자동사로 쓰이는 경향이 짙다는 점이 색다르다.

(55) 우리는 선희에게 그의 {a.잘못에 대하여 / b.(?)잘못을} 타일렀다.

(56) 그가 나에게 {a.자기가 장가를 간다고 / b.자기의 결혼에 관하여} 말했다.

"타이르다"나 "말하다" 따위는 위에서 보듯이 목적어보다는 보문(자기가 장가를 간다고)이나 "체언 + 에 대하여 / 관하여" 따위와 같은 부사류어를 수반하는 경향이 있다. 이런 점에서 이 언어 행위 구문은 위에 말한 수여동사 구문 따위와는 다르다.

듣는이 부사류어와 어울리는 동사들

듣는이를 표시하는 부사류어와 어울리는 동사는 다음과 같다.

(57) 이르다, 타이르다, 일러바치다, 알리다, 털어놓다

(58) 말하다, 보고하다, 고백하다, 명령하다, 충고하다, 제의하다

(59) 이야기하다, 상의하다, 의논하다, 상담하다, 대화하다

(57)은 순수 우리말 동사이고 (58)의 것들은 "하다"와 결합된 용언 형태이다. 그런데 (59)의 무리는 듣는이 부사류어뿐 아니라 "체언 + 와 / 과"와 같은 상대 부사류어와도 어울릴 수 있다는 점이 색다르다. 후자와 같이 쓰일 때에는 상대 부사류어와 어울리는 동사로 여겨야 할 것이다.

(60) a. 그이는 형님에게 그 문제를 상의했다.
b. 그이는 형님과 그 문제를 상의했다.

(60b)의 "형님과"와 같은 상대 부사류어는 뒤의 4.11에서 다룬다.

3.3.7 관계점 부사류어

관계점 부사류어란 동작이나 상태가 추상적으로 미치는 관련 대상을 나타내는 것이다. 이 부사류어도 "명사구 + {에}"의 형태이고 그 의미면에서도 앞에서 말한 "받는이"나 "받을이" 따위와 비슷한 바가 있다. 그런데 이 부사류어는 행위의 직접적이고 구체적인 대상을 가리키지 않고 추상적으로 관련된다는 점이 특색이다. 또 이런 부사류어는 동사뿐 아니라 일부 형용사와도 어울릴 수 있다는 점이 색다르다.

(61) a. 그 사람의 작품은 많은 이에게 영향을 미치었다.
b. 그이는 이웃 사람에게 죄를 짓고 해를 끼치었다.
c. 그 사람은 나라에 공을 남기었다.

(62) a. 그 환약은 몸에 {좋다 / 나쁘다}.
b. 그 충고는 나에게 {이롭다 / 해롭다}.

(63) a. 그 사람의 성공은 그 가문에 영광이다.
b. 그 술주정뱅이는 아내에게 큰 짐이었다.

(61)에서는 "미치다, 끼치다, 남기다" 따위의 동사와 결합하는 부사류어들을 보이고, (62)와 (63)에서는 각기 형용사나 지정사가 이 부사류어

와 어울렸다. 이런 부사류어들은 행위가 원격적으로 또는 결과적으로 미치거나 관련된다고 여겨지는 추상적 대상을 가리킨다.

한편으로, "관계하다" 따위의 특정 동사가 쓰인 것들도 이 추상적 관련 대상을 나타내는 부사류어에 든다.

(64) a. 그 사람은 외교 문제에 관계하고 있다.
　　 b. 이 책은 동물에 관련된 것이다.

(65) a. 그 사람은 작문에 관하여 책을 썼다.
　　 b. 그는 물가 문제에 관련하여 발언했다.

(66) a. 우리는 동성 연애에 대하여 {반대한다 / 찬성한다}.
　　 b. 그 평론가는 이 달의 소설에 대하여 비평하였다.

이 부사류어와 어울리는 용언은 "관하다, 대하다" 따위 특정 동사에 한정되어 있다. 이들은 "－에 대하여," "－에 관하여" 따위와 같은 부사류어 모습으로 쓰이며, "－에 대한, －에 관한" 따위와 같이 관형어로 쓰이는 일도 있다.

|새|김| 이 관계점 부사류어에 쓰이는 후치사 "에"는 영어의 "for, to, about" 따위와 대응되는 것으로 여겨진다. 일본말에서는 "ni taisuru," "ni kansuru" 따위로 해석되는 것이다. 우리말에서는 이런 일본말을 "에 대하여," "에 관하여," "과 관련하여" 따위로 직역하여 쓰고 있다. 곧 이들은 일본말의 영향으로 생긴 관용 표현이다.

3.4 처소 부사류어의 의미

처소(place) 부사류어는 주로 동작이 이루어지는 자리를 나타낸다. 이 부사류어는 단순한 위치 지정이나 관계 대상의 표시를 하는 것이 아니고, 어떤 움직임이 구체적으로 벌어지는 "마당"을 가리킨다.

이 부사류어의 형태는 "명사구 + 에서"이며, 이 때의 머리 체언은 (처소)

체언의 특질을 지닌다. 이 부사류어는 주로 위치 개념만을 나타내는 "명사구 + {에}"와는 형태적으로 다를 뿐 아니라 의미적으로도 대립된다.

(67) a. 우리는 집에서 논다.
b. ?아이들은 집에 뛰논다.

(68) a. 우리는 교실 밖에서 모자를 머리에 썼다.
b. *우리는 교실 밖에 모자를 머리에서 썼다.

(67a)의 "집에서"와 같이 "뛰노는 동작"이 벌어지고 있는 자리를 가리키는 것이 이 부사류어이다. 이런 처소 부사류어가 쓰이는 자리에는 (67b)에서처럼 "집에"와 같은 단순한 위치 지정의 부사류어가 대치되지 못한다. (68a)에서는 "밖에서"라는 처소 부사류어와 "머리에"라는 위치 부사류어가 같이 나타나 있다. 앞것은 모자를 쓰는 동작이 벌어진 처소를 나타내고, 뒷것에서는 모자를 쓰는 위치가 표시됨을 알 수 있다. 이처럼 처소 부사류어는 형태적으로나 의미적으로 위치 부사류어와 대립을 보인다.

처소 부사류어는 "명사구 + 에서"의 형태적 특징을 보이고 대다수의 동작 동사와 어울릴 수 있으며 형용사나 존재사 및 지정사 따위와는 전혀 결합할 수 없다. 이 부사류어와 어울릴 수 있는 동사의 보기는 다음과 같다.

(69) a. 배우다, 읽다, 보다, 자다, 먹다, 마시다, 꺾다, 돌다
b. 쓰다, 입다, 짓다, 파다, 담다, 꽂다, 따르다, 찍다

대체로 (69a)의 동사는 처소 부사류어하고만 어울리고 (69b)의 것들은 경우에 따라 위치 부사류어와도 어울릴 수 있다.

(70) 우리가 여기에서 집을 짓는다.

(71) 어디에 집을 짓느냐고? 이 터에 집을 짓지.

(72) 그 사람은 시골에서 자기 땅에 농사를 짓는다.

이를테면, (70)-(72)의 "짓다"와 같은 동사는 경우에 따라 위치 부사류어 또는 처소 부사류어와 어울릴 수 있음을 알 수 있다.

한편으로, 처소 부사류어는 시발점 표시 부사류어와 동일한 모습으로 나타나는데, 어울리는 용언의 의미 특질의 차이와 기저 형태의 다름으로 거개가 서로 구분될 수 있다.

|새김| **우리말의 "에서 / 에"와 일본말의 "de / ni"** : 우리말의 "에서"와 일본말의 "de" ("te"로 쓰이기도 함)는 동작이나 작용이 계속적으로 벌어지는 '자리'를 나타내는 점에서 공통성을 보인다. 이것은 앞에서 말한 "에 / ni"와 대조를 이루는 의미 기능이다. 이러한 처소 표시의 후치사와 어울리는 용언은 일반으로 동사에 한정된다. 이는 일부 형용사와도 어울리는 "에 / ni"와는 다른 점이다.

〈1〉 아이들이 뜰에서 놀고 있습니다.
Kodomo tati wa niwa de asonde imasu.

〈2〉 역 앞에서 만납시다.
Ekino mae de mati awase masyo.

〈3〉 그것은 서문에서 언급하고 있습니다.
Sono koto wa hasigaki de hure te imasu.

위에서 보는 바와 같이 "에서 / de"는 동작이나 작용이 지속적으로 벌어진 장소를 나타낸다. 이 때의 용언들은 모두 행동성의 동사들이며, 이들은 "에서 / de"하고만 어울리고 "에 / ni"와는 결합되지 못하는 것이 상례이다.

Martin(1992:496)과 Martin(1975:216-221)에서는 "에 / ni"는 정적인 자리(static location)를 가리키고, "에서 / de"는 동적인 자리(dynamic location)를 지정하는 것이라 한 바 있다. 두 나라말의 공간 부사류어에서는 이러한 정적인 위치 지정과 동적인 처소 지정의 부사류어가 대립적으로 발달되어 있으며 그것들과 각기 어울리는 용언의 범위도 양국어에 거의 공통적이다. 대개 "에서 / de"로 된 후치사구하고 어울리는 용언은 동사의 대부분을 차지하며, 이들은 일반으로 "에 / ni"로 된 후치사구와 어울리는 동사와는 구분되는 것이다.

그런데 "에서 /de"와 어울리는 동사 중에는 "에 / ni"와도 어울리는 것들이 있다. 그러한 양면성을 드러내는 동사들은 그 의미 특질 면에서 제약을 보인다. 동일한 동사라도 동적 특질을 드러내는 상황에서는 "에서 / de"와 어울리고 그렇지 않은 경우에는 "에 / ni"와도 어울리게 된다.

〈4〉 살다 / sumu / kurasu, 머물다 / tomaru, 멈추다 / todomaru, 체재하다 / taizaisuru, 남다 / nokoru, 승리하다 / syoorisuru

〈4〉와 같은 경우 따위는 본디 "에서 / de"와 어울리는 것으로 여겨지는 동사들인데 경우에 따라 "에 / ni"하고도 결합한다.

〈5〉 a. 그는 한국에서 즐겁게 살고 있다.
Kare wa kankoku de tanosiku kurasi te iru.
b. 그는 이 동네에 살고 있다.
Kare wa kono mura ni sun de iru.

〈5a〉에서처럼 "에서 / de"가 쓰일 때에는 "살고 있다 / kurasi te iru"가 지속상 또는 진행상으로 쓰인다. 곧 이 때의 동사는 지속적인 동작을 하는 동적인 특질을 발휘한다. 그것은 "즐겁게 / tanosiku"라는 부사류어가 함께 쓰이고 있는 점에서 확인된다. 만일 그런 부사류어가 같이 안 쓰일 때에는, 특히 일본말의 "sumu"의 경우, "de"가 쓰이면 어색하고 "ni"가 자연스럽게 어울린다. 그런 때에는 동사가 정적인 의미로 해석되기 때문이다. 반면에 (5b)와 같이 "에 / ni"와 어울릴 때에는 "살고 있다 / sunde iru"가 결과 상태를 나타내는 것으로 해석되며, 이 때의 동사는 정적인 특질을 드러낸다. 말하자면, 이런 때에는 살아가고 있는 동작이 아니라 어떤 위치에 주소를 두고 있음을 뜻한다. 따라서 이런 때에는 "즐겁게 / tanosiku" 따위와 같은 부사류어가 함께 쓰이지 못한다.

다음과 같은 경우에도 동일한 동사가 동적인 특질을 드러내면 "에서 / de"와 어울리고 정적인 특질을 드러내면 "에 / ni"와 어울린다.

〈6〉 a. 그 외국인은 호텔에서 편히 머물고 있다.
Sono gaikokuzin wa hoteru de kiraku ni tomat te iru.
b. 그 외국인은 호텔에 머물고 있다.
Sono gaikokuzin wa hoteru ni tomat te iru.

〈7〉 a. 저 차가 학교 앞에서 갑자기 멈추었다.
Ano kuruma ga gakkoo no mae de totuzen tomat ta.
b. 저 차가 학교 앞에 멈추고 있다.
Ano kuruma ga gakkoo no mae ni tomat te iru.

각 a에서처럼 "에서 / de"가 쓰이면 그 앞의 부사류어와의 어울림에서 짐작되듯이 동사가 동태성을 드러냄을 시사하는 반면에, 각 b에서처럼 "에 / ni"와 어울릴 때에는 같은 동사 형태라도 그런 동적인 의미보다는 일정한 위치에 놓임을 지정하는 정적인 특질로 해석이 된다. 이럴 때에는 일반으로 동작 양태 표시와 관련된 부사류어와 잘 어울리지 않는다.

동적 특질을 가진 동사일지라도 결과 상태를 나타낼 때에는 "에서 / de"와 어울리지 못하고 "에 / ni"와 결합한다. 대체로 우리말에서는 이 결과 상태성은 "-어 있다"가 쓰일 때에 더 확실히 드러나며 일본말에서는 "de iru / de aru"일 때에 더욱 확실히 드러난다.

〈8〉 개가 길가에(/ ?에서) 죽어 있다.

Inuga miti no soba ni(/ ?de) sinde iru.

"죽다"라는 동사는 동적인 특질의 동사인데 결과 상태를 나타내는 경우에는 "에 / ni"와 자연스럽게 어울린다.

일반으로 동사의 시상적 의미는 완결상(perfective)과 지속상(durative)으로 나누어지는데, 전자에는 결과상(resultative)이 있고, 후자는 진행상(progressive)과 반복상(repetitive)이 구분된다. 결과상이란 완료된 결과로 나타난 상태를 가리키고, 진행상은 동작이 계속되고 있는 것을 가리킨다. 한편으로, 반복상은 동작이 계속 반복되어 일종의 상태성을 드러낸다(5.7–13 참조).

일반으로 동사가 결과상이나 반복상을 나타낼 때에는 "에 / ni"와 "에서 / de"가 서로 교체될 수 있으나 진행상을 나타낼 때에는 "에 / ni"는 어울릴 수 없고 "에서 / de"만이 쓰이게 된다. 전자에서는 정적 특질을 드러내기 때문이요 후자에서는 동적인 특질을 드러내기 때문이다. 이처럼 동일한 동사라도 그것이 정적 특질을 드러내는 상황에서 쓰이느냐 아니면 동적 상황에서 쓰이느냐에 따라 "에 / ni"와 "에서 / de"와의 어울림이 결정된다. 다만 이것은 일부 양면성으로 쓰일 수 있는 동사에 한정되고 많은 동사는 그러한 양면성을 드러내지 않는다.

3.5 시발점 / 한계점 부사류어의 의미

시발점(inception) **부사류어**는 동작이나 운동의 시작점 또는 근원(source)을 나타내는 것이다. 여기에서는 공간적인 시발점만을 가리키며 그 형태는 대체로 "처소어"에 "에서 / 에서부터 / 로부터" 따위가 덧붙어 이루어진다.

(73) 지점 표시 명사구 + {a.에서(부터) / b.로부터}

지점(spatial point) 표시 명사구란 비시간성 공간적 위치를 가리키는 것이다. 시간어가 아닌 체언을 머리로 하는 공간적인 위치나 지점을 가리키는 명사구이다. 이런 명사구에는 (유정성) 체언이 머리가 될 수가 있으며 그런 경우에는 "에서" 대신에 "에게서 / 한테서"가 쓰인다. (73b)의 "로부터" 형태는 임의로 선택되어 쓰일 수 있다.

(74) a. 이 편지는 외국에서 왔다.
b. 이 편지는 외국으로부터 왔다.
c. ?이 편지는 외국부터 왔다.

(75) a. 그이는 집에서부터 달렸다.
b. 그이는 집으로부터 뛰어왔다.
c. ?그이는 집부터 달렸다.

(76) a. 그 소포는 형님에게서 왔다.
b. 그 소포는 형님에게로부터 / 형님으로부터 왔다.
c. ?그 소포는 형님부터 왔다.

각 a, b에서 보는 것처럼 "에서 / 에서부터 / 로부터" 형태가 임의로 선택되어 이 부사류어를 이루나, 각 c에서 보듯이 "부터"가 직접 이 지점 표시 명사구에 첨가되면 어색한 문장이 된다.

"에서부터"나 "에게서부터"는 후치사 "에서 / 에게서"와 한정사 "부터"의 결합체이다. 이 시발점 부사류어의 기본 형태는 후치사이고 거기에 "부터"가 임의로 결합된 것이다. 다만, "부터"가 결합되면 그 의미가 더욱 뚜렷해지므로 한정사 "부터"가 거의 상례적으로 첨가되어 쓰인다. 특히 "에서"는 앞에서 다룬 처소 부사류어 "에서"와 동일한 형태이므로 "부터"가 첨가되어 변별 효과를 높이는 구실을 한다.

"(으)로부터"는 형태적으로 보면 후치사 "(으)로"와 한정사 "부터"로 분석된다. 그런데 이 때의 "(으)로"는 방향 부사류어로 여겨질 수가 없다. 그것이 방향 부사류어라면 '시발점'의 의미를 추출할 수가 어렵기 때문이다. 이 "(으)로부터"의 "(으)로"는 옛말에서 '시발점'을 뜻하였던 "(으)로셔"에서 유래된 것으로서 본디 '시발점'을 나타내는 형태이다. 다만, 현대어에서는 그것이 "부터"하고 결합되어 "(으)로부터" 형식으로만 쓰일 뿐이므로 그 성분 분석을 하기 어려운 합성 형태로 볼 수밖에 없다.

|새|김| 시발점 표시의 후치사 "에서"는 앞에서 다룬 처소 부사류어 "에서"와 동일한 형태이다. 그래서 모호성을 드러내는 일이 있다. 그러나 여기에서 말한 시발점 부사류어는 몇 가지 점에서 차이를 드러낸다.

〈1〉 a. 그이는 학교에서 거닐었다.
b. 그이는 학교에서 걸어왔다.

〈2〉 a. 그이는 과천에서부터 기었다.
b. ?그이는 과천에서부터 놀았다.

〈1a〉의 "거닐다"는 비이동성 동사이므로 그 의미 특질에 따라 "학교에서"는 처소 부사류어가 된다. 그러나 〈1b〉의 "걸어오다"는 그 의미 특질이 이동성이므로 "학교에서"는 시발점 부사류어로 됨을 예측할 수 있다. 한편으로, 〈2〉에서는 후치사의 형태 면에서 처소 부사류어는 시발점 부사류어와 다름을 보인다. 시발점 부사류어는 언제라도 "부터"가 첨가될 수 있지만 처소 부사류어는 그것이 허용되지 않는다. 이런 시발점 부사류어는 비이동성 동사와는 어울리지 못한다.

한편으로, 시간적인 시작점을 나타내는 부사류어는 뒤에서 다루거니와 이 때에는 머리 체언이 "공간어"가 아니고 "시간어"라는 점이 특징이다.

한계점 부사류어는 동작이 미치는 경계점을 가리킨다. 이는 시발점 부사류어와 정반대되는 특성을 보인다. 이 부사류어는 다음과 같은 꼴이 된다.

(77) 지점 표시 명사구 + {a.(에)까지 / b.에게까지}

이 한계점 표시 부사류어는 "에 / 에게" 형태에 "까지"가 붙은 후치사구이다. 특히 "까지" 형태는 필수적이며, 그것이 빠질 때에는 위에 말한 관계 대상 표시 부사류어가 되어 버린다.

(78) 그는 아침에 {a.공원에까지 / b.공원까지} 걸어갔다.

(79) 그애는 {a.할아버지에게까지 / b.할아버지한테까지 / c.?할아버지까지} 달려갔다.

(78)에서처럼 여느 공간 지점을 가리킬 때에는 "에까지" 또는 "까지"만

으로도 된다. 그러나 (79)에서처럼 유정성 체언일 때에는 "에게까지 / 한테까지" 형태가 필수적이며 "에게 / 한테"도 탈락되지 않는다.

시발점을 나타내는 부사류어와 한계점을 나타내는 부사류어는 서로 짝지어 쓰이는 일이 잦다. 사실 온전한 발화에는 시발점과 한계점이 함께 표시되는 것이 마땅하다.

(80) 그 사람이 집에서 {학교까지 / ?학교에} 걸어갔다.
(81) 그들은 과천에서부터 {종로까지 / ?종로에} 기어왔다.
(82) 아이가 아버지에게서부터 엄마한테까지 아장아장 걸어갔다.

"에까지"의 "에"는 후치사로, "까지"는 한정사로 분석된다. 다만, "종로까지"에서처럼 한정사가 직접 선행어에 첨가되어 부사류어의 기능을 나타낼 때에는 "까지"가 후치사로 쓰인다고 여겨지기 쉽다. 그러나 이럴 때에는 "종로에까지"에서 "에"가 임의 생략된 경우라고 할 수 있으므로 역시 "까지"는 그 앞의 후치사에 덧붙어서 '한계점' 표시 기능을 명확히 하는 의미적 구실만을 보이는 한정사라고 함이 마땅하다. 요컨대 한계점 표시의 "에까지"도 후치사 "에"가 기본이며 거기에 한정사 "까지"가 첨가되어 그 의미를 돕는 것이라고 할 수 있다.

3.6 방향 부사류어의 의미

방향(direction) 부사류어란 운동, 동작 또는 변화 따위의 방향을 나타내는 부사류어이다. 그 형태는 "명사구 + {(으)로}" 및 "명사구 + 에게로 / 한테로"이다. 전자는 머리 체언이 무정성일 경우이고 후자는 유정성일 때이다. 이 부사류어는 다음과 같이 특정한 부류의 동사들, 특히 이동성 동사와 많이 어울린다.

우선, 특정한 동사와 어울리는 방향 부사류어의 예를 보자.

(83) 비행기가 {부산으로 / ?부산에 / ?부산까지} 떠났다.

(84) 물이 {술로 / *술에 / *술까지} 변했다.

(85) 바다가 {육지로 / 육지가 / *육지에 / *육지까지} 되었다.

(86) 그이는 자기의 {애인한테로 / (?)애인한테 / (?)애인에게까지} 향했다.

(87) {이쪽으로 / (?)이쪽에 / ?이쪽에까지} 고개를 돌리십시오.

위에서 보듯이 "떠나다, 변하다, 되다, 향하다, 돌리다" 따위는 방향 부사류어와 어울리고 관계 대상 표시 부사류어나 한계점 부사류어와는 어울리지 못한다. 이런 점에서 방향 부사류어는 앞에서 살핀 관계 대상이나 한계점 표시 부사류어와는 다르다.

|새|김| 방향 표시의 "(으)로"는 자격 부사류어 "로(서)"나 수단 부사류어 "로(써)"와 동일한 형태를 보이는 일이 잦다.

〈1〉 그이가 회사로 갔다. 〈방향〉

〈2〉 그 아이는 친구로 여길 수가 없다. 〈자격〉

〈3〉 그 사람이 비행기로 여행을 했다. 〈수단〉

그런데 자격 부사류어일 때에는 "친구로서"와 같이 "서"를 임의로 첨가할 수 있는 가능성이 있고, 수단 부사류어일 때에는 "비행기로써"와 같이 "써"를 경우에 따라 덧붙일 수 있다. 이와는 달리 방향 부사류어는 그런 딴 형태가 전혀 첨가될 수 없는 형태적 특징을 지닌다.

방향성 부사하고만 어울리는 동사는 다음과 같다.

(88) a. 바꾸다, 바뀌다, 나누다, 나뉘다, 갈다, 돌리다, 솟다, 솟아나다, 날아오르다, 뽑다, 삼다, 되다

b. 출발하다, 통하다, 돌진하다, 구분하다, 분류하다, 선택하다

최현배(1961)에서는 "변하다," "바꾸다," "되다" 따위와 어울리는 "체언 + 으로"는 "변성격 부사류어"라 하였는데 우리는 이들도 방향 부사류어에 통합하였다. "변성격 부사류어"는 주로 〈변화성〉을 지닌 동사와 어울리는 경우를 가리켰다. 한편으로, "방향성 부사류어"는 주로 〈이동성〉

의미 특질을 가진 동사하고 어울릴 때에 쓰이는 것으로 이해되었다. 그런데 이 두 가지 부사류어는 의미로나 구문 구조로 볼 때에 본질적인 차이가 없다. 이 둘은 어느 한 방향으로 쏠리는 움직임을 나타낸다는 점에서 일치하기 때문이다. 다만 어울리는 동사가 〈변화성〉이냐 〈이동성〉이냐에 따라 붙여진 이름에 지나지 않는다. 따라서 우리는 이 두 가지를 한데 합하여 방향 부사류어로 처리하게 된 것이다. 곧 그전에 변성격 조사로 알려진 "술이 되다"에서의 "이 / 가" 또는 "술로 변했다"에서의 "(으)로"는 "집으로 가다"의 "(으)로"와 마찬가지로 방향성 부사류어 형성의 후치사라는 것이다.

(89) a. 물이 술이 되었다.
　　 b. 그 사람이 드디어 착한 사람으로 바뀌었다.

(90) a. 사슴이 산 위로 달아났다.
　　 b. 그이가 차머리를 왼쪽으로 돌렸다.

(89)–(90)에서 "술이," "사람으로," "위로," "왼쪽으로" 따위는 모두 방향 부사류어로 처리한다.

|새|김| 앞에서 본 바와 같이 "되다" 앞에는 "(으)로"가 어울리지 못하는 경우가 있다.

〈1〉 그 사람이 경찰에 {a.구속이 / b.*구속으로} 되었다.

이런 때의 "구속"은 비실체성 체언으로서 "구속이"는 주격 성격의 명사구이므로 변성격 곧 방향 부사류어가 될 수 없다. 곧 "구속이 되다"는 "구속을 하다"의 피동 표현으로 볼 수 있어서 "구속이"는 방향 지시어가 될 수 없다. 따라서 이런 "이"는 방향 지시 형태 "(으)로"로 교체가 안 되는 것이다.

방향 부사류어는 목표점이나 한계점 부사류어와는 의미 면에서 서로 다르다. "집으로 가는 동작"은 '집 방향을 향한 이동'을 뜻하는 것인 데 반해서, "집에 가는 동작"은 '집이라는 목표점을 염두에 둔 이동'이라고 해석된다. 이런 차이는 실제 언어 생활에서는 명확히 구분되지 않고 동일한 뜻으로 혼용되고 있지만, "로"는 방향성에 초점이 놓이고 "에"는 목표점에 초점이 놓이는 것임은 다음과 같은 보기에서 확인된다.

(91) a. 그이가 학교로 갔으나 아직 도착하지 않은 모양입니다.
b. (?)그이가 학교에 갔으나 아직 도착하지 않은 모양입니다.

(91a)는 그런대로 용인이 되나 (91b)는 받아들여지기 어렵다. 어떤 방향을 향한 이동은 목표점에 도달함을 반드시 함의(含意)하지 않지만 목표점에 대한 이동은 그 도달함을 함의하게 되는 것이 예사이기 때문이다.

또 "쪽," "방향" 따위 명사가 후치사구의 머리가 될 때에도 "로"의 방향성이 입증되는 반면에 "에"는 그렇지 못함이 드러난다.

(92) a. {이 쪽으로 / 이 방향으로} 가거라.
b. {?이 쪽에 / ?이 방향에} 가거라.

여기에서도 방향 부사류어는 딴 두 부사류어와 다름을 보여준다.

"명사구 + 로"의 의미 문제

남기심(1993:224-40)에서는 우리가 말하는 방향성 부사류어 "명사구 + 로"의 의미를 〈지향점〉, 〈방향〉, 〈경로〉의 세 가지로 갈라 설명하고 같은 책 241면부터는 〈변성〉과 〈속성〉을 나타낸다고 기술하였다. 그 대표적인 예를 그 책에서 들어 보이면 다음과 같다.

(93) 나는 수업이 끝나자 마자 집으로 갔다. 〈지향점〉
(94) 이 길을 따라 동쪽으로 쭉 가면 오른편에 약국이 있을 거야.〈방향〉
(95) 이 길로 가야 거기에 빨리 도착할 수가 있다. 〈경로〉
(96) 물이 얼음으로 되었다. 〈변성〉
(97) 철수가 구두쇠로 변했다. 〈속성〉

실제적인 쓰임에서 드러나는 의미를 세부적으로 분석해 보면 위와 같은 구분이 가능하리라고 본다. 그런 점에서 위의 분석은 이 부사류어의 의미를 깊이 고찰하는 데 중요한 자료를 제공할 것으로 믿는다. 그러나 우리는 이들을 모두 "방향성"이라는 범주로 통합하여 다루는 것이 타당하다고 본다.

우선, (93)을 다음과 같이 바꾸어 보면 〈지향점〉이라는 새 범주보다는 〈방향〉이라는 범주로 묶는 것이 낫다고 보인다.

(98) 나는 수업이 끝나자 마자 {a.집으로 / b.집에} 갔다.
(99) 나는 수업이 끝나자 마자 {a.집으로 / b.(?)집에} 떠났다.
(100) 나는 밤늦게 {a.집으로 / b.집에} 도착했다.

(98a)의 "집으로"와 "집에"는 얼핏 보아 비슷한 뜻인 듯하지만 앞것은 방향성이 표시되고 뒷것은 목표점을 지적한 것으로 판단된다. 이 경우에 "지향점"을 나타내는 것은 전자보다는 후자 쪽이 더 어울린다고 여겨진다. (99)에서처럼 "떠나다"와 같은 동사일 경우에는 "집으로"는 자연스러우나 "집에"는 곤란하다. 이것은 "떠나다"와 같은 동사는 방향성 부사와 1차적으로 어울리고 지향점이나 도달점은 2차적인 것이기 때문이다. 이런 점에서 볼 때에도 "집으로"는 방향성을 드러낸다. (100a)에서 보듯이 "도착하다"와 같은 동사일 때에는 "집으로"는 '엉뚱한 방향'을 가리키는 경향이 있다. 곧 딴 데로 가야 할 사람이나 사물이 그 쪽으로 왔다는 의미가 풍긴다. 이런 점에서도 "집으로"는 방향성이라 해석해야지 지향점이라 해서는 안 된다. 이 부사류어가 지향점을 나타낸다면 "도착하다" 따위와 어울리는 것이 오히려 자연스러울 것이고 '엉뚱한 방향'이라는 의미가 시사되지 않을 것이기 때문이다.

남기심(1993:309)에서는 다음과 같은 경우도 지향점으로 해석하였다.

(101) 그이는 손님을 {집으로 / 집에} 초대하였다.
(102) 그이는 김선생을 {집으로 / 집에} 찾아갔다.

이런 경우의 "집으로"도 "집에"와 교체될 수 있는 점에서 볼 때에 지향점으로 해석함 직하다. 그러나 이런 경우도 "집으로 {초대하다 / 찾아가다}"는 '딴 데가 아니고 집쪽을 선택한 것'이라는 의미가 암암리에 시사된다. 이런 점은 "집에 {초대하다 / 찾아가다}"와 대조된다. 이런 사실도 "집으로"가 지향점이라기보다는 방향성과 관련이 짙음을 뒷받침한다.

위 (95)의 〈경로〉라는 의미도 "로"가 드러내는 한 세부적인 의미라고 할 만하다. "대문으로 들어가다"나 "길이 우리 동네 옆으로 났다."와 같은 경우에 "명사구 + 로"는 〈경로〉, 곧 '을 통해서'라는 뜻을 보인다. 그런데 이런 경우도 본디 "방향성"에 포괄될 수 있다. '방향 선택'과 관련된 파생적 의미가 되기 때문이다. 이를테면, "이 길로"는 '이 길 방향을 따라서'로 해석되고, "대문으로"는 '딴 문쪽이 아니고 대문쪽으로 해서'라는 방향 선택을 의미한다. "옆으로 났다"는 '옆쪽으로' 또는 '옆쪽을 따라서'라는 뜻이 시사된다.

위 (96), (97)과 같은 경우 곧 이른바 〈변성격〉을 나타내는 부사류어도 "방향" 범주에 든다고 볼 수 있다. 이런 경우는 공간적 방향과는 다르지만 변화 작용의 방향을 드러낸다는 점에서 일종의 방향성을 인정할 수밖에 없다. (96)과 같은 경우 곧 "얼음으로 되다"는 다소 부자연스러운 표현이지만(일부에서 쓰고 있으므로 그것을 완전히 무시할 수는 없다), 현실적인 쓰임으로 인정한다고 할 적에는 "얼음으로 변하다"와 마찬가지로 변화의 방향성을 드러낸다.

3.7 거리 부사류어의 의미

거리(distance) 부사류어란 공간적인 길이를 나타내는 것이다. 이 부사류어에는 후치사 형태보다는 부사의 형태가 많다.

(103) 그 날틀이 {멀리 / 높이} 날아갔다.
(104) 이제 우리는 백두산 가까이 왔다.
(105) 그들은 {끝없이 / 무한히} 달려갔다.

(106) 그 병사는 땅을 100미터쯤(을) 파고들어갔다.

(107) 그이는 십 리{도/를} 못 가서 발병 난다.

"멀리, 높이, 가까이, 끝없이" 따위는 일반 부사류어이며 "100미터, 십 리" 따위는 수량어인데 이들도 부사류어로 전용되어 쓰일 수 있다.

거리 부사류어는 주로 이동 동사와 어울리는 경향이 있으나 그 밖의 동사들과도 공기 관계를 보이게 된다.

(108) 그들은 앞을 멀리 {바라보았다/내다보았다}.

(109) 그 궁수는 활을 낮게 그리고 가까이 쏘았다.

이 부사류어는 수량어가 전용되는 수가 많은데 이런 경우에는 거기에 "를/을" 따위를 붙일 수 있다. 이것은 수량어에 흔히 나타나는 현상인데 그런 조사 "를/을"은 한낱 강조 효과를 낼 뿐이고 목적어 표지는 아니다.

(110) 우리는 천리 길을 다섯 시간에 달려갔다.

(111) 그이는 단숨에 십 리를 뛰어갔다.

(112) 이 젊은이는 자동차를 5만 리를 몰았다.

|새김| 이 거리 부사류어 "멀리, 가까이" 따위를 "멀리로, 멀리까지, 가까이로, 가까이까지" 따위와 같이 "로"와 "까지"를 첨가하는 수가 있는데, "로"의 첨가는 군더더기로 여겨지며, "까지"는 앞의 위에서 보았듯이 한계점을 나타내는 부사류어에 첨가되는 한정사로 해석된다.

〈1〉 (?)그 새가 멀리로 날아갔다가 가까이로 되돌아왔다.

〈2〉 그 선수가 멀리까지 달려갔다가 여기 가까이까지 왔다.

4

시간 부사류어와 과정 부사류어의 의미

4.1 시간 부사류어의 의미적 특성과 갈래

시간 부사류어란 시간과 관련되는 낱말로서 문장이나 절 또는 동사구를 한정하는 수식어이다. 시간이라는 범주는 공간 개념과 함께 우리의 삶 전체의 배경을 이루고 구획짓는 구실을 하는 것이다. 그리하여 여러 나라 말에 시간과 관련되는 낱말이나 문법 범주가 발달되어 있는데 우리말에도 시간 관계로 우리의 언어 행위를 한정하는 부사류어들이 많이 있다. 우리말의 시간 관계 부사류어는 다음 여섯 가지로 나누어 볼 수 있다.

〈1〉 **시점 / 순간 부사류어**

"방금, 이제, 이 순간에, 정각에" 따위와 같이 시점이나 순간점을 나타내는 시간 부사류어이다.

(1) 학생들이 {이제 / 시방} 떠났다.

〈2〉 **시간대 / 시역 부사류어**

"요즈음, 근래에" 따위와 같이 정한 시점의 앞뒤 시간대를 포함하여 가리키는 것이다.

(2) 사람들이 {요즈음 / 근래에} 건강에 관심이 높아졌다.

〈3〉 **시작점 부사류어**

"10시부터, 이제부터" 따위와 같이 동작이나 사태의 시작점을 나타내는 것이다.

(3) 강연회는 10시에서부터 시작하여 12시에 끝났다.

〈4〉 동안(期間) 부사류어

"한참, 오랫동안" 따위처럼 정해진 시간적 기간을 나타낸다.

(4) 그 강연회는 두 시간 동안 계속되다가 10분간 쉬었다.

〈5〉 잦기 부사류어

"가끔, 때때로" 따위와 같이 동작의 빈도를 나타내는 부사류어이다.

(5) 그 사람은 가끔 여기에 오다가 요즈음은 날마다 온다.

〈6〉 차례 부사류어

"처음에, 이미, 벌써" 등처럼 시간적인 앞뒤 관계를 나타내는 것이다.

(6) 그 애가 처음에는 울다가 나중에는 즐겁게 놀았다.

|새|김| "10시부터"는 본디 "10시에서부터"에서 "에서"가 생략된 것이라 볼 수 있다.

4.2 시점 / 순간 부사류어의 의미

시점 / 순간 부사류어란 시간적 위치(temporal position) 곧 순간적 시점을 나타내는 것이다. 이 부사류어는 순간, 일정한 시간적 분기점 따위 비교적 짧은 시간 범위에 걸친 위치 지정을 한다. 이 부사류어에는 부사 형태와 후치사구 등이 있다.

(7) a. 그 사람들은 이제 떠났다.
b. 그 모임은 10시에 시작된다.

(8) a. 우리는 시방 노래를 부른다.
b. 우리는 제때에 출근한다.

"이제, 시방, 10시에, 제때에" 따위는 주로 시간적 위치를 지정하는 시점 부사류어이다.

시점이나 순간을 나타내는 부사류어는 부사 형태가 꽤 많은 비중을 차지하며, 후치사구는 일반으로 〈시간어 + 에〉의 구조를 보인다.

(9) a. 시방, 지금, 이제, 방금, 금방, 즉시, 이내, 당장, 곧
b. 때 + 에 : 그 때에, 제사 때에, 시험 때에, 제때(에)
c. 시간어 + 에 : 한 시에, 10분에, 5초에, 10시 정각에, 그 순간에
d. 아까, 접때, 전에, 앞서, 이따가
e. 갑자기, 느닷없이, 돌연, 대뜸, 막, 순간적으로, 당장에, 시시각각으로

|새|김| (9d)의 낱말들은 시간적 순서와도 관련이 있다. 앞선 시간과 뒷 시간을 가리키는 말이기 때문이다. 그런데 그런 시간적 순서에 초점을 두지 않고, 다만 과거나 현재의 한 시점을 지정하는 말로 쓸 때에는 시점 부사류어로 인정된다. 한편으로, "금방, 즉시, 이내, 당장, 곧"과 같은 말도 엄격히 따지면 시간적 순서와 관련될 수 있다. 한 순간 뒤의 시간을 가리킬 수도 있기 때문이다. 그러나 그 시간 폭이 극히 짧은 것이기 때문에 시점 표시 부사류어로 볼 수가 있으며 실제로 그렇게들 알고 쓴다.

시점 부사류어는 일반으로 비상태성 동사와 존재사만을 수식한다. 상태성 동사(알다, 믿다 따위) 및 형용사나 지정사구 같은 상태성 용언과는 어울리지 않는다. 그러한 상태성 용언은 일반으로 시간적 변화를 하지 않는 상태나 성질을 나타내므로 시간적 변화의 분기점을 나타내는 시점 부사류어와는 잘 어울리지 못하는 것이다.

(10) a. 그이는 {시방 / 지금} 집으로 돌아왔다.
b. 그이는 새벽 두 시 정각에 눈을 떴다.
c. 그 할아버지께서는 지금 댁에 계신다.

(11) a. 나는 그 사람을 {지금 / 아까} 알았다.
b. ?나는 그 일을 시방 안다.
c. ?나는 {방금 / 곧 / 아까} 하느님을 믿었다.

(12) a. ?날씨가 {시방 / 방금 / 곧} 따뜻하다.
b. (?)날씨가 금방 따뜻했다.
c. *그 사람이 {지금 / 아까 / 곧} 학생이다.

(10)에서는 "시방, 지금" 따위 시점 부사류어가 비상태성 동사 및 존재사와 어울림을 보인다. 그러나 (11)에서처럼 상태성 용언들이 쓰일 때에는 시점 부사류어가 잘 어울리지 못하는 수가 있으며, 특히 (12)에서처럼 형용사나 지정사가 쓰일 경우에는 거의 쓰일 수가 없다.

시점 부사류어(뒤의 시역 부사류어도 포함)가 주제화가 되어 문장의 앞쪽으로 옮겨지면 그 어울리는 용언의 범위가 넓어지게 된다. 이를테면, (11)의 "지금"을 주제화하면, 다음과 같다.

(13) a. (?)나는 그 일을 지금 {안다 / 믿는다}.
b. 지금은 내가 그 일을 {안다 / 믿는다}.

(13b)에서와 같이 부사류어가 주제화하면 상태 동사 "알다"나 "믿다"와도 어울릴 수 있으며, 또 형용사나 지정사까지도 확대될 수 있다.

(14) a. 지금은 날씨가 따뜻하다.
b. 지금은 그 사람이 학생이다.

이와 같은 사실은 앞의 위치 부사류어와 마찬가지로 부사류어가 주제화하면 문장 부사류어 또는 자유 부사류어적 성격을 띠게 되기 때문이라 풀이된다.

4.3 시간대 / 시역 부사류어

시간대(時間帶) 또는 시역(時域) 부사류어란 정한 시점의 앞뒤 시간역을 포함하여 가리키는 것이다. 이 부사류어는 "요즈음"과 같은 비교적 짧은 시간대에서부터 "근래에," "현대에," "금세기에" 따위와 같이 긴 시간적 영역을 통틀어 가리키기도 한다.

(15) a. 우리는 요즈음 글을 쓴다.
b. 우리는 평일에 집에 있다.

(16) a. 우리 나라에서는 올해(에) 대통령 선거가 있다.
b. 한글은 15세기에 창제되어 쓰였다.

(15)에서는 비교적 짧은 시간대를 나타내는 부사류어 "요즈음," "평일에"가 쓰였다. (16)에서는 미래와 과거의 비교적 긴 시간대를 나타내는 "올해(에)," "14세기에" 따위가 부사류어로 쓰였다.

시간대 / 시역 표시 부사류어의 보기는 다음과 같다.

(17) a. 요즈음, 요새, 요사이, 근래(에), 무렵(에)
b. 새벽에, 오전에, 아침에, 저녁에, 밤에, 밤중에, 낮에
c. 오늘, 어제, 내일, 모레, 글피, 그제, 공일날(에), 그 날(에)
d. 이 달에, 봄에, 올해(에), 금세기에, 근세에
e. 일찍이, 본디, 본래, 원래, 종래(에), 과거에, 옛날에
f. 앞으로, 미래에, 장래에, 며칠 뒤에, 다음 달에, 몇 년 후에

이런 시간대 / 시역 표시 부사류어들은 경우에 따라 매우 긴 시간역을 포괄하지만 시간적 앞뒤 한계가 명시되는 것이 아니므로 뒤에 말하는 동안(期間)을 나타내는 부사류어와는 다르다.

|새김| (17c)의 "오늘, 어제, 내일, 모레, 글피, 그제" 따위 시간 관계어는 본디 첨가되었던 "에"가 상례적으로 탈락된 것이라 가정하면 부사류어로 칠 수가 있으므로, 명사가 부사도 된다는 종래의 설명 방식을 지양할 수 있다.

시간대/시역 부사류어는 동사나 존재사뿐 아니라 일부 상태성 용언과도 어울리는 특질이 있다는 점에서 시점 부사류어와는 다르다. 이 부사류어는 비교적 넓은 시간 영역을 포괄하게 되므로 상태성 표현과도 얼마쯤 어울릴 수 있다.

(18) a. 나는 요즈음 재미있는 일을 알았다.
b. 우리는 앞으로 그 사람의 비밀을 많이 알 것이다.
c. 그 사람은 앞으로 하느님을 믿는다.

(19) a. 요즈음 하늘이 맑다.
b. (?)그 여자가 요즈음 마음이 착하다.
c. (?)그 사람이 앞으로 그 여자의 남편이다.

시간대/시역 부사류어도 모든 상태성 용언과 자유롭게 어울리지 못하지만 그 가운데 "믿다, 맑다" 따위와 같이 가변성이 얼마쯤 가능한 상태성 용언들과는 경우에 따라 어울려 쓰인다.

4.4 시작점 부사류어

시작점 부사류어란 사태의 시간적 시발점을 나타내는 것이다. 이들은 시간어에 "(로)부터" 따위가 첨가되어 이루어진다.

(20) 시점 + 부터/(로)부터
[보기] 새벽으로부터, 지금으로부터 따위

시점(temporal point)이란 시간적 위치를 가리킨다. 이런 시점 표시의 체언일 때에는 "로부터"나 "부터"를 첨가하여 시간적인 시작점을 표시하는 부사류어를 이룬다.

(21) a. 그 모임이 지금으로부터 시작된다.
b. 그 모임이 10시로부터 시작된다.
c. ?그 모임이 10시에서 시작된다.

(21a,b)에서 보는 바와 같이 시작점 부사류어는 "부터"나 "로부터"가 첨가되어 이루어지고, (21c)에서처럼 "에서"가 직접 첨가되면 어색해진다.

시작점을 나타내는 "(으)로부터"의 "(으)로"는 앞에서 지적한 것처럼 방향 부사류어가 아니라 본디 고어 "(으)로셔"에서 유래된 것임이 틀림없다. 이 고어 형태는 "하놀로셔 나ᄂᆞ리며(하늘에서 나리며)"와 같이 시발점을 나타내는 형태였다. 오늘날에는 그것이 "로"로 축약되어 "부터"하고만 결합되어 쓰일 뿐이다. 또 이 "로"가 생략되어 "지금부터"처럼 쓰이는 일이 많다. 따라서 이 경우에도 한정사 "부터"가 본디부터 선행 시간어에 직접 첨가된다고는 할 수 없다. 다시 말하면 "지금부터" 등은 "지금으로부터"의 줄임꼴이므로 한정사가 직접 선행어에 첨가되어 부사류어를 이루는 것이 아니라 기본적으로 후치사 "로"에 "부터"가 첨가된 것이다.

|새|김| 하놀로셔 셜흔 두가짓 祥瑞 ᄂᆞ리며(석보상절 6:17)
네 어드로셔브터 온다(번역노걸대 상:1)
에서 보듯이 "로셔"는 시발점을 뜻하였으며, 거기에 "브터(부터)"가 더러 첨가되어 쓰이기도 했다.

시작점 표시 부사류어는 일반으로 동사나 존재사와 어울리고 형용사나 지정사 따위와는 원칙적으로 어울리지 않는다. 이 부사류어는 동작이나 존재가 시발되는 기점을 나타내므로 동작성 용언과 어울림이 예사이다.

(22) 우리들은 아침부터 집을 떠났다.
(23) 그 일은 처음부터 잘못 되었다.
(24) 나는 저녁때부터 집에 {a.있었다 / b.없었다}.
(25) 날씨가 오후부터 {a.따뜻했다 / b.따뜻해졌다}.
(26) 그 여자가 어제부터 {a.(?)예뻤다 / b.예뻐졌다}.
(27) 그이가 작년부터 {a.(?)교장이었다 / b.교장이 되었다}.

(22), (23)에서처럼 시작점 부사류어 "아침부터"가 동사와 어울릴 때에 가장 자연스러운 문장이 된다. (24)에서와 같이 존재사와 어울릴 때도 무방하다. 그러나 (25)에서 보듯이 "따뜻하다"와 같은 형용사와 같이 쓰일 때에는 조금은 어색하고 "따뜻해졌다"와 같이 동사화한 형태와 어울림이 더 자연스럽다. 더구나 (26)에서와 같이 항구적 속성을 나타내는 "예쁘다"와 같은 형용사일 때에는 그대로 쓰이면 (26a)처럼 어색하다. (27)에서와 같이 지정사도 그대로는 시작점 부사류어와 함께 쓰이지 못한다.

비시간성 체언 + 부터

시점 표시어가 아닌 체언에 "부터"가 직접 달라붙는 수가 있는데 이 때에는 시간적 시작점과 다를 뿐 아니라 공간적 시작점과도 차이를 보인다.

(28) a. 당신부터 노래를 하십시오.
b. 당신 먼저 노래를 하십시오.
(29) a. 그이는 술부터 마셨다.
b. 그이는 술을 먼저 마셨다.

(28), (29)에서 보듯이 비시간성 체언에 "부터"가 첨가된 "당신부터, 술부터" 따위는 앞에서 말한 시발점이나 시작점을 나타내지 않는다. 이 때의 "부터"는 각 b에서 보듯이 '먼저'라는 뜻으로 해석됨 직하다. 이러한 "부터"의 쓰임은 공간어의 경우에도 마찬가지이다.

(30) a. 그 나그네는 제주도부터 방문했다.
b. 그 나그네는 제주도를 먼저 방문했다.

(30)에서 보듯이 〈지점〉 표시 체언일 경우에도 시발점을 나타내지 않고 '제주도 먼저'와 같이 해석된다.

(28)에서는 "부터"가 주어 표지를 대치하여 덧붙었고 (29), (30)에서는 목적어 표지 자리에 나타나 있다. 이런 "부터"는 주어나 목적어 기능어에 그 자체가 가진 의미('먼저')를 추가하여 의미 면에서 덧붙이고 있을 뿐이고 구문론적으로는 별 영향을 주지 않는다. 다시 말하면 이런 경우의 "부터"는 앞 체언을 시발점이나 시작점 부사류어로 만드는 부사류어화 기능을 드러내지 못하고, 다만 의미적인 덧붙임 기능을 보일 뿐이다. 이런 때의 "부터"는 후치사가 아니라 한정사이다.

4.5 동안 부사류어

동안(duration) 부사류어란 일정한 시간의 길이 곧 기간(期間)을 가리킨다. 그 기간의 길이는 짧은 것에서부터 끝없이 뻗치는 긴 것까지 포함될 수 있다. 이런 동안 부사류어는 단순히 일정 시점이나 시간대를 지적하는 것이 아니라 그러한 시점이나 시간대를 포함하면서 일정 기간 이어지는 시간을 가리킨다. 곧 한계가 주어지면서 이어지는 시간을 말한다.

(31) 그 사람이 여기에서 한참 기다렸다.
(32) 그 교수가 두 시간 동안 강의를 했다.
(33) 그는 온종일 여관에 머물렀다.
(34) 할아버지 오래 사십시오.

(31)의 "한참"은 비교적 짧은 동안을 가리키고, (32)의 "두 시간 동안"

은 "시간어 + 동안"의 형태로서 일정 기간을 가리킨다. (33)의 "온종일"이나 (34)의 "오래" 들은 비교적 긴 기간을 가리키는 부사류어이다.

동안을 나타내는 부사류어의 예는 다음과 같다.

(35) a. 내내, 겨우내, 일년내, 끝없이, 영원히, 영구히
b. 한동안, 얼마 동안, 며칠 동안, 오랫동안
c. 며칠간, 사흘간, 일주일간, 몇 달간, 몇 년간

(36) {잠깐, 한참, 온종일, 오래, 몇 년, 몇 십년, 일생, 평생} (동안)

(37) {한 시간, 하루, 이틀, 일주일, 한 달, 일 년} 동안

(35a)에 보인 것은 "동안"과 같은 말의 덧붙임이 없이 그 자체만으로 기간을 나타내는 어휘들이다. (35b)에 보인 것들은 "동안"과 합성어를 이룬 것들이고, (35c)에 보인 것들은 "간"이라는 한자어가 합성된 낱말들이다. (36)의 괄호 속의 낱말들은 그 자체로서 기간을 나타내는 말들이며, "동안"과 임의로 결합하기도 한다. (37)의 괄호 속에 든 낱말들은 "동안"이 반드시 첨가되어야만 기간을 나타낼 수 있는 것들이다. 동안 부사류어의 구문론적 특질은 그 동안의 길이나 성격에 따라 두 가지로 갈라진다.

첫째로, 다음 (38)에서 보이는 바와 같은 "짧은 동안"의 부사류어들은 주로 동사나 존재사와 어울리고, (39)에서 보듯이 상태성 동사나 형용사들과는 잘 어울리지 않는다.

(38) a. 그 여자가 잠깐 한눈을 팔았다.
b. 우리는 한동안 벌판에 있었다.

(39) a. ?나는 이 친구를 한 시간 동안 {알았다 / 믿었다}.
b. ?그이는 한참 동안 예뻤다.
c. ?그 사람은 일주일 동안 선생이다.

짧은 동안의 부사류어 "잠깐"이나 "한동안" 따위는 (38)에서 보듯이 동

사나 존재사하고만 어울리고, (39)에서처럼 상태성 동사 "알다, 믿다"나 형용사, 지정사 등과는 함께 쓰이지 않는다. "짧은 기간"이란 시간적 변화에 따른 동작성 용언에만 적용될 수 있기 때문이다.

둘째로, "긴 동안의 부사류어" 곧 "온종일," "내내" 따위는 비상태성 동사뿐 아니라 상태성 동사 및 형용사 등과도 많은 경우에 어울릴 수 있다.

(40) a. 그이는 그 종교를 오랫동안 {믿었다 / 알았다}.
b. 그이는 {1년내 / 10년 동안} 가난했다.
c. 그이는 {5년 동안 / 일생 동안} 이 학교의 선생이다.

긴 동안의 부사류어는 상태성 용언과도 곧잘 어울림을 알 수 있다. 상태성이란 불변성 또는 항구성을 지니므로 짧은 동안을 나타내는 부사류어보다는 길고 막연한 동안을 나타내는 부사류어와 좀더 잘 어울리게 되는 것이다. 어떻든 이런 아주 긴 동안의 부사류어는 앞에 말한 자유 부사류어로 여겨질 수가 있다. 온갖 용언과 어울릴 수 있기 때문이다.

한편으로, 동안을 나타내는 부사류어들은 다른 수량사의 경우와 마찬가지로 조사 "를 / 을"을 임의로 덧붙이는 경향이 있다.

(41) 그 아이는 잠깐(을) 못 참아서 일을 저질렀다.
(42) 그 사내는 5년 동안(을) 그 여자와 사귀었다.
(43) 그 사람들은 한문을 십년 동안(을) 배웠으나 편지 한 장을 못 쓴다.

|새김| "언제나, 항시, 늘" 따위는 얼핏 보아 끝없는 동안을 나타내는 말로도 해석될 수 있다. 본디 이들은 끝없이 반복되는 빈도를 나타내는 말로 볼 수 있는 것인데 끝이 없는 시간 영역에서는 동안과 빈도는 서로 상통된다고 여겨진다.

4.6 잦기 부사류어

잦기 부사류어 또는 빈도(frequency) 표시 부사류어는 어떤 동작이 되풀이됨을 나타내는 것이다. 이 부사류어는 주로 부사 형태로 되어 있고 후치사 형태는 드물다.

(44) 그들은 가끔 산에 올랐다.
(45) 그 남녀는 자주 만났다.
(46) a. 많은 이들이 늘 불평을 한다.
b. 그들은 날마다 싸운다.

(44)의 "가끔"은 조금 낮은 빈도를 나타내고 (45)의 "자주"는 그 빈도가 비교적 높다. (46)의 "늘"이나 "날마다"는 끝없이 되풀이됨을 나타낸다.

잦기 부사류어로 쓰이는 낱말들은 대개 다음과 같은 것들이다.

(47) a. 가끔, 때때로, 종종, 간혹, 이따금, 간간이, 어쩌다가, 왕왕, 더러, 몇 번
b. 번번이, 매번, 자꾸, 자주, 누차, 수시로
(48) 늘, 항상, 항시, 노(상), 마냥, 밤낮, 종시, 여전히, 줄곧, 날마다, 해마다

(47a)의 부사류어는 빈도가 낮은 편이며, (47b)의 것들은 빈도가 높은 편이다. (48)에 보인 것들은 끝이 없이 반복되는 빈도를 나타낸다.

잦기 부사류어의 쓰임은 크게 두 가지로 나누어 볼 수가 있다.

첫째로, (48)에 보인 일반 빈도 부사류어는 일반으로 동사나 존재사와 어울리고 상태성 동사나 형용사, 지정사 등과는 결합하지 않는다. 되풀이 움직임은 비상태성 동작을 드러내는 용언만이 가능하기 때문이다.

(49) a. 그 여자는 우리 집에 {가끔 / 자주} 들른다.
b. 그 남자는 {가끔 / 자주} 이 집에 있다.

(50) a. *나는 그 사람을 {가끔 / 자주} 안다.
b. (?)우리는 {가끔 / 자주} 그런 사기꾼을 믿는다.
c. *그 여자는 {가끔 / 자주} 착하다.
d. *그 아이는 {때때로 / 자주} 초등학생이다.

둘째로, (48)에 보인 것들과 같이 끝없는 반복을 나타내는 부사류어는 모든 종류의 용언과 어울리게 된다. 이런 무한 반복성은 시간적 변화를 초월한 상태성을 나타내기 때문이다.

(51) a. 나는 늘 그 사람을 잘 만난다.
b. 그이는 언제나 주위 사람을 철석같이 믿는다.
c. 우리는 항시 애국자이다.

이 무한 반복성 부사류어는 한 전형적인 문장 부사류어 또는 자유 부사류어에 해당한다. 시간 변화를 초월하는 것이기에 동작성이나 상태성을 가리지 않고 어울릴 수 있기 때문이다.

4.7 차례 부사류어

차례 부사류어란 앞뒤 시간 순서 관계를 한정하는 것이다. 한 시점을 기준으로 하여 그 앞뒤 시간이 서로 관련성을 가지고 나타남을 드러내는 부사류어이다.

(52) a. 그 친구가 처음에 나를 찾아왔다.
b. 그이는 중간에 학교를 그만두었다.
c. 그 아가씨는 맨 끝에 나타났다.

(53) a. 그 사람이 벌써 집으로 떠났다.
b. 그 여자는 아직 안 떠났다.

(52)에서는 "처음, 중간, 끝"과 같은 순서를 나타내는 부사류어들이다. (53)에서는 "벌써"나 "아직"과 같은 서로 대립되는 관계 시간을 보인다.

차례를 나타내는 데에 주로 쓰이는 부사 어휘의 예는 다음과 같다.

(54) a. 먼저, 처음(에 / 으로), 애초에, 당초에
b. 나중에, 마지막에, 끝(에 / 으로), 중에

(55) 차차, 점차(로), 점점, 날로

(56) a. 이미, 벌써, 기왕에
b. 아직, 아직껏, 여태, 여태껏, 미처, 채

(54)의 예들은 처음, 중간 및 끝의 시점을 나타내는 말이고 (55)의 보기들은 점차적인 시간 변화를 나타내는 것이다. (56a)는 이미 지난 시간을 강조하는 낱말이며, 반대로 (56b)의 것들은 아직 안 이루어진 것을 나타낸다. 따라서 이 마지막의 부사류어들은 "안, 못" 따위 부정 부사와 함께 쓰이게 되어 있다.

차례 부사류어는 대개 세 가지로 나누어진다. 첫째 무리는 (54)에 예를 든 것들로서 "시간적 변화 순서"를 나타내는 것이다. 이들은 동사나 존재사와 어울릴 수 있고 형용사 따위와는 어울리지 않는다.

(57) a. 우리는 먼저 남을 {사랑해야 / 알아야} 한다.
b. 그 사람은 마지막에 그 애인 집에 있었다.
c. ?그 아이는 나중에 예뻤다.
d. (?)그애는 처음으로 대학생이다.

둘째 무리는 (55)에 예를 든 것들로서 "점차적인 시간 변화"를 나타내는 것이다. 이들은 동사하고만 어울리고 존재사와는 어울리지 못한다.

다만, 이 때의 동사에는 상태성 동사까지도 포함된다.

(58) a. 그 소년은 점차 자라났다.
b. *그 신사는 점차 직장에 있었다.
c. *그 아이는 차차 영리하였다.
d. *이 나라는 점차 민주국가이다.

셋째 무리는 (56)에 예를 든 것들로서 기왕시(旣往時)와 미연(未然)의 시간을 나타내는 부사류어들이다. 이들은 각 용언에 두루 쓰일 수 있는 문장 부사류어 또는 자유 부사류어로 여겨진다.

(59) a. 영호는 이미 왔으나 철희는 아직 안 왔다.
b. 순희는 벌써 그이를 믿지만 그이는 그애를 아직 안 믿는다.

(60) a. 우리는 이미 집이 있지만 많은 이들이 여태 집이 없다.
b. 하늘이 벌써 흐리지만 아직 어둡지는 않다.
c. 그들이 이미 성인이지만 아직 지도자는 아니다.

"아직" 따위는 미연의 시간을 나타내므로 부정 표현과 함께 쓰이는 특성을 보인다.

4.8 과정 부사류어의 의미

과정(process) 부사류어란 주로 동작이 이루어지는 과정을 한정하는 부사류어들을 말한다. 이들은 동작의 배경인 자리나 시간을 한정하는 부사류어들과는 달리, 동작의 양상을 여러모로 한정하는 구실을 한다. 동작과 관련된 방식이나 수단 또는 동작의 상대나 태도 따위를 구체적으로 한정하는 구실을 하는 것이 과정 부사류어이다. 이 부사류어는 앞의 〈표 1〉에서 보인 바와 같이 나뉜다.

동태 부사류어 : 동작의 양상이나 모습 표시 〈잘, 빨리, 갑자기, 가만히 따위〉
수단 부사류어 : 동작의 기구 방법 따위 표시 〈칼로, 기차로, 손으로 따위〉
까닭 부사류어 : 동작의 원인이나 이유 표시 〈병으로 (입원하다) 따위〉
자격 부사류어 : 동작자의 신분이나 태도 표시 〈친구로서, 학생으로서 따위〉
상대 부사류어 : 동작의 상대 표시 〈철수와 (싸우다) 따위〉

4.8.1 동태 부사류어

일반 동태 부사류어

동태(manner) 부사류어는 동작의 모습이나 양상을 여러모로 한정하는 구실을 한다. 이를테면, 잘하고 못함(優劣), 쉽고 어려움(難易), 빠르고 느림(緩急), 동작 태도 따위를 나타내어 동작을 직접으로 한정하는 특성을 보인다. 이 부사류어들은 동작 과정을 곧바로 드러내는 것으로서 주로 동사들의 바로 앞에 놓이게 된다. 말하자면 대표적인 동사 수식 부사류어이다.

동태 부사류어는 동사 일반을 수식하는 "일반 동태 부사류어"와 일부 한정된 동사만을 수식하는 "특수 동태 부사류어"로 갈라진다. 특히 후자는 의성어와 의태어가 많이 포함되어 있다. 다음에서 밑줄 친 것들이 각기 그 예이다.

(61) 아이들이 밖에서 한가히 놀지만 어른들은 바삐 돌아간다. 〈일반 동태 부사류어〉
(62) 사내 아이들이 계집 아이들을 졸졸 따라다닌다. 〈특수 동태 부사류어〉

일반 동태 부사류어는 많은 동사와 두루 어울려서 동작의 양상이나 모습을 한정한다.

(63) 그 아이는 이 글을 {잘 / 못} 읽는다. 〈잘 / 잘못〉

(64) 이 아가씨는 외국어를 {쉽사리 / 어렵사리} 배웠다. 〈쉽거나 어려움〉

(65) 그들은 {바삐 / 천천히} 걸었다. 〈느리거나 빠름〉

(66) 우리 아이들은 {꾸준히 / 게을리} 살았다. 〈태도〉

각 의미 범주의 동태 부사류어들은 주로 부사 형태이며 후치사구 형태는 드물다. 일반 동태 부사류어의 보기를 더 들면 다음과 같다.

(67) a. 잘, 못, 제대로, 능히, 섣불리, 막연히
b. 쉽사리, 쉬이, 간단히, 간신히

(68) a. 빨리, 급속히, 급히, 어서, 얼른, 냉큼, 분주히
b. 천천히, 슬슬, 느긋이, 게을리, 서서히

(69) a. 열심히, 부지런히, 꼬박, 꼬박꼬박, 교묘히, 자세히, 태연히, 용감히, 당당히, 감히, 성실히, 충실히, 정성껏, 진심으로, 기꺼이
b. 경솔히, 당돌히, 함부로, 대고, 무단히, 헛되이, 괜히, 공연히, 무료히, 몰래
c. 자연히, 스스로, 친히, 저절로, 슬그머니, 슬며시, 슬쩍, 따로

(67)에서의 "잘"은 의미적인 모호성을 드러내는 일이 있다.

(70) 내가 영어를 잘 배웠다.
a. 내가 영어를 마침 잘 배웠다.
b. 내가 영어를 더 잘 배웠다.

(70)의 "잘"은 (70a)에서처럼 '다행히'라는 뜻으로 해석될 수도 있고 (70b)에서처럼 '우수하게'라는 뜻으로 해석될 수도 있다. 이것은 화용론적 상황에 따라 드러나는 두 뜻이다.

일반 동태 부사류어는 앞에서 지적한 바와 같이 거의 모두 부사 형태이

고, 주로 동사를 수식하는 전형적인 동사 수식 부사류어이다. 다만, 일반 동태 부사류어 중에 "잘 / 잘못" 표시 부사의 일부("잘, 못, 선불리" 따위) 만이 존재사와 어울릴 수가 있다. 이 일반 동태 부사류어는 뒤에 말하는 정도 부사류어의 수식을 자유로이 받을 수 있다.

(71) a. 이 칼은 매우 잘 든다.
b. 그 사람은 요즈음 집에 {못 / 잘} 있다.

(72) a. *그이가 마음이 잘 착하다.
b. *그 사람이 못 일꾼이다.

(73) a. 그 친구가 집에 빨리 돌아갔다.
b. ?그 사람이 빨리 집에 있다.

(74) a. *날씨가 빨리 따뜻하다.
b. *이 사람이 열심히 대통령이다.

(71b)에서 보듯이 "잘, 잘못"을 나타내는 부사류어는 "있다"와 자연스럽게 어울리지만, (72)에서 보는 바와 같이 형용사나 지정사와는 어울리지 못한다. 한편으로 (73)에서 보듯이 "빨리"와 같은 완급(緩急)을 나타내는 부사는 존재사와도 어울리지 못할 뿐 아니라, (74)에서 보는 것처럼 형용사나 지정사와는 전혀 결합하지 못한다.

동태 부사류어는 일반으로 임의 부가어(adjunct)이다. 특별한 경우가 아니고는 구문론적으로나 화용론적으로 생략이 되어도 문장이 성립되는 데에 지장이 없다.

(75) 그 아이가 과일을 {잘 / ϕ} 먹었다.

(76) 그 사람이 {재빨리 / ϕ} 달려갔다.

곧 위에서 "잘"이나 "재빨리" 따위가 영(ϕ) 형태가 되어도 문장이 성립될 수 있다.

특수 동태 부사류어

특수 동태 부사류어는 일부 특정한 동사만을 수식하는 것이다. 이 무리의 부사류어는 국어 부사류어 중 상당 부분을 차지하고 있으나 수식 대상이 매우 제한되어 있어서 생산성이 낮다. 이 부사류어는 대개 입에 올리자마자 뒤따라오는 동사가 있을 정도로 특정한 동사와의 밀접한 관계를 가지고 나타나는 일이 많다. 이런 부사류어와 어울릴 수 있는 동사는 한둘 정도이고, 많아야 여남은 개 정도이다.

(77) 그이가 신을 질질 끌었다.

(78) 그이는 문득 옛 애인이 {생각났다 / 떠올랐다}.

(79) a. 그 청년은 문 앞에 딱 버티고 섰다.
b. 그 청년은 어깨가 딱 벌어졌다.
c. 그 차가 길을 딱 막아 놓았다.

(77)의 "질질"이라는 부사류어에는 "끌다"라는 한 동사가 바로 뒤따라 연결될 뿐이고 그 밖의 다른 동사는 어울리지 않는다. (78)의 "문득"이라는 부사류어에는 "생각나다," "떠오르다" 따위가 뒤따르며, "딱"이라는 부사류어에는 "버티다," "벌어지다," "막다" 따위가 뒤따를 정도이다. 개중에는 "깡그리" 따위와 같이 "쓸다, 먹다, 치우다, 줍다, 싣다, 죽다, 깎다" 따위 여러 개의 동사와 어울리는 것들도 더러 있으나, 그 대부분의 의성어, 의태어들은 어울릴 수 있는 동사가 매우 제한되어 있다.

특수 동태 부사류어는 앞에서 지적한 바와 같이 특정한 소수의 동사하고만 결합하고 존재사나 형용사 등과는 어울리지 못한다. 그런 부사류어는 정도 부사류어의 한정도 잘 받지 않는다.

(80) a. 바람이 건듯 불었다.
b. *비가 건듯 {내린다 / 퍼붓는다 / 온다}.

c. *그 사람이 건듯 멋이 있다.

d. *바람이 건듯 시원하다.

(81) *전화 벨이 매우 따르르 울렸다.

(80b,c,d)가 비문인 것은 "건듯"이 "불다" 밖의 동사나 딴 용언들과는 어울리지 못하는 특수 부사류어이기 때문이다. (81)이 비문인 것은 "따르르"라는 특수 부사류어에는 정도 부사 "매우" 같은 것도 어울리지 못하기 때문이다.

특수 동태 부사류어의 예들

아래 보인 낱말들은 특수 동태 부사류어의 보기이다.

(82) 건듯, 곰곰(이), 딱히, 내처, 버럭, 또그르르, 도르르, 따르르, 부그르르, 뻘뻘, 재깍, 텅, 흠씬, 다소곳이, 생긋, 팽팽히

(83) 끔찍이, 꽉, 더뻑, 바락, 발딱, 부시시, 살포시, 쏙, 왁자그르르, 으악, 절절, 척, 축, 턱, 바투, 곤히, 따끈히, 듬뿍, 빤히, 벙벙이, 살뜰히, 지긋이, 무참히

(84) 깡그리, 냅다, 덥석, 밀짝, 정밀히, 한가히, 언뜻, 얼추, 외로이, 지지리, 함빡, 다짜고짜로, 높직이, 멍하니, 슬피, 우두커니, 없이, 가득히, 가뜬히, 나란히, 깨끗이, 고이, 고스란히, 순순히, 꼼꼼히, 공으로, 근근히, 따뜻이, 든든히, 만만히, 멀찍이, 비스듬히, 선선히, 소중히, 알뜰히, 익(숙)히, 훤히, 간곡히, 널리, 떳떳이

(82)의 예들은 한두 개의 동사를 한정하는 것들이며, (83)의 예들은 두셋 정도의 동사를 수식하는 듯하다. (84)의 예들은 그보다 더 많은 동사들을 수식하는 것들이다. 그러나 이들도 일반 동태 부사류어에 비하면 그 수식 대상이 매우 제한되어 있다.

한편으로, 이 특수 형태의 부사류어와 뒤에 말하는 정도 부사류어와의 어울림 관계를 보면, 대체로 그 수식 대상의 범위와 관련이 있다. (82)

의 예들은 정도 부사의 수식을 거의 받지 못한다. 그러나 (83)의 것들은 정도 부사의 수식을 얼마쯤 받으며, (84)의 것들은 대부분 정도 부사의 수식을 받을 수 있다. 이는 결국 수식 범위가 넓은 것일수록 정도 부사의 수식을 받는 일이 많음을 의미한다. 요컨대, 일반 형태의 부사류어에 가까운 성격을 띤 것일수록 정도 부사와의 관계도 밀접해진다.

4.8.2 수단 부사류어의 의미

수단 부사류어 "명사구 + 로(써)"

수단 부사류어란 동작의 방편을 나타내는 구실을 한다. 수단이나 방편은 대개 사람의 손발, 기계, 기구, 재료(질료) 또는 그 밖의 사물 따위를 써서 드러낸다. 그래서 이 부사류어는 종래에 "기구격(instrumental case)" 또는 "조격(造格)"으로 알려지기도 했다.

이러한 수단을 드러내는 부사류어 형태 "명사구 + 로(써)"에서 "써"는 필수적으로 쓰이는 일은 드물고 임의로 생략되거나 상례적으로 탈락되는 일이 잦다.

(85) 말로써 말이 많으니 말을 말까 하노라.

(86) 그이는 신념과 용기로(써) 위기를 극복했다.

(87) 나는 {자동차로 / (?)자동차로써} 출근한다.

(85)와 같은 경우에는 "말로써" 형태가 쓰이는 것이 예사이다. "말로"라고만 하면 다소 어색한 느낌을 줄 정도이다. 그러나 이런 경우는 드물며 동일한 명사구라도 "말로 하지 왜 손을 내젓느냐?"와 같은 표현에서는 "말로"가 더 자연스럽다. (86)과 같은 경우에는 "써"가 임의로 첨가되거나 탈락될 수 있는데 그것이 첨가되면 표현 효과가 강화된다고 생각된다. "사랑은 사랑으로 갚는다"와 같은 표현에서 "사랑으로"를 "사랑으로써"라고 바꾸어 보면 그런 강조 효과를 느낄 수 있다. 그런데 (87)과 같이 일

상 기구를 나타내는 부사류어에서는 "써"를 첨가하면 오히려 어색한 문장을 이루게 되기도 한다. "칼로, 연필로, 망치로" 따위와 같이 "로" 형태만으로 쓰는 것이 자연스럽다. 이것은 아마도 되도록 간편한 표현을 지향하는 언중의 속성으로 말미암는다고 여겨진다.

이 수단 부사류어 "명사구 + 로(써)"는 구체적으로 살펴 보면 여러 의미를 드러낸다. 그 주요 의미 범주를 예로 들어 보면 다음과 같다.

(88) 그 사람은 하늘을 {손으로 / 발로} 가리려 한다. 〈신체〉
(89) 나는 그 나무를 {칼로 / 톱으로} 잘랐다. 〈기구〉
(90) 우리는 중국에 {배로 / 기차로 / 비행기로} 여행했다. 〈기계〉
(91) 그 문제는 {투표로(써) / 대화로} 결말을 지었다. 〈방편〉
(92) 우리는 그것을 {노력으로(써) / 노동으로(써)} 벌었다. 〈인력〉
(93) 그 창고는 {곡식으로 / 재물로} 가득찼다. 〈재료〉
(94) 우리는 그 집을 {현금으로 / 1억원으로} 샀다. 〈대가〉
(95) 그이는 {총소리로(써) / 허수아비로} 새들을 쫓았다. 〈기세〉

"명사구 + 로(써)"가 나타낼 수 있는 수단은 갖가지로 해석될 수 있다. 어떤 사태나 행위를 실현하는 데에 필요한 도구나 연장이나 사물들은 다 이런 수단의 구실을 할 수 있으며, 이 부사류어는 그것들을 거개 나타낼 수가 있다.

수단 부사류어는 일반으로 임의 부가 요소(adjuct)로 여겨지며 구문론적으로나 화용론적으로 임의로 생략할 수 있다.

(88)′ 그 사람은 하늘을 {손으로 / 발로 / ϕ} 가리려 한다.
(89)′ 나는 그 나무를 {칼로 / 톱으로 / ϕ} 잘랐다.

수단 부사류어 "손으로, 발로" 따위가 안 나타나도 문장이 성립됨을 알 수가 있다.

또한 이 부사류어는 쓰이는 자리를 앞쪽으로 바꿀 수도 있다. 이는 이 부사류어가 어느 정도 자유 부사류어적인 성격을 띤다는 것을 의미한다.

(90)′ {배로 / 기차로 / 비행기로} 우리는 중국에 여행했다.
(91)′ {투표로(써) / 대화로} 그 문제는 결말을 지었다.

"로(써)"의 "써"

"로(써)"에서 "써"는 임의로, 때에 따라서는 상례적으로 탈락이 된다. 경우에 따라서는 "써"의 첨가는 그렇게 자연스럽지 않다. 그러나 "써"는 수단 부사류어의 기저를 이루는 요소로 인정하는 것이 바람직하다. "로(써)"가 수단 표시 부사류어가 된다는 한 중요한 형태적 표지가 "써"이기 때문이다. "써"는 본디 한자 "以"와 관련이 있는 것으로 보이는데, "以"는 "써이"라고 읽으며 그 주된 뜻인즉 '쓰다 / 가지다'이다(以熱治熱 = 열로써 열을 다스리다). 이런 추정이 인정된다면 "로(써)"에서 "써"가 비록 흔히 생략된다 하더라도 그 의미 기능을 드러내는 기본이 된다고 할 것이다. 다시 말하면, "써"는 수단 표시 부사류어의 한 기저적인 표지라고 여길 수 있으며, 그러한 가정은 다른 "(으)로(방향)," "(으)로서(자격)" 따위와 구분하는 한 형태적 변별 기준을 마련하는 데에 도움이 될 것이다. 그러나 이것은 언어 사용 현실과는 별 문제이므로 "로써" 형태를 반드시 써야 한다는 것은 아니다.

수단 부사류어 "명사구 + 에"

부사류어 "명사구 + 에" 형태는 일부 한정된 범위 안에서 수단을 나타내는 수가 있다. 이것은 "위치 부사류어"나 "목표 부사류어" 등과 형태상으로 동일하지만 다음과 같이 수단을 나타내는 부사류어로도 쓰인다.

(96) 나는 그 편지를 {차편에 / 차편으로} 보냈다.
(97) 나는 {이 칼에 / 이 칼로} 손을 베었다.

(98) 그이는 {돌에 / 돌로} 맞았다.
(99) 이 아이는 {큰 아이에게 / *큰 아이로} 맞았다.
(100) 나는 이 모자를 {오백원에 / 오백원으로} 샀다.
(101) 그이는 문 앞 텃밭을 {벼 석 섬에 / *벼 석 섬으로} 팔았다.

수단 부사류어는 (96)−(98)에서처럼 "명사구 + 로(써)"와 비슷한 의미를 드러내지만, (99)에서처럼 행위자 표시의 경우에는 독자적인 쓰임을 보이기도 한다. 또, 이 "명사구 + 에" 부사류어는 (100), (101)에서처럼 그 "명사구"가 수량사가 되어 "대가"를 나타낼 때에는 비교적 자연스런 쓰임을 보인다.

"명사구 + 로(써)" 형태는 '를 가지고' 곧 '수단이나 기구'라는 뜻으로 해석되는 경향이 짙은 데 반하여 "명사구 + {에}" 꼴은 '에 의하여'의 뜻으로 해석되는 경향이 있다. 이를테면, 위의 (97)에서 "이 칼에"를 쓴 경우와 그것을 "이 칼로써"로 대치한 두 문장을 비교해 보면 그것을 확인할 수 있다.

(102) 나는 이 칼에 손을 베었다.
(103) 나는 이 칼로 손을 베었다.

(102)는 '칼에 의하여 수동적으로 동작이 이루어졌음'을 나타내고 (103)은 '칼을 가지고 능동적으로 동작을 하였음'이라는 뜻이 짙게 드러난다.

이 "명사구 + 에" 형태가 수단 부사류어의 기능을 드러내는 쓰임은 위의 특수한 경우에 한정되어 있다. 이 형태는 앞에서 살핀 "명사구 + 로(써)"가 보이는 수단 표시 기능에 훨씬 못 미친다. 많은 경우에 "로(써)"를 "에"로 대치하면 비문이 되거나 엉뚱한 뜻이 되고 만다.

(104) {a.말로써 / b.*말에} 말이 많으니 말을 말까 하노라.
(105) 나는 {a.자동차로 / b.?자동차에} 출근한다.
(106) 나는 이 편지를 {a.연필로 / b.?연필에} 썼다.

"명사구 + 에"에 대한 논의

"명사구 + {에}"에서 {에}의 한 변이형태 "에게"는 피동문의 "행위자(agent)"를 나타내는 표지 구실을 하는 일이 있다. "명사구 + {에}"는 피동문의 행위자 표시와도 관련이 있는 것이다.

(107) 개가 호랑이에게 쫓겼다.

(107)에서 "호랑이에게"는 피동 변형의 결과 생성된 것이므로 구문론적으로는 근원이 다르지만 "이 아이는 큰 아이에게 맞았다"의 "아이에게"와 상통되는 뜻을 가지고 있다.

한편으로, 여기에서 말하는 "명사구 + {에}"는 앞에서 말한 "위치 부사류어" 등과는 의미로 보아 분명한 차이가 있다. 예를 들면, 다음과 같다.

(108) 유리가 내 눈에 번쩍인다.
(109) 유리가 햇볕에 번쩍인다.

(108)의 "눈에"는 "위치"를 나타내지만 (109)의 "햇볕에"는 "수단"을 나타낸다. 곧 전자는 동작이나 상태의 결과가 어떤 대상에 미침을 표시하지만, 후자는 한 동작을 작용케 하는 수단에 해당하는 것이다. 따라서 "위치 부사류어"는 여기의 수단 표시 부사류어와 형태적으로는 동일하지만 의미로는 대립되는 범주이다. 또 위치 부사류어는 동사뿐 아니라 형용사 등의 범주와 어울리는 데 반해서 여기의 수단 부사류어는 동사하고만 어울린다는 점도 대조되는 점이다.

남기심(1993:28)에서도 "명사구 + 에"가 도구나 행위자로 해석되는 수가 있음을 지적하였다.

(110) 그들은 모두 이 서방의 월급에 매달려 산다. 〈도구〉

(111) 그는 과속을 해서 경찰에(한테) 걸렸다. 〈행위자〉

이런 의미 해석은 우리의 수단 / 방법 테두리에 드는 것이다.

4.9 까닭 표시 부사류어 "명사구 + 로 / 에"

까닭 표시 부사류어란 "명사구 + 로(써)"나 "명사구 + 에"가 일부 환경에서 이유나 원인 따위로 해석되는 것을 말한다. 이 형태들은 본디 수단 부사류어로서 '무엇으로(또는 무엇을 가지고)'와 같은 의미 기능을 보이는 것이 예사이나, 경우에 따라서는 '무엇 때문에'라는 뜻으로 해석되기도 한다.

(112) 그분은 {회사일로 / *회사일에} 출장을 갔다. 〈이유〉
(113) 그까짓 {일로 / *일에} 마음이 언짢을 게 뭐 있냐? 〈이유〉
(114) 그이는 {병으로 / *병에} 입원했다. 〈원인〉
(115) 그 여자는 {유방암으로 / *유방암에} 고생을 했다. 〈원인〉
(116) 그이는 결국 {그 병으로 / 그 병에} 죽었다. 〈원인〉
(117) 나뭇잎이 {?바람으로 / 바람에} 일었다. 〈원인〉
(118) 그 사람의 {*독촉으로 / 독촉에} 못 이겨 빚을 갚았다. 〈이유〉

(112)－(115)와 같은 경우에는 "명사구 + 로"만 쓰일 수 있고 "명사구 + 에"는 쓰이지 못한다. 다만 (116)에서는 두 가지 형태가 다 쓰일 수 있으며 (117)과 같은 경우에는 "명사구 + 에"만 자연스럽게 쓰인다.

"명사구 + 로"가 까닭을 나타낼 때에는 "써"가 첨가되지 않는 것이 특징이고 그것은 "명사구 + 로 말미암아 / 인하여"와 같은 환경에서 쓰이게 된다. 이런 점에서 이 "명사구 + 로"에서의 "로"는 "로 말미암아 / 로 인하여"의 축약형이라 볼 수도 있지 않을까 한다. 또 이 "명사구 + 로"의 다음에는 "하여"나 "해서"가 임의로 첨가되는 것도 이와 관련이 있다고 여겨진다(남기심 1993:363).

"명사구 + 에"가 원인이나 이유를 나타내는 일은 그렇게 많지 않으나 (117)과 같은 경우에 그 예를 볼 수 있다.

(119) 그 사람의 {성화에 / 성화 때문에} 손을 들고 말았다.
(120) 그이가 {술에 / 술 때문에} 곯아서 기운을 못 쓴다.
(121) 그이는 {가난에 / 가난 때문에} 시달렸다.

이런 경우의 "에"는 "때문에"로 대치가 되는 점으로 보아 전자가 후자의 생략형일 수도 있지 않을까 한다. 어떻든 이런 경우에는 "명사 + 에"가 까닭을 나타낼 수 있다.

"명사구 + 로"의 다의성

남기심(1993:270-71)에서는 〈재료〉를 나타내는 "명사구 + 로"가 〈원인〉으로도 해석될 수 있음을 지적하였다.

(122) 역사(驛舍) 공간이 귀성객들의 목소리로 울리고 있었다.
(123) 그들의 가슴은 기대로 가득차 있는데…

(122), (123)에서 "목소리로"와 "기대로"는 공간을 채우는 재료로 해석이 되지만 그것이 상황에 따라서는 각기 "목소리 때문에"나 "기대 때문에"로 해석될 가능성이 있다. 이렇게 볼 때에 〈재료〉를 나타내는 "명사구 + 로"가 원인이나 이유를 나타내는 것은 화용론적 영향 때문이라는 생각을 낳게 한다. 곧 〈재료〉의 본디 의미와 원인 / 이유는 전혀 딴 것이 아니고 서로 동일한 뿌리를 가진 것이라 할 수 있다는 것이다.

이와 마찬가지로 "명사구 + 로"가 수단을 나타내는 경우와 이유, 원인을 나타내는 경우도 본디 동일한 뿌리라고 여겨진다.

(124) 그 사람이 {a.그 일로 / b.그 일을 가지고 / c.그 일 때문에} 골탕을 먹었다.

(125) 그이는 {a.그 약으로 / b.그 약을 가지고 / c.그 약 때문에} 병이 나았다.

각 a는 상황에 따라 각 b나 c의 뜻으로 해석이 가능하다고 할 적에 각 b가 보이는 '수단'의 뜻과 각 c가 드러내는 '까닭'의 뜻은 관련이 깊은 것으로 생각된다.

4.10 자격 부사류어

자격(status) 부사류어는 대체로 앞 명사구가 지니는 "자격"이나 "직위"를 드러내는 것이다. 이를테면, "그이가 대통령으로서…"나 "그이가 학생으로서…"에서처럼 각기 앞 명사구 "그이"가 "대통령," "학생"의 자격을 지니고 있음을 나타내는 것이다. 이런 자격 표시 부사류어는 뒤따르는 용언의 서술 내용을 한정하므로 부사류어의 한 가지가 되는 것이다.

자격 부사류어의 형태는 "명사구 + (으)로(서)"이다. 명사구에 "(으)로서" 또는 "(으)로"가 덧붙어 쓰이는 것이다. 자격 부사류어를 이루는 명사구의 머리 명사는 많은 경우에 〈유정성〉을 지닌다. 자격을 말할 때에는 그 대상이 "사람"인 것이 예사이기 때문이다. 그러나 사물의 경우도 어떤 기준에 따른 자격을 규정할 수 있으므로 반드시 〈유정성〉을 가진 것에 한정되지는 않는다.

(126) a. 그이는 가장으로서 가족을 위하여 최선을 다했다.
　　　b. 그 여자는 가정 부인으로 만족해야 했다.

(127) a. 나는 이 전산기를 한낱 기계로 다루지 않는다.
　　　b. 그것은 한 연장으로서는 너무나 깜찍하다.

(126a)에서는 유정성 명사 "가장"에 "으로서"가 쓰였고, (126b)에서는

역시 유정성 명사구 "가정 부인"에 "으로"가 덧붙어서 자격을 드러낸다. 한편으로, (127)의 "기계"나 "연장"은 〈비유정성〉을 지닌 경우이다.

"명사구 + 로(서)"는 한 문장의 주어를 한정하는 경우도 있고 그 밖의 다른 기능 성분을 한정하는 수도 있다.

(128) 조 선생은 훌륭한 {교수로서 / 교수로} 존경을 받는다.
(129) 그 여자는 {아내로서 / ?아내로} 남편을 극진히 사랑하였다.
(130) 나는 그 사람을 {?친구로서 / 친구로} 여기지 않는다.
(131) 우리는 그분을 {(?)스승으로서 / 스승으로} 모셨다.
(132) 나는 그이에게 {국민으로서 / ?국민으로} 의무를 다하라고 충고했다.
(133) 부모는 아이들에게 {자식으로서 / ?자식으로} 효도를 다하라고 가르쳤다.

(128), (129)에서는 "명사구 + 로(서)"가 각기 주어인 "조 선생"과 "그 여자"의 자격을 한정하는 구실을 한다. (128)에서는 "로서"나 "로"가 임의로 선택될 수 있으나 (129)에서는 "명사구 + 로서"쪽만 자연스럽게 쓰이고 있다. (130), (131)에서는 이 부사류어가 목적어의 자격을 한정하는데, 이런 때에는 "명사구 + 로" 형태가 주로 쓰이고 "명사구 + 로서" 형태는 잘 안 쓰이는 경향이 있다. (132), (133)에서는 "명사구 + 로서"가 말듣는이 곧 일종의 간접 목적어를 한정하는 구실을 하는데 이런 때에는 "명사구 + 로" 형태는 거의 쓰이지 못하는 특이성을 보인다.

자격 부사류어와 어울리는 용언은 동사와 형용사 및 존재사이고 지정사도 경우에 따라 포함된다.

(134) 그 여자는 현모양처로서 알려져 있다. 〈동사〉
(135) 그애는 우등생으로서 {적절하다 / 괜찮다}. 〈형용사〉
(136) 그 청년은 이 학교의 직원으로 있다. 〈존재사〉
(137) 그는 신랑감으로서 {만점이다 / 적격이다 / *청년이다}. 〈지정사〉

(137)에서 보듯이 지정사 구문에서는 "만점이다, 적격이다"와 같이 형용

사적인 의미를 보일 때에는 무방하나, 그런 형용사성이 없는 일반 서술 명사구일 때에는 비문이 된다.

한편으로 "명사구 + 로(서)" 부사류어는 일반으로 필수 논항은 아니나 용언이 불완전성을 지닌 것이면 필수 논항으로 인정된다.

(134)′ 조 선생은 {φ} 존경을 받는다.
(135)′ 그 여자는 {φ} 남편을 극진히 사랑하였다.
(136)′ *나는 그 사람을 {φ} 여기지 않는다.
(137)′ 우리는 그분을 {φ} 모셨다.

(136)′에서 보듯이 "여기다"와 같은 불완전 동사일 때에만 "명사구 + 로(서)" 부사류어가 영(φ)이 되면 비문이 되고, 그 밖의 일반 동사일 때에는 그것이 영(φ)이 되어도 문장 성립에는 지장이 없다. 곧 "여기다" 따위 불완전 동사일 때에만 "명사구 + 로(서)" 부사류어가 필수 논항이고 일반 자동사나 타동사일 때에는 필수 논항이 아니다.

자격 부사류어 형태의 선택 제약

자격 부사류어를 이루는 "로서"와 "로"가 각기 선택되는 환경 제약 등을 좀더 자세히 살펴보기로 한다. 다음과 같은 예에서는 "로서"의 형태가 배타적으로 쓰이고 "로" 형태는 거의 쓰이지 않는다.

(138) 그 사람은 그 때에 대통령으로서 말한 것이 분명하다.
(139) 나는 친구로서 그이의 잘못을 충고할 의무가 있다.
(140) 박씨의 부도덕성은 장관으로서 있을 수 없는 일이다.

위와 같은 쓰임에서는 앞에서 말한 바와 같이 "명사구 + 로(서)"가 주어를 한정하는 경우이므로 "서"가 일반으로 탈락되지 않고 "(으)로서"가 쓰이게 된다고 할 수 있다.

그런데 다음과 같은 경우에는 "서"가 임의로 탈락될 수 있다.

(141) 이 책은 교과서로(서) 적절하다.
(142) 김 선생은 훌륭한 학자로(서) 오래 기억될 것이다.
(143) 그 청년은 저희 회사의 사원으로(서) 고용하였습니다.

아마도 이럴 때에는 "(으)로"만으로도 자격 표시 부사류어로 인정이 될 만한 여건이 뚜렷이 주어지기 때문인 듯하다. 곧 "서"가 줄어지더라도 자격을 나타내는 데 모호성이 없어지는 경우인 것이다.

위와 같이 살펴 볼 때에 자격 부사류어를 이루는 후치사 형태는 그 기저형이 "로서"로 인정된다. 실제로는 위에서 보듯이 "로" 형태로 쓰이는 수도 많으나, 그것은 "서"가 임의 탈락된 것이라 할 수 있다. "친구로(/?로서) 여긴다"와 같이 "로"만이 자연스럽게 쓰이는 일도 있다. 그러나 이런 때에는 "서"가 상례적으로 탈락되는 것이라고 할 수 있다. 곧 "로서"이던 것이 "로" 형태로 임의 선택이 되어 쓰이다가 마침내 "로"로 굳어진 것이라 할 수 있다. 이런 탈락형으로 말미암아 뒤에 말하는 방향 부사류어의 "로"나 수단 부사류어의 표지 "로(써)" 따위와 혼동이 되어 모호성을 빚게 되는 일이 있다. 그러나 기저형을 "로서"로 여기면 적어도 기저적으로는 그러한 모호성이 해소되고 그 유사 형태들과의 형태적 대립 관계를 명시적으로 밝힐 수가 있다. 그래서 우리는 이 자격 부사류어의 기저형을 "로서"로 삼는다.

"로서"가 거의 안 쓰이고 "로"로만 쓰이는 경우는 "서"가 상례적으로 탈락되는 것이라 처리했는데 실제로 보면 얼마쯤 논란의 여지가 있다. 특히 다음에서 보듯이 "서"가 첨가될 수 없는 경우에는 의미로나 환경적으로 특수한 면이 있어서 여느 자격 부사류어와는 다르지 않나 하는 의문이 생길 수 있다.

(144) 나는 전산기를 애인으로(?으로서) {여긴다 / 생각한다}.
(145) 그이는 부자집 막내 아들로(?로서) 태어났다.
(146) 그이는 이 회사의 심부름꾼으로(*서) {있습니다 / 취직했습니다}.
(147) 우리는 그이를 대통령으로(*서) {뽑았다 / 선택했다}.

(144)에서 보듯이 "여기다, 생각하다" 따위 동사가 쓰일 때에는 "로"만이 자연스럽게 쓰이고 "로서"는 매우 어색하다. 그 밖에 동일한 지각 동사인 "보다, 알다, 인정하다, 믿다" 따위와 어울릴 때에도 "로"만이 자연스럽다. 그러나 이 때에도 의미로 보면 "자격"과 관련된다고 판단된다. (145)에서처럼 "태어나다" 따위와 어울릴 때에도 "로" 형태만이 자연스럽다. 다만 비슷한 경우로 여겨지는 "자라다"와 같은 동사일 때에는 "… 막내 아들로(서) 자랐다"에서 보듯이 "로서"도 임의로 선택될 수 있다. 따라서 이 때에도 '자격' 부사류어와 관련되는 것으로 생각된다. (146)에서처럼 "있다, 취직하다" 따위일 경우에도 "로"만이 쓰인다. 그런데 "일하다, 근무하다" 따위와 같이 비슷한 뜻의 용언일 때에는 "… 사원으로(서) 일한다"에서 보듯이 "로서"도 쓰일 수 있다. 따라서 이런 경우도 역시 "자격"과 관련된다고 할 수 있다. (147)에서처럼 "뽑다, 선택하다" 따위일 때에도 "로"만이 쓰인다. 그런데 "그들을 우리 학교 신입생으로(서) 선발했다"와 같이 비슷한 뜻의 동사일 때에 "로서"가 쓰일 수 있으므로 이런 경우에도 자격 부사류어로 볼 만하다. 요컨대, 동사에 따라 "로서"가 쓰이지 못하는 일이 있으나 비슷한 상황을 드러내는 동사일 때에는 반드시 그렇지도 않으므로 위의 (144)-(147)과 같은 경우도 자격 부사류어로 인정할 만하다. 그런 경우에는 "로서"의 "서"가 상례적으로 탈락하는 것이라고 기술하면 될 것이라는 앞에서의 처리 방식이 정당함을 확인할 수 있다.

한편으로, 선행어가 보족절일 때에도 "(으)로"만이 쓰이고 "서"의 덧붙임이 자연스럽지 못한 경우가 있다.

(148) a. 그이가 외국에서 활약한 것으로(?서) 밝혀졌다.
b. 그이가 외국에서 활약한 것이 사실로(서) 밝혀졌다.

(149) a. 이번 사태는 원만히 수습될 것으로(?서) 기대한다.
b. 이번 사태는 원만히 수습될 수 있는 일로(서) 전망한다.

(150) a. 그 장군은 이미 세상을 뜬 것으로(?서) 확인되었다.

b. 그 장군은 이미 세상을 뜬 것이 사실로(서) 확인되었다.

각 a와 같은 문장은 요즈막에 많이 나타나는 문장들인데 "로" 형태가 가장 자연스럽게 쓰인다. 그러나 이러한 경우도 각 b와 같이 해석될 수 있다고 보이므로 역시 "자격" 부사류어의 한 가지로 처리함이 마땅하다. 적어도, 이들은 여러 부사류어 범주 중에 자격 부사류어와 가장 가까운 것이라 볼 수밖에 딴 도리가 없다.

또 한편으로는 다음과 같이 선행어가 보족절인데도 "(으)로서" 형태가 쓰여야 정상적인 말이 되는 일도 있다. "서"가 생략되지 않는 것이 낫고 만일 생략된다면 상당한 쉼(pause)을 두어야 한다.

(151) 이 책은 그이가 {a.쓴 것으로(서) / b.쓴 것인데} 일반 대중도 많이 읽었다.
(152) 그것은 부도덕한 {a.말로(서) / b.말이어서} 입에 담을 수가 없다.
(153) 이것은 성경에도 {a.쓰인 문구로(서) / b.쓰인 문구이니} 외워 두어야 한다.

(151)－(153)의 각 a 문장은 각 b와 같이 해석이 될 수 있는데 "(으)로서"가 쓰여야 정상적이므로 자격 부사류어로 인정이 된다. 다만 이런 쓰임에서는 그 의미가 상당히 추상화되어 상황에 따라 인과 관계로도 해석이 될 수 있다.

다음과 같은 시사 문장에서도 "로서" 형태가 쓰여야 자연스럽다.

(154) 정부 여당이 우리 당을 경시하는 태도를 보인다면 유일 야당으로서 결코 용납하지 않겠다.
(155) 우리 당은 제일 야당으로서, 그리고 … 자부심을 가진 전통 야당으로서 개혁과 변화의 주역으로서의 역할을 담당해 나아가야 한다.

요컨대, 위와 같이 선행 명사구가 길거나, 특히 (155)에서처럼 대등 접속절이 이어질 때에는 "(으)로서" 형태가 반드시 선택됨을 알 수 있다. "(으)로"의 형태를 써 가지고는 그 의미 표현이 제대로 안 되거나 모호성이 생기기 때문이다. 또, (155)의 "주역으로서의"와 같이 "의" 따위 딴 조사가 첨가되는 경우도 "로서"와 같은 본디 형태가 쓰인다. 이와 같은 사실도 자격 부사류어의 기저형은 "로서"임을 재확인하는 것이다.

"명사구 + 로(서)" 부사류어는 그 놓이는 자리에 따라 한정 대상이 달라지는 수가 있다. 대개 바로 앞의 기능 범주를 한정하는 것이 예사이다.

(156) 나는 성직자로(서) 그이를 존경한다.
a. 나는 (자신이) 성직자로서 그이를 존경한다.
b. 나는 그이를 성직자로 존경한다.

(156)은 a, b의 두 뜻으로 해석이 되는데 후자의 뜻일 때에는 그 피한정어 바로 뒤로 옮기면 더 확실해진다.

또, "명사구 + 로(서)" 부사류어는 한 문장에 두 가지가 나타날 수도 있다. 이런 때에는 대개 주어와 목적어의 양쪽을 한정하게 된다.

(157) 그이는 충실한 공무원으로서 모든 국민들을 주인으로 모셨다.
(158) 그이는 훌륭한 스승으로서 모든 학생들을 애제자로 보살폈다.

4.11 상대 부사류어의 의미

상대 부사류어란 동작의 상대자(counterpart)나 비교 대상을 나타내는 부사류어이다. 그 형태는 "명사구 + 와 / 하고"의 꼴이다. 이 부사류어는 특히 필수 부사류어의 구실을 한다. 곧 이 부사류어는 뒤따르는 동사와 늘 함께 쓰여서 온전한 문장을 이루는 필수 논항이 된다.

(159) a. 만기가 호동이와 씨름을 했다.
b. 호동이와 만기가 씨름을 했다.

(160) a. 갑돌이가 을순이하고 혼인을 했다.
b. 을순이하고 갑돌이가 혼인을 했다.

(161) a. 이 그림은 저 그림과 같다.
b. 저 그림과 이 그림은 같다.

이 부사류어는 각 b에서처럼 의미 변동이 없이 자리바꿈을 할 수 있으나 "명사구 + 와 / 하고"는 뒤따르는 동사와 밀접한 관계를 가지고 결합한다.

상대 부사류어와 어울리게 되어 있는 동사와 형용사는 그 밖에 다음과 같은 것들이 있다.

(162) 협력하다, 이야기하다, 상담하다, 싸우다, 어울리다, 합치다
(163) 견주다, 비교하다, 비하다
(164) 같다, 비슷하다, 다르다, 유사하다

(162), (163)은 동사, (164)는 형용사이다. 이런 용언은 그 수효가 많지는 않으나 반드시 그 상대 표시어와 더불어 쓰이는 특성을 지닌다. 다만, (164)에 보인 동사는 "체언 + 에" 형태의 부사류어와 어울리는 수도 있다.

(165) 이 책은 저 {a.책과 / b.책에} 견주어 모자람이 없다.

한편으로, "만나다"라는 동사는 상대 부사류어와 어울리기도 하고 일반 타동사로 쓰이기도 한다.

(166) a. 그 남자는 저 여자와 가끔 만난다.
b. 그 남자와 저 여자는 가끔 만난다.

(167) a. 그 남자는 저 여자를 가끔 만난다.
b. 그 남자와 저 여자는 가끔 만난다.

(166)의 예는 두 명사구가 서로 상대자로서 결합하므로 각 a는 각 b와

같은 변환을 해도 의미의 차이가 없다. 그런데 (167)에서는 첫째 명사구가 주격 곧 능동적 주체로 인정되고 둘째 명사구는 그 행동의 대상이 된다고 여겨지므로 b와 같이 변형하였을 때에 그 의미가 반드시 일치한다고 보기 어렵다.

상대 부사류어는 위에 보인 일부 동사와 형용사하고만 어울리고 그 밖의 대다수 용언하고는 더불어 쓰이지 않는다. 다만, 이 상대 부사류어는 그 어울리는 용언과 필수적으로 어울리는 점이 가장 두드러진 특징이다.

(168) a. 그 사람이 친구와 다투었다.
b. ?그 사람이 다투었다.

(169) a. 그 여자는 우리 방글이와 비슷하다.
b. ?그 여자는 비슷하다.

각 b에서 보듯이 상대 부사류어가 없이는 의미 전달이 제대로 안 되는 불완전한 문장이 되고 만다. 따라서 일부에서는 이것을 "보어"로 여겨야 한다고 내세우기도 하였다. 그러나 앞에서도 지적한 바와 같이, 이런 경우만을 두고 새로운 기능 범주를 따로 세우는 것보다는 여러 경우에 나타나는 필수적인 부사류어로 처리하는 것이 여러모로 바람직하다.

상대 부사류어의 형태는 "와 / 과, 하고"로서 일반 대등 접속 조사와 동일하나 그 기저 구조에서의 기능은 서로 다르다. 다음에서 보듯이 이 부사류어는 두 문장의 접속으로 이루어진 것이 아니기 때문이다.

(170) 꾀돌이와 힘돌이가 씨름을 했다.
a. *꾀돌이가 씨름을 했다.
b. *힘돌이가 씨름을 했다.

상대 부사류어의 후치사 "와"는 다음에서 보는 접속 형태와는 기저 구조가 다른 것이다.

(171) 만기와 호동이가 노래를 했다.

a. 만기가 노래를 했다.

b. 호동이가 노래를 했다.

(171)과 같은 문장은 두 문장으로 나누어지는 접속문이므로 이 때의 "와"는 접속 형태에 불과하고 앞에서 말한 상대 표시 기능을 드러내는 것이 아니다(김완진 1970 참조).

5

양태 부사류어, 수량, 부정 부사류어의 의미

5.1 양태 부사류어의 의미적 갈래

양태(modality) 부사류어란 대체로 화자의 심리적 태도를 표시하는 것이다. 대개 주어와 관련된 서술 명제들을 두고 말할이가 드러내는 여러 가지 마음가짐을 양태라 한다. 우리말의 부사류어가 드러내는 양태적 의미는 대개 다음과 같이 나누어 볼 수가 있다.

〈1〉 확실성 〈2〉 개략성 〈3〉 일반성 〈4〉 예외성
〈5〉 의외성 〈6〉 가상성 〈7〉 당연성 〈8〉 당위성

(1) 그이는 확실히 애국자이다. 〈확실성〉
(2) 그 사람은 대개 아침에 늦게 일어난다. 〈개략성〉
(3) 무릇 사람은 예의를 지킨다. 〈일반성〉
(4) 다만, 그이는 이번 일에 관계가 없다. 〈예외성〉
(5) 그이가 뜻밖에 찾아왔다. 〈의외성〉
(6) 만일 그 사람이 내 곁에 있다면, 얼마나 좋을까? 〈가상성〉
(7) 물론 그이는 대학자이다. 〈당연성〉
(8) 그이는 마땅히 상을 받아야 한다. 〈당위성〉

(1)−(8)에서 보듯이 명제에 관하여 말하는이가 서술의 정도나 강도 따위를 다양하게 나타내는 것이 이 부사류어들의 의미이다.

이러한 양태 부사류어의 의미는 문말 형태들로 나타내는 서법(mood)의 양태적 의미와 일맥 상통하는 바가 있다. 서법 특히 명제적 서법은 말하는이가 주어에 관하여 가지는 인식 정도나 태도를 나타내는 것이다. 이처럼 주어에 대한 심리적 태도를 드러낸다는 점에서 양태 부사류어와 서법 형태의 의미는 공통된 점이 있다(장경희 1985).

(9) a. 그 사람은 유명한 구두쇠이지.
b. 그 사람은 확실히 구두쇠이다.

(10) a. 그 사람이 내일 떠나겠지.
b. 그 사람이 아마도 떠난다.

(9a)에서는 문말의 확인법 형태 "지"로 양태를 나타내었고, (9b)에서는 "확실히"라는 양태 부사류어로 양태 의미를 나타내었다. (10a)에서는 "겠"이라는 서법 형태로, (10b)에서는 "아마도"라는 양태 부사류어로 양태적 의미를 나타냈는데 서로 비슷한 바가 있다.

이런 양태 부사류어는 서법과 호응하여 양태적 의미를 더욱 확실히 나타내는 수도 있다.

(11) 그이는 내일 확실히 여기에 {a.오지 / b.올 것이다 / c.오겠지}.

(12) 대개 키가 큰 남자는 작은 여자를 {a.좋아한다 / b.좋아할 것이다 / c.좋아하겠지}.

위에서 보는 바와 같이 양태 부사류어는 서법 형태로 나타내는 바를 한정하여 조정하는 구실을 하기도 하는 것이다.

그런데 양태 부사류어는 서법 형태들과는 다른 점이 있다. 첫째로 양태 부사류어는 그 나타내는 의미 범주가 서법의 경우보다 더 다양하다. 위에서 보듯이 양태 부사류어는 어휘 형태도 많고 그 나타내는 의미 범주들이 상당히 다양하다. 둘째로, 양태 부사류어는 숱한 어휘 범주로 이루어지는 "열린 범주"이고 서법은 특정한 문법 형태에 한정되어 있다.

양태 부사류어는 "당위성 부사류어"를 내놓고는 각 범주의 용언과 두루 어울리는 문장 부사류어 또는 자유 부사류어이다(서정수 1996 : 13.20). 당위성 부사류어는 동사 및 존재사하고만 어울린다.

(13) 일반으로 한국 사람은 {a.쌀밥을 먹는다 / b.재주가 있다}.

(14) 일반으로 배달 민족은 {a.부지런하다 / b.황인종이다}.
(15) 그는 반드시 {a.여기에 나타난다 / b.집에 있다}.
(16) 그 여자는 마땅히 {a.?예쁘다 / b.?천재이다}.

"일반으로"와 같은 양태 부사류어는 동사, 존재사, 형용사, 지정사 등에 두루 어울려 쓰이는 문장 부사류어이다. 거개의 문장 부사류어들은 그 수식 범위가 문장 전체에 걸치고 특정한 용언에 국한되지 않는 속성을 지닌다. 그러나 (15), (16)에서 보듯이 "반드시," "마땅히"와 같은 필연성 또는 당위성 부사류어는 동사와 존재사하고만 어울릴 수 있는 제약 부사류어이다.

5.2 확실성 및 개략성 부사류어의 의미

확실성 표시 부사류어란 확실함이나 진실함을 나타내는 수식어이다. 이 부사류어들도 문장 부사류어의 속성을 보임이 예사이다.

(17) 그 사람은 확실히 남을 많이 돕는다.
(18) 그이는 참으로 재주가 있다.
(19) 그들은 정말 성실하다.
(20) 그이는 분명히 애국자이다.

그 밖에 "뚜렷이, 명백히, 틀림없이, 진실로" 따위가 이 부사류어에 든다. 이런 부사류어들은 각 범주의 용언과 두루 어울려 그 서술 내용의 참됨을 강화하고 다짐하는 구실을 한다.

개략성 표시 부사류어란 대상을 개략적으로 또는 어림잡아 일컫는 것이다. 또 이 부사류어에는 불확정적인 것을 가리키는 것도 포함된다.

(21) 많은 사람들은 휴일에 대개 밖으로 나간다.

(22) 그 사람은 오후에는 보통 집에 있다.
(23) 내일 날씨는 대체로 맑을 것이다.
(24) 유행을 따르는 이들은 흔히 젊은이이다.

개략성을 나타내는 부사류어는 그 밖에 "대강, 대략, 대저, 개략적으로" 따위가 있다.

불확정성 부사류어는 어느 편인지 분간하지 않고 말할 때에 쓰이는 것이다.

(25) 어쨌든 우리가 이겼다.
(26) 그 사람들도 어떻든 욕심이 있다.

그 밖에 "여하간, 하여튼, 좌우간, 아마, 아마도" 따위가 있다.

5.3 일반성 및 예외성 부사류어의 의미

일반성 표시 부사류어란 대상을 폭넓게 또는 두루 가리키는 것이다. 이 부사류어는 각 범주의 용언과 두루 어울리는 자유 부사류어의 성격을 지닌다 함은 위에서 이미 지적하였다.

(27) 무릇 사람은 옷을 입는다.
(28) 시골 사람은 {일반으로 / 일반적으로} 건강하다.
(29) 그 사실은 보편적으로 인정된다.

예외성 표시 부사류어란 일부 예외적인 사항을 나타낼 때에 쓰이는 것으로서 앞의 일반성 표시 부사류어와 대조를 이룬다. 그러나 그 구문론적 특질은 비슷하다.

(30) 다만, 어린이들만 그 일을 모른다.

(31) 특히, 장애인들이 그곳에 많다.
(32) 그 여자는 특별히 용모가 뛰어나다.
(33) 오직 이 사람만이 말썽꾸러기이다.

그 밖에 "애오라지," "단지" 따위가 여기에 속한다. 이 부사류어는 대체로 자유 부사류어라고 할 수 있다.

5.4 의외성 및 가상성 부사류어의 의미

의외성 표시 부사류어란 예상과 반대되거나 뜻밖임을 나타내는 것이다. 이 부사류어도 자유 부사류어적 성격을 지닌다.

(34) 오히려 노인들이 노래를 잘 부른다.
(35) 착한 사람이 의외로 많이 있다.
(36) 젊은이가 도리어 더 점잖다.
(37) 그 외국인이 뜻밖에 나의 협조자였다.

그 밖에 "외려, 반대로, 거꾸로, 차라리" 따위가 이 부류에 든다.

가상성(假想性) 표시 부사류어는 가상적으로 또는 가정해서 말하는 경우에 쓰는 부사류어다. 이 부사류어도 문장 부사류어의 성격을 보인다.

(38) 가령 그 사람이 여기에 온다면, 나도 기다리겠다.
(39) 만일 그 여자가 내 곁에 있다면 얼마나 좋을까?
(40) 가사 그 여자가 밉더라도 나는 사랑하리라.
(41) 설령 우리가 젊은이일지라도 건강에 조심해야 한다.

그 밖에 "설사, 비록, 아마(도), 혹(시), 혹간" 따위가 이 부사류어에 든다.

5.5 당연성 및 당위성 부사류어의 의미

당연성 표시 부사류어란 '당연함' 곧 응당 그렇게 되는 것을 나타내는 것이다. 이 부사류어도 문장 부사류어의 성격을 지닌다.

(42) 물론 그 사람이 자기 아이를 더 사랑하겠지.
(43) 그 사람이야 모름지기 집에 있지.
(44) 물론 그 사람은 얌전하다.
(45) 그 사람은 당연히 나의 후계자이다.
(46) 하기야 그 사람도 쓸 만한 사람이지.

이 당연성 표시 부사류어들은 각 범주의 용언에 두루 어울릴 수 있는 문장 부사류어이다.

당위성 표시 부사류어란 필연성 또는 마땅히 그렇게 해야 함을 나타내는 부사류어이다. 이 부사류어는 일반으로 동사와 존재사에만 어울리고 형용사나 지정사와는 잘 어울리지 않는다.

(47) 우리 나라는 반드시 통일이 된다.
(48) 너는 꼭 집에 있어라.
(49) ?그 여자는 반드시 예쁘다.
(50) ?그 아이는 꼭 천재다.

곧 이 부사류어는 주로 동사와 존재사에만 어울리는 한정 부사류어에 속한다.

이 부류에 드는 부사류어는 그 밖에 "마땅히, 모름지기, 필연적으로, 일부러, 기어이, 기어코, 기필코, 굳이, 부디, 구태여, 한사코, 부득부득" 따위이다.

5.6 수량 부사류어의 의미

5.6.1 전칭과 비전칭 수량 부사류어

수량(quantifier) 부사류어란 셈과 숱을 나타내는 부사류어이다. 이 부사류어는 전칭성(全稱性)과 비전칭성(非全稱性)으로 나뉜다. 그 밖에 공동성 / 개별성을 나타내는 것들도 이 무리에 든다. 수량 부사류어는 〈1〉 전칭 수량 부사류어, 〈2〉 비전칭 수량 부사류어, 〈3〉 공동성 / 개별성 부사류어 따위로 나누어진다.

전칭(全稱) 수량 부사류어란 서술 대상을 전체적으로 가리키는 것이다. 이것은 이른바 전칭 수량어(universal quantifier)와 관련된다.

(51) 그 사람들은 모두 노래를 불렀다.
(52) 그 학생들은 다 집에 있다.
(53) 사람은 전부 천성적으로 선량하다.
(54) 사람은 죄 만물의 영장이다.

이 전칭 부사류어는 거의 예외 없이 모든 용언과 어울린다. 곧 이 부사류어는 자유 부사류어의 한 가지이다. 이 부류에 드는 부사류어는 "모두, 다, 죄(다), 모조리, 몽땅, 전부, 전체(적으)로" 따위이다. 이 수량 부사류어에 대하여는 서정수 1996 : 9.19에서 다루었다.

그런데 이 부사류어들은 거개가 특정한 환경에서는 그 적용 범위가 한정된 제약 부사류어로 쓰이기도 한다.

(55) a. 그들이 모두 노래를 불렀다.
b. 그들이 노래를 모두 불렀다.
(56) a. 일꾼들이 다 밥을 먹었다.

b. 일꾼들이 밥을 다 먹었다.

각 b에서처럼 용언이 동사이고 그 바로 앞에 부사류어가 놓이면 그 동사를 직접 수식하게 되는 것이 예사이다. 이런 기능의 직접 수식 관계는 다른 용언에는 드러나지 않고 동사에만 한정된다. 따라서 이런 경우의 "모두"나 "다"는 자유 부사류어라 할 수가 없다. 이것은 이런 전체성을 나타내는 부사류어의 특성으로 여겨진다.

그러나 동사 이외의 용언일 때에는 전칭 부사류어들이 어느 환경에서나 의미 차이 없이 두루 어울리므로 자유 부사류어로 인정된다.

(57) a. 그들이 모두 얼굴이 아름답다.
b. 그들이 얼굴이 모두 아름답다.

(58) a. 식구들이 모두 집에 있다.
b. 식구들이 집에 모두 있다.

(59) a. 이 마을 사람들은 모두 남녀노소 할 것 없이 애국자이다.
b. 이 마을 사람들은 남녀노소 할 것 없이 모두 애국자이다.

동사 이외의 딴 용언일 때에는 각 b와 같이 부사류어가 어느 자리에 놓이더라도 의미 차이가 없이 자유 부사류어가 된다.

비전칭 수량 부사류어는 한정된 셈이나 숱을 나타내는 것이라 함은 앞에서 이미 보았다.

(60) a. 그들은 사과를 많이 먹었다.
b. 이제 그들은 이야기를 조금 나누었다.

그 밖에 비전칭 수량 부사류어는 "잔뜩, 넉넉히, 만족히, 충분히, 족히, 실컷, 십분" 따위가 있다. 그 중에 적은 수량을 나타내는 것으로는 "좀, 약간, 다소, 얼마간" 따위가 있다.

수량 부사류어에는 공동성이나 개별성을 표시하는 부사류어도 포함된다.

곧 "함께"나 "따로"처럼 어떤 동작을 여럿이 또는 따로 함을 나타내는 부사류어도 수량 부사류어의 한 가지라 할 수가 있다. 다만, 이들 중의 일부는 형용사 같은 용언들과는 자연스럽게 어울리지 못하는 경향이 있다.

(61) 우리는 함께 일한다.
(62) 여기 같이 있자.
(63) (?)그들은 다함께 친하다.
(64) (?)우리는 다같이 학생이다.
(65) 그들은 외딴 섬에서 따로 산다.
(66) 그이는 그 곳에 홀로 있다.
(67) (?)그이는 혼자 좋다.
(68) (?)이 사람은 혼자 주인이다.

그 밖에 이 부류에 드는 것으로 "공동으로, 각기, 각각, 낱낱이, 외따로, 따로따로, 혼자(서), 외로이, 달리" 따위가 있다.

그런데 이 부류의 부사류어는 경우에 따라 특정한 용언과는 잘 어울리지 못하는 수가 있다. 용언의 의미적 특질 때문에 서로 잘 어울리지 못하는 일이 있는 것이다. 그런 점에서 이 부류의 부사류어는 준자유 부사류어라 할 만하다.

(69) a. ?그들은 함께 선생이다.
b. ?그 사람은 혼자 결혼한다.

전칭 수량 부사류어는 일반으로 모든 종류의 용언과 어울릴 수 있는 자유 부사류어이다. 그러나 이 부사류어는 피수식어가 동사일 때만은 그 놓이는 자리에 따라 동사 수식 부사류어로 쓰이기도 한다(위 (55), (56)의 각 b 참조). 비전칭 수량 부사류어는 대체로 자유 부사류어로 인정되기가 어렵다. 특히 용언의 고유 의미에 따라 이 부사류어와 어울리지 못하는 일이 많다(위 (69) 참조).

5.6.2 수사와 같은 기능의 수량 부사류어

수량 부사류어들 중에는 수량어 특히 수사와 같은 기능을 그대로 드러내는 것들이 많다(서정수 1996 : 9.19 참조).

(70) a. 그들이 술을 다(를) 마셨다.
　　b. 그들이 다(가) 술을 (다를) 마셨다.

(71) a. 그 사람들이 이 책을 모두(를) 읽었다.
　　b. 그 사람들이 모두(가) 이 책을 (모두를) 읽었다.

(72) a. 그 친구들이 이 노래를 전부(를) 불렀다.
　　b. 그 친구들이 전부(가) 이 노래를 (전부를) 불렀다.

(73) a. 그 아이들이 과자를 {조금 / 좀 / 약간 / 다소}(을) 먹었다.
　　b. 그 아이들이 {조금 / 좀 / 약간 / 다소}(가) 과자를 먹었다.

위에서 보듯이 "다, 모두, 조금" 따위 부사류어에는 그 자리에 따라 주격 표지 "이 / 가"나 목적격 표지 "를 / 을"을 임의로 첨가할 수 있다. 이는 이들이 수사 곧 체언의 성질이 있음을 시사하는 것이다.

이 구문론적 특질은 일반 수사 "하나, 둘" 따위가 보이는 바와 일치한다.

(74) a. 그들이 연필을 둘(을) 샀다.
　　b. 그들이 둘(이) 연필을 (둘을) 샀다.

수사는 (74b)에서 보듯이 주어의 수효를 한정하는 주격 형식의 어구로 쓰이기도 하고, (74a)에서처럼 목적격의 수량을 한정하는 구실을 하기도 한다. 이는 이른바 수량 부사류어들이 보이는 특성과 똑같다.

이렇게 볼 때에 위에 보인 "다, 모두, 조금" 따위 수량 부사류어는 본디 수사 곧 체언인 것이 무표 전성으로 부사류어 기능을 보인다고 할 수가 있다. 하기야 그 반대로 본디 부사인 것이 수사처럼 쓰인다고 해석할 수도 있을 것이다. 그러나 본디 체언은 형태 변화 없이 부사 기능을 하는 예는 많이 있으나, 본래 부사가 그런 주격과 목적격 표지를 체계적으로 덧붙여서 체언으로 변성하는 일은 드문 일이므로 이들은 본래 체언이 부사류어로 전성되는 것이라고 함이 타당하다.

5.7 부정 부사류어

부정(否定=negative) 부사류어도 동사와 형용사에 두루 쓰이는 부류에 속한다. 이 부사류어는 그 용언과 결부되어 부정 표현을 한다. 이 부사류어는 "아니" 또는 "안" 및 "못"의 형태로 되어 있다.

(75) a. 세월이 아니 가는구나.
 b. 저 산은 별로 안 높다.

"아니"가 본래형이지만 "안"의 형태가 두루 쓰인다. 두 형태의 의미에는 아무 차이가 없다.

|새|김| "좋지 않다," "놀지 않는다" 따위의 "않다"도 본디 "아니하다"에서 축약되어 이루어진 것이다. 따라서 이 때에도 부정 부사 "아니"가 개입된 것으로 보아야 한다.

(76) a. 그 총각은 장가를 못 간다지?
 b. *그 색시는 못 예쁘대.

(76)에서 보듯이 부정 부사 "못"은 동사하고만 어울리고 형용사와는 거의 어울리지 않는다. "못"은 '불가능성'의 의미 특질을 지니기 때문에 본질적으로 형용사와 어울릴 수 없다.

|새|김| "못"은 다음과 같은 경우에 형용사와 어울리는 일이 있다.

〈1〉 너 그러다가는 좋지 못해.
〈2〉 그런 일이 없지 못해 있다.

그러나 이런 쓰임은 특수한 예외에 속한다.

6

정도 부사류어의 의미

6.1 정도 부사류어의 의미적 갈래

정도(degree) 부사류어는 상태 서술이나 동태 수식의 정도를 한층 높이거나 낮추는 기능을 보이는 것이다.

(1) 이 책은 참 좋다.
(2) 그 사람은 꽤 미남이다.
(3) 이것은 그야말로 새 옷이다.
(4) 저 차가 제법 빨리 달린다.

(1)의 "참"은 형용사 "좋다"가 보이는 상태 서술의 정도를 더 세차게 하였으며, (2)의 "꽤"는 지정사구 "미남이다"라는 서술어의 정도를 한정하였다. (3)의 "그야말로"는 관형사 "새"의 수식 정도를 드높였다. (4)의 부사 "제법"은 "빨리"라는 동태 부사의 수식 정도를 한정하였다. 이처럼 이들은 상태 서술이나 동태 부사류어의 수식 정도를 높이거나 한정하는 기능을 보이는 것이다.

|새김| Gleason(1965:130)에서는 정도 부사류어는 피수식어를 일층 강화하거나 두드러지게 한다는 점에서 "강화사(intensifier)"라고 불러서 그 기능을 특별히 명시하기도 하였다.
한편으로, Quirk et al.(1985:445)에서는 강화사는 "amplifiers"라 하고, 약화 기능어는 "downers"라고 한 바 있다. 전자의 예로는 "awfully, entirely" 따위이고, 후자의 보기로는 "a bit, a little, fairly, nearly" 따위이다.

국어의 정도 부사류어는 형용사, 지정사, 관형사 및 동태 부사류어 등을 수식한다. 이 부사류어는 그런 범주들에 속하는 피수식어에 공통적으로 쓰이고 동사를 직접 수식하지 못하는 것이 두드러진 특성이다.

정도 부사류어는 크게 세 가지로 나누어 볼 수 있다.

〈1〉 일반 정도 부사류어
〈2〉 특수 정도 부사류어
〈3〉 비교 정도 부사류어

일반 정도 부사류어는 형용사, 지정사구 따위 피수식어와 두루 결합할 수 있는 것이고, 특수 정도 부사류어는 일부 한정된 형용사만을 수식하는 것이다. 비교 정도 부사류어는 견줌의 대상을 제시하여 수식 정도를 상대적으로 한정하는 것이다.

(5) 그 사람이 {매우 / 아주} 영리하다. 〈일반 정도 부사〉
(6) 달이 휘영청 밝다. 〈특수 정도 부사〉
(7) 그 그림이 이것보다 멋있다. 〈비교 정도 부사〉

6.2 일반 정도 부사류어의 의미

일반 정도 부사류어는 그 적용 대상이 가장 넓으며 형용사를 비롯하여 관형사나 동태 부사류어를 두루 수식할 수 있는 것이다.

(8) 이 구슬이 가장 예쁘다.
(9) 이 모자는 어지간히 크다.

일반 정도 부사류어의 예를 더 보이면 다음과 같다.

(10) a. 가장, 지극히, 극히, 최고로, 최대로
b. 아주, 심히, 매우, 대단히, 굉장히, 참, 몹시, 사뭇, 무척, 퍽, 자못
c. 유난히, 유달리, 워낙, 훨씬, 더욱, 더욱이, 더구나, 한층, 한결, 게다가
d. 상당히, 꽤, 제법

(11) 너무, 너무나, 하도

(10a)의 보기들은 "맏높은 정도"를 나타내는 것으로서 그 강조성이 가장 높은 것이다. (10b)의 것들은 최상에 가까울 만큼 그 정도를 세차게 수식하는 효과를 보인다. (10c)의 보기들은 "한층 더"라는 의미를 가지고 정도를 강하게 나타내는 것들이다. (10d)의 보기들은 "생각한 것보다는 더" 또는 "보통보다는 더"라는 의미로 쓰이는 정도 부사류어이다. 한편으로 (11)의 예들은 정도가 지나침을 나타내는 것이다.

이 일반 정도 부사류어는 수식 대상에 따라 다음과 같이 나누어진다.

〈1〉 형용사 수식 정도 부사류어
〈2〉 지정사구 수식 정도 부사류어
〈3〉 관형사 수식 정도 부사류어
〈4〉 동태 부사류어 수식 정도 부사류어

일반 정도 부사류어는 형용사를 수식하는 것이 그 본 기능이나, 관형사 중의 일부와 동태 부사류어의 일부 그리고 지정사구의 일부를 수식하는 기능도 가진다. 그러나 존재사는 수식하지 못하는 특성을 보인다.

(12) a. 이 길은 매우 넓다.
b. 그이는 돈이 너무 많다.

(13) a. *그들은 친구를 매우 때렸다.
b. ?그이는 재주가 너무 있다.

(14) a. 이 갓은 아주 헌 것이다.
b. *저이가 매우 그 사람이다.
c. *이것이 아주 모든 재산이다.

(15) a. 저이는 매우 부자이다.
b. *이 사람은 매우 사장이다.

(12)에서는 "매우"나 "너무"라는 정도 부사류어가 각기 형용사를 수식하고 있다. (13)에서는 정도 부사 "매우"와 "너무"가 각기 동사와 존재사를 직접 수식하고 있다. (14a)에서는 정도 부사 "아주"가 성상 관형사 "헌"을 수식할 수 있음을 나타낸다. 그러나 (14b)에서는 "매우" 같은 일반 정도 부사는 "그"라는 지시 관형사를 수식하지 못함을 드러낸다. (14c)에서는 정도 부사 "아주"가 수량 관형사 "모든"을 수식할 수 없음을 보인다. (15a)에서는 정도 부사 "매우"가 "부자이다"라는 지정사구를 수식할 수 있으나 (15b)에서는 그렇지 못함을 보인다. 이는 지정사구일 때에는 그 보어 명사의 의미 특질에 따라 정도 부사의 쓰임이 제약됨을 드러내는 것이다.

6.3 형용사 수식 정도 부사류어의 의미

형용사 수식의 정도 부사류어들은 앞의 (12), (13)에 보인 일반 정도 부사류어의 낱말들이다. 이들은 일반으로 (또는 원칙적으로) 형용사를 두루 수식한다. 이 정도 부사류어들은 대부분의 형용사와 두루 어울려서 그 수식 정도를 강화 또는 조절한다.

(16) 이 기계는 아주 비싸다.
(17) 이 아이는 참으로 슬기롭다.
(18) 이 노래는 곡이 상당히 구슬프다.
(19) 머리가 좀 아프다.

필수 부사류어와 함께 쓰이는 특정한 형용사에 정도 부사류어가 어울릴 때에는 그 필수 부사류어가 없이는 쓰이지 못하는 수가 있다. 이를테면, "같다, 비슷하다" 따위 형용사들은 필수 부사류어와 함께 쓰일 때에만 정도 부사류어와 어울릴 수 있다.

(20) a. *그 물건이 {유난히 / 똑} 같다.
b. 그 물건이 저것과 {유난히 / 똑} 같다.

(21) a. *그 문제들은 아주 비슷하다.
b. 그 문제들은 이 문제들과 아주 비슷하다.

"같다," "비슷하다" 따위는 그 의미 특질에 따라 필수 부사류어 "명사구 + 와 / 과"가 함께 쓰일 때에만 "유난히," "아주" 따위 정도 부사와 어울리는 것이다. 그러한 필수 부사류어가 함께 쓰이지 않으면 처음부터 쓸 수 없는 것이므로 정도 부사류어와 단독으로 어울리지 못하는 것이다.

일부 정도 부사류어의 문제점

"너무"라는 정도 부사는 본래 용법에서 벗어나는 현상을 보인다.

(22) a. 나는 밥을 너무 (많이) 먹었다.
b. 그 사람들이 너무 하는구나.

(23) a. 그 옷이 너무 좋다.
b. 그 여자가 너무 너무 예쁘다.

(22)의 예들은 "너무"가 동사와 직접 결합하는 예들인데, 따지고 보면 그 사이에 "많이"와 같은 수량 부사가 개입되어야 마땅하다. 다만 일상 대화에서는 그런 탈락 현상이 흔히 빚어지고 있다. 한편으로, (23)의 예는 최근에 많이 나타나는 표현들인데, "너무"의 본래 뜻대로라면 정도가 지나치게 좋거나 아름답다는 뜻이 될 것이다. 그러나 실제로는 단순한 강조의 뜻으로 쓰이는 실정이다. 이러한 쓰임은 문제가 있다. "너무"는 대개 '정도가 지나쳐서 결과가 안 좋은 것'을 가리키는 데에 써야 마땅하기 때문이다.

정도 부사류어가 동사를 직접 수식하는 예들이 표면상 나타나는 일이 있다. 앞에서 본 "너무"처럼 정도 부사가 동사와 직접 결합하여 쓰이는 예가 일상 대화들에서 나타난다.

(24) 저는 상당히 기다렸어요.
(25) 그이가 그 여자를 무척 사랑했다.
(26) 그이의 기술이 매우 늘었다.
(27) 강물이 굉장히 불었다.
(28) 부모님이 퍽 걱정하신다.

일부 동사가 정도 부사의 수식을 받고 있음을 볼 수 있다. 그러나 좀 자세히 살피면 그 정도 부사와 동사와의 사이에 수량이나 동태를 나타내는 부사 "많이," "오래" 따위를 보충할 수 있다. 따라서 이런 경우도 본디 들어가야 할 그러한 부사들이 생략되어 빚어진 것이다. 이렇게 따져 보면 위와 같은 정도 부사류어의 쓰임은 정상적인 것이라 하기 어려울 것이다.

한편으로, "아주"는 형용사와 어울릴 때에는 정도 부사 구실을 하고 동사와 어울릴 경우에는 다음과 같은 뜻의 동태 부사가 된다.

(29) 그이는 아주 갔다.

이럴 때에는 "완전히"라는 뜻의 동사 수식 부사로 쓰인 것이다.

6.4 지정사구 수식의 정도 부사류어

일반 정도 부사류어는 〈명사구 + 이다〉의 지정사구를 수식하는 일이 있다.

(30) 그이는 매우 부자이다.
(31) 그이는 꽤 멋쟁이이다.
(32) 그 애는 퍽 바보이었다.

(30)-(32)에서 보듯이 정도 부사는 지정사 "이다"와 결합된 보어 명사를 수식한다. 이와 같은 현상은 얼핏 보아 상당한 문제점이 있다. 무엇보다도 정도 부사류어가 명사를 직접 수식한다고 보이기 때문이다. 일반으로 정도 부사류어는 체언을 수식 대상으로 하지 않는 것이기 때문에 위와 같은 현상은 그런 일반 규칙에서 벗어나는 듯한 느낌을 준다.

그런데 위의 (30)-(32)에서 피수식 보어 명사를 살펴보면 일반으로 "돈 많은 사람," "멋있는 사람," "어리석은 사람"과 같이 의미 분해가 가능하다.

(33) 보어 명사 → 형용사 + 명사

(33)처럼 "의미 분해(decomposition)"를 할 수 있는 경우에 해당한다. 이와는 달리, 다음에서처럼 그런 분해가 불가능할 경우에는 정도 부사가 쓰이지 못한다.

(34) *그이가 매우 선생이다.
(35) *그것이 무척 집이다.

이런 때에는 보어 명사가 각각 "가르치는 사람," "사는 곳" 따위와 같이 해석되므로 다음과 같은 의미적 분해가 가능하다.

(36) 보어 명사 → 동사 + 명사

이런 때에는 형용사가 아닌 동사가 관련된다고 볼 수 있으므로 정도 부사류어가 어울릴 수 없다고 여겨진다.

요컨대, 정도 부사류어가 서술 보어 명사구를 수식하는 것은 그것이 (36)과 같이 분해될 경우에만 한정되며, 그 한 근거는 그 명사가 지닌 "형용사적 의미 특질"에서 찾을 수 있다. 또, 그 명사구가 서술 보어일 때에 한정된다는 제약도 필수적이다. 요컨대, "명사구 + 이다"일 때에만 정도 부사가 그 보어 명사구를 수식할 수 있다는 것이다. "*매우 부자가 간다," "?꽤 멋쟁이를 만났다"와 같은 표현은 정상적인 말이 못 되기 때문이다.

정도 부사류어의 의미 분해

의미 분해 곧 "decomposition"이라는 개념은 1970년을 전후한 시기에 활발히 논의되었던 생성 의미론(generative)에서 도입된 것이다. 예를 들면, 영어의 "kill"이라는 낱말은 'make somebody die'와 같이 의미적으로 분해하여 의미 해석을 할 수 있으며, 그런 의미 구조가 구문 구조를 기술하는 바탕을 이룬다고 한 것이다. 생성 의미론은 유명한 언어학자 P.M. Postal, G. Lakoff, J.D. McCawley 등이 발전시킨 것으로서 N. Chomsky 등의 표준 이론과 해석 의미론(Interpretive Theory)에 맞섰으나 그 뒤로 문제점이 드러나 발전되지 못하게 되었다.

(37) 그이가 매우 부자이다.
(38) 그 여자가 꽤 미인이다.

(37), (38)과 같은 경우에 "부자 → 돈 많은 사람" 및 "미인 → 아름다운 여자"와 같이 의미 분해를 하는 것은 생성 의미론에서 내세웠던 의미 분해와 얼마쯤 관련이 있다고 생각되는데, 낱말의 의미 구조가 구문론적 수식 관계에 영향을 준다는 점에서 우리의 관심을 끈다. 특히 우리말에서는 한자어가 많고 그런 한자어의 성분 한자들은 각기 의미를 가지고 있어서 그 결합 관계(낱말 내부 결합 관계)가 구문론적인 면에도 영향을 줄 수 있음을 위 보기에서는 드러낸다. 곧 "꽤 미인이다"와 같은 말에서 "미인"은 "아름다운 여자"와 같이 암암리에 분석되어 "꽤"라는 정도 부사를 선택하는 데 영향을 준다고 할 수 있다.

6.5 관형사 수식 정도 부사류어

국어의 관형사는 일반으로 다음과 같이 나누어진다.

(39) a. 지시 관형사 : 이, 그, 저, 요, 어느
b. 수량 관형사 : 모든, 온, 온갖
c. 성상 관형사 : 새, 헌, 헛, 옛, 맨

정도 부사류어의 수식 대상은 (39c)의 성상 관형사뿐이다. 이들은 일반 형용사와 의미 기능이 비슷하므로 정도 부사류어의 수식을 받는다.

(40) 유명한 책은 {*매우 / 바로} 이 책이다.
(41) {*가장 / 거의} 모든 사람들이 자유를 바란다.
(42) 그것은 {매우 / 아주} {새 / 헌} 모자이다.

(40)에서 보듯이 정도 부사 "매우" 따위는 지시 관형사 "이"를 직접 수식하지 못하고, 다만 "바로" 따위만이 관형사 앞에 쓰일 수 있다. 그런데 "바로"도 관형사를 직접 수식한다고 보기는 어렵다. "그분이 바로 대통령이야"에서처럼 "바로"는 명사 앞에도 쓰이기 때문이다. 이렇게 볼 때에 "바로"는 일반으로 명사구를 한정하는 부사라 할 수 있다. (41)에서는 정도 부사 "가장" 따위가 "모든"과 같은 수량 관형사를 직접 수식하지 못하고, 다만 "거의"와 같은 부사만 그 앞에 쓰일 수 있음을 보인다. 그런데 "거의"는 주로 수량사 앞에만 쓰이는 특정한 부사로서 일반 정도 부사라 하기는 어렵다. "?거의 좋다, ?거의 아름답다" 따위에서 보듯이 일반 형용사 앞에는 그것이 일반으로 못 쓰이기 때문이다. 그러나 이런 지시 관형사나 수 관형사와는 달리, (42)에서처럼 성상 관형사 "새 / 헌" 따위는 정도 부사류어의 수식 대상이 될 수 있다.

그런데 이 성상 관형사 중에도 정도 부사류어와 어울림에 제약을 드러내는 것들이 있다.

(43) 그 아이는 *{가장 / 아주 / 매우} 맨 앞에 앉아 있다.

(43)에서 보듯이 "맨"이라는 관형사는 "가장, 아주, 매우" 따위 정도 부사의 수식을 받지 않는다. 그것은 관형사로 쓰이는 "맨"은 본디 "정도"를 나타내는 의미를 지니고 있기 때문이라 풀이된다.

"맨," "바로"의 다양한 의미와 기능

"맨"이라는 형태는 몇 가지의 딴 의미나 기능으로 쓰인다.

(44) 그이가 맨 뒤에 들어왔다. 〈관형사〉
이 때에는 (매앤)처럼 길게 발음된다.
(45) 그이는 맨 흰소리만 한다. 〈부사〉
이 때에는 짧게 발음된다.
(46) 나는 아침마다 맨손 체조를 한다. 〈접두사〉
이 때에도 짧게 발음된다.

여기에서 말하는 관형사는 (44)에 해당하는 것이다.

"바로"는 명사구 수식 부사와 동태 부사의 양면으로 쓰인다.

(47) 바로 뒤, 바로 저기, 바로 내 책, 바로 저기 가는 사람
(48) 바로 가다, 바로 말하다, 바로 생각하다, 바로 떠났다

(47)의 보기는 "바로"가 명사구를 수식하는 경우이고, (48)의 예는 동사를 직접 수식하는 동태 부사류어이다.

6.6 동태 부사류어 수식 정도 부사류어

일반으로 동태 부사류어는 다양하며 수효가 많다. 그런데 그 중의 일부는 정도 부사류어의 수식을 받는다. 다음의 예들은 이런 동태 부사류어들이 정도 부사류어와 어울리고 있다.

(49) 우리는 그이를 매우 잘 압니다.
(50) 그이는 그 문제를 퍽 간단히 해결했다.
(51) 그 차는 유달리 빨리 달린다.

그러나 "빨리"와 동류인 "얼른," "냉큼," "어서" 따위는 정도 부사류어의 수식을 받지 않는다. "갑자기" 따위는 "가장," "지극히," "유난히," "제법"과 같은 정도 부사류어와 결합하지 못한다. 이처럼 정도 부사류어의 수식을 받을 수 있는 동태 부사류어에는 제약이 많다. 이런 제약 관계의 문제는 앞에서 동태 부사류어를 논의할 때에 다룬 바가 있다.

6.7 특수 정도 부사류어

특수 정도 부사류어란 극히 한정된 부류의 형용사만을 수식하는 부사류어들을 일컫는다. 이 정도 부사류어는 형용사를 수식 대상으로 한다는 점에서는 앞에 말한 일반 정도 부사류어와 마찬가지이나 그 적용 범위가 극히 한정되어 있다. 한편으로, 이 특정 정도 부사류어는 관형사나 동태 부사류어는 일반으로 수식하지 않는다.

(52) 달이 휘영청 밝다{/ *높다 / *어둡다 / *아름답다 / *둥글다 …}.

(53) a. 이 잣대는 똑 바르다.
b. 그애는 아버지와 모습이 똑 같다.
c. 이 물건은 나에게 똑 {*알맞다 / *좋다 / *크다}.

(52)의 "휘영청"은 "밝다"라는 형용사와만 어울리고 그 밖의 다른 형용사와는 전혀 결합하지 못한다. (53)의 "똑"은 "바르다"나 "같다" 따위 일부 형용사와만 어울리고 (53c)에서 보듯이 "알맞다," "좋다" 따위 대부분의 형용사와는 결합하지 못한다.

이런 특수 정도 부사류어에는 그 밖에 다음과 같은 것들이 있다.

(54) 마치, 작히, 적이, 정히, 아득히, 아스라이

|새|김| 이렇게 한정된 형용사하고만 어울리는 부사들에는 사전에서 다음과 같은 환경 특질 표시를 해야 할 것이다.

휘영청, [+ _____ 밝다] ("휘영청"은 "밝다" 앞의 자리(__)에 쓰임을 나타냄)
똑, [+ _____ 바르다, _____ 같다]
마치, [+ _____ 같다]
작히, [+ _____ 좋다, _____ 기쁘다]
적이, [+ _____ 불안하다, _____ 걱정스럽다]
정히, [+ _____ 좋다, _____ 그렇다]

이런 정도 부사류어는 그 어휘 자질에 위와 같이 "+" 환경 자질을 표시해 두는 것이 편리하다. 그것은 그 표시된 형용사하고만 어울리고 그 밖의 다른 모든 용언과는 어울리지 않음을 뜻한다. 일반으로 제한된 소수의 환경 자질은 "+"로 표시하고, 그 반면에 일반적인 것에 대한 예외 사항의 환경 자질은 "−"로 표시하는 것이 이상적이다.

한편으로, 다음과 같은 부사류어는 부정 부사하고만 어울릴 수 있는 특수 정도 부사류어이다. 곧 이들은 "아니 / 안" 따위 부정 표시 부사에만 어울리는 것이다.

(55) a. 그리, 그다지, 별로, 과히
b. 전연, 전혀, 결코, 도무지, 조금도, 도저히, 좀처럼, 절대로, 통

(56) a. 사람들이 그리 안 많군요.
b. 사람들이 그리 많지 않군요.

(57) a. 김씨는 돈을 전혀 안 받았다.
b. 서씨도 돈을 전혀 주지 않았다.

이런 부사류어들은 모두 (+ ＿＿＿ 안 / 아니)처럼 자질 표시를 해야 할 것이다. 이는 이런 부사 낱말의 사전 풀이에 "안 / 아니" 앞의 자리에만 쓰임을 표시하여 둔다는 것이다.

6.8 비교 정도 부사류어

비교 정도 부사류어란 견줌의 대상에 이어지는 비교 서술을 한정하는 것이다. 그 피수식어는 형용사, 관형사 및 동태 부사류어들이다. 비교 정도 부사류어는 이런 피수식어의 표현 정도를 다른 경우와 대비하여 나타내는 것이다. 이 부사류어는 다음과 같은 몇 가지 후치사구 형태로 이루어진다.

(58) 명사구 + 보다 {더 / 덜} 피수식어
저 책이 이 책보다 (더) 낫다.

(59) 명사구 + {처럼 / 만큼 / 만치} 피수식어
이 애가 저 아이{처럼 / 만큼} 예쁘다.

(60) 명사구 + {과 / 하고} {같다 / 다르다 / 비슷하다}
얼굴이 달덩이와 {같다 / 비슷하다}.

"명사구 + 보다" 형식의 후치사구는 대비되는 대상을 나타내는 것이다. 이 후치사구가 나타내는 대상이 그 뒤에 서술하는 것보다 정도가 낮은 것일 때에는 "더"라는 수량 부사류어가 쓰임이 예사이다. 그러나 이 "더"는 환경에 따라 생략될 수 있다. 또 이 후치사구가 나타내는 대상이

뒷것보다 높을 때에는 "덜"을 임의로 쓸 수 있다.

(61) a. 이 영화가 외국 영화보다 {더 / 덜} 재미있다.
b. 저 그림이 그 명화보다 {더 / 덜} 낫다.

(62) a. 이 학생이 저 학생보다 글을 {더 / 덜} 잘 쓴다.
b. *이 학생이 저 학생보다 {더 / 덜} 글을 쓴다.

(61)은 상태 서술에서 딴 대상과 대비하여 그 정도를 한정하고 있다. (62)에서는 동작 서술에서 그 동태 수식 부사류어를 대비적으로 한정하였다. 이런 동작 동사의 경우에는 (62a)에서 보듯이 "잘"이라는 동태 부사를 대비적으로 수식한다. 이렇듯이 동작 자체를 수식하지 않고 그 동태 수식 부사를 수식한다는 것은 (62b)가 비문이 된다는 사실에서 입증이 된다. 동사 앞에 동태 부사가 없으면 이 비교 부사류어는 쓰이지 못하는 것이다. 이런 점에서 비교 부사류어는 정도 부사류어의 한 가지라 할 수가 있다.

위의 (61)과 같은 예문에서 우리는 "외국 영화보다"를 후치사구라는 부사류어로 처리하였으나, 좀더 본격적인 기저 구조 분석을 하면 복합문 구조가 될 것이다.

(63) 이 영화가 〈외국 영화가 재미있는 것〉보다 더 재미있다.

(63)과 같은 모습의 기저 구조에서 변형되어 (61)이 이루어졌다고 할 수 있다.

(62)와 같은 문장은 다음과 같은 기저 구조 분석이 될 것이다.

(64) 이 학생이 〈저 학생이 글을 잘 쓰는 것〉보다 글을 (더) 잘 쓴다.

"명사구 + {처럼 / 만큼 / 만치}" 형식의 후치사구는 서로 같은 비교 대상들을 나타내어 뒤따르는 피수식어의 서술 정도를 같은 수준으로 한정하는 구실을 보인다.

(65) a. 이 노래는 아리랑처럼 유명하다.
b. 이 기계는 신품만큼 깨끗하다.
c. 그이의 마음은 바다만치 크다.

(66) a. 그이는 자전거를 선수처럼 (잘) 탄다.
b. 그이는 선수만큼 (빨리) 달린다.
c. 그이는 코가 양귀비만치 오뚝하게 생겼다.

이 무리의 비교 부사류어도 형용사, 관형사, 동태 부사를 한정한다. 특히 (66)에서는 동태 부사가 임의로 탈락이 될 수 있으나 그것은 환경에 따라 이해될 수 있을 경우뿐이다. (66c)에서처럼 그 동태 부사가 환경 여건으로 이해될 수 없을 때에는 필수적으로 나타나야 한다.

"명사구 + {과 / 하고}" 형태의 부사류어도 비교 대상을 나타내는 것은 마찬가지인데, 결합될 수 있는 용언이 "같다, 다르다" 따위로 한정되어 있다.

(67) 이 물건은 값이 저 물건과 같다.
(68) 이 책은 저 책하고 크기가 비슷하다.
(69) 그러나 저 책은 그 책하고 다르다.

이 부사류어와 어울릴 수 있는 용언은 위의 두 용언과 그 유사어에 한정되어 있다. "흡사하다, 유사하다, 동일하다, 판이하다" 따위가 그 딴 보기이다.

"같다"류 형용사와 필수 부사류어

이런 "같다" 무리의 형용사는 후치사 "과 / 하고"하고만 어울리는 환경 제약을 지니고 있다. 그래서 이 후치사와 결합된 명사를 보어라고 여기는 전통 문법서도 있었던 것이다. 그러나 앞에서 밝힌 바와 같이 이 앞 말은 필수 부사류어로 여기는 것이 일반성 있는 기술이 된다. 그렇게 함으로써 여기에서처럼 이들도 비교 부사류어의 한 가지로 분류하여 일반적 기술을 이룰 수 있게 된다.

"명사구와 같이"는 흔히 "명사구 같이"와 같이 후치사 "과"를 탈락시키고 쓴다. 그래서 다음과 같은 현상이 나타나기도 한다.

(70) a. 저 산은 한 폭의 동양화와 같이 아름답다.
b. 저 산은 한 폭의 동양화 같이 아름답다.
c. 저 산은 한 폭의 동양화{같이 / 처럼} 아름답다.

(70a)의 "동양화와 같이"가 (70b)처럼 "동양화 같이"로 되고 마침내 (70c)의 "동양화같이"로 쓰이게 되었다고 생각된다. 이렇게 되면 "같이"가 "처럼"과 교체될 수 있기에 이른다. 그리하여 최현배(1961:608)에서는 이 "같이"를 "처럼"과 같은 비교격 조사로 처리하였다.

그러나 "같이"를 조사 곧 후치사로 보는 것은 타당성이 모자란다. 그것은 무엇보다도 "과 같이"에서 유래되었을 뿐 아니라, 의미 기능상으로나 구문론적 관계로나 그 원형으로 회복될 수 있기 때문이다. 만일 "같이"가 "과 같이"로 회복될 수 없을 정도로 굳어졌다면 모르지만, 오늘날까지도 그 원형으로 바로 회복될 수 있는 것이다. 이렇게 회복 가능성이 있는 생략형을 딴 범주로 처리하여 소속 범주를 필요없이 늘이는 것은 문법 기술의 타당성이 모자란다. 문법 기술을 그만큼 복잡하게 만들기 때문이다. 이런 점에서 "같이"를 후치사로 보는 것은 결코 바람직스럽지 않다. 아울러, 이런 전통 문법서의 영향으로 이 "같이"를 조사로 여기는 현행 학교 문법이나 맞춤법도 재고되어야 마땅하다.

다음과 같은 문장들은 가끔 변형되어 나타나는 일이 있다.

(71) a. 이 책은 저 책하고 크기가 비슷하다.
b. 이 책하고 저 책은 크기가 비슷하다.

(71b)와 이런 변형된 문장은 얼핏 보기에 일반 접속 관계 문장으로 여기기 쉽다. 곧 "이 책하고 저 책"은 명사구끼리의 접속으로 여겨지기 쉽다는 것이다. 그러나 이 문장은 다음 문장처럼 두 문장으로 분해가 되지 않는다.

(72) a. *이 책이 크기가 비슷하다.
b. *저 책이 크기가 비슷하다.

(72)에서 보듯이 두 문장으로 분해되지 않으므로 접속문이 아니다.

부사절 (Ⅰ) 7

7.1 부사절과 종속 접속소

부사절이란 주절과 종속절로 이루어진 접속문에서 주로 종속절의 구실을 한다. 이 종속절은 주절을 부사적으로 한정하는 구실을 하므로 부사절이라 하는 것이 상례였다.

(1) a. *꽃이 피니* 새가 운다.
　　b. *꽃이 피면* 새가 운다.
　　c. *꽃이 피어도* 새가 운다.

(1)의 각 문장에서 앞 절 곧 기운 글씨로 된 것이 종속절이며 이들은 각기 그 바로 뒤의 주절을 한정하는 관계에 있다. 이 종속절은 각기 원인, 조건 또는 양보의 뜻을 나타내는 부사절이다. 이렇게 부사절인 종속절이 주절을 한정하는 관계는 그것이 주절에 내포되는 관계로 보기도 한다. 다시 말하면 주절이 부사절을 내포하는 관계로 결합한다는 것이다. 이런 점에서 이 복합문은 부사절 내포문이라 하기도 한다.

우리말의 부사절 끝에는 부사적 기능을 지닌 접속 형태가 덧붙는다. 종래에 이른바 종속 접속 어미로 알려진 이들 기능 형태는 그 종속절을 부사적 기능을 드러내도록 하는 것이다. 위 (1)에 보인 "피니"의 "니," "피면"의 "면," "피어도"의 "어도" 따위가 부사절을 이루는 접속 형태이다. 이런 부사절은 뒤에 이어지는 주절을 부사적으로 한정하는 것이다. 이들 부사적 접속 형태는 종속절을 부사절로 만들어 이어지는 주절의 동사구 또는 절 전체를 한정한다.

우리말에는 이런 부사적 접속 형태가 발달되어 갖가지 부사절을 이룬다. 그 주요 형태들은 다음과 같다.

〈표 2〉 종속 접속 형태의 보기 (조성 모음 "으" 따위는 생략함)

범 주	접속 대상	형 태
(1) 상황 접속소	동사구 / 절 접속	a. 는데, ㄴ데 b. 니, 니까, 었더니 c. 되, ㄴ바, ㄴ즉
	문장 접속	그런데
(2) 계기 한정 접속소	동사구 / 절 접속	어서
	문장 접속	그래서, 그리하여
(3) 까닭 접속소	동사구 / 절 접속	a. 니까, 니, 므로 b. 어서, 느라고, 거든 c. 매, ㄴ지라, ㄹ새, 거늘, ㄴ즉 d. 기에, 길래, (기) 때문에, 는/ㄴ 까닭에
	낱말 / 어구 접속	때문에, 까닭에
	문장 접속	그러니까, 그러니, 그러므로, 그래서, 그러느라고, 그러기에, 그러길래
(4) 조건 접속소	동사구 / 절 접속	a. 면 b. 는/ㄴ다면, (이)라면, 었더라면, 었던들 c. 거든 d. 어야
	문장 접속	그러면, 그러거든, 그래야
(5) 시간 접속소	동시 접속	어서, ㄹ 때(에), ㄹ 적에, ㄹ제
	순차 접속	a. 자, 자 마자 b. 고서 c. 더니, 었더니
	전후 접속	기 전에, ㄴ 뒤 / 후(에) / 다음(에)
	지속 관계	기까지, ㄹ 때까지, 는/ㄹ 동안(에)
(6) 양보 접속소	동사구 / 절 접속	a. 어도, 더라도 b. ㄹ지라도, ㄹ망정, ㄹ지언정 c. ㄴ들, 었자, 기로서니
	문장 접속	그래도, 그렇더라도, 그럴지언정
(7) 의도 / 목적 접속소	동사구 / 절 접속	a. 려고, 고자 b. 러
	문장 접속	그러려고, 그러고자
(8) 결과 관계 접속소	동사구 / 절 접속	a. 도록 b. 게, 게끔
	문장 접속	그러(하)도록, 그렇게

범 주	접속 대상	형 태
(9) 전환 접속소	동사구 / 절 접속	다(가)
	문장 접속	그러다(가)
(10) 첨가 접속소	동사구 / 절 접속	a. ㄹ뿐더러 b. ㄹ뿐 아니라
	문장 접속	그럴 뿐더러, 그럴 뿐 아니라
(11) 점증 접속소	동사구 / 절 접속	ㄹ수록
	문장 접속	그럴수록
(12) 비교 접속소	동사구 / 절 접속	a. 거든 b. 듯(이)
	문장 접속	하물며
(13) 반복 접속소	동사구 / 절 접속	ㄹ락

위 〈표 2〉에서 보듯이 종속 접속 형태들은 거개가 동사구나 절에 첨가되어 앞뒤 절을 특정한 관계로 잇는 구실을 보인다. 이 형태들은 각기 고유한 의미 기능을 드러내면서 앞뒤의 절을 접속시킨다. 그 고유한 의미란 "까닭," "조건," "양보" 따위를 가리키며, 이런 의미에 따라 앞뒤 절을 주종 관계로 접속을 하는 것이다. 이것은 이른 대등 접속 형태들이 그런 고유한 의미 첨가 없이 단순히 앞뒤 성분을 나열하는 것과 대조되는 점이다.

이런 종속 접속 형태들은 거개가 단일한 의존 형태 또는 그 합성체이다. "니"는 전자의 예이고 "더라도"는 후자의 보기이다. 물론 후자의 경우도 융합 형태이므로 의미 기능 면에서는 단일 형태와 다를 바 없다. 또 위 접속 형태 중에는 일부 낱말이 후치사 따위 의존 형태와 합성하여 이룬 구 형식인 것도 더러 있다. "ㄹ뿐더러," "기 때문에" 같은 것이 그 보기이다. 이들도 그 접속 기능 면에서는 단일 형태인 문법 형태들과 다를 바 없으므로 여기에 포함될 수 있다. 이것들은 흔히 관용화된 합성 형태들로서 한 덩이로 작용한다.

|새|김| "니"나 "니까"와 같이 문법 형태만으로 된 접속 기능소를 가리킬 때에는 주로 "접속

소"라 하고 낱말 또는 낱말 등이 합성된 접속 기능 요소들을 포괄적으로 가리킬 때에는 "접속 형태"라는 용어를 쓴다.

부사절을 이루는 종속 접속 형태들은 그 절의 머리 동사에 첨가되어 쓰인다. 이런 종속절은 대개 주절의 앞에 놓이는 것이 상례이므로 접속 형태들은 주절의 앞에 나타나는 것이 정상적이다. 그런데 특수한 경우에는 종속절이 주절의 뒤로 자리바꿈을 하는 수가 있다.

(2) a. 오늘은 날씨가 좋은데, 들에나 나가자.
b. 들에나 나가자, 오늘은 날씨가 좋은데.

(3) a. 그 사람들이 가기 때문에 우리도 따라갔다.
b. 우리도 따라갔다, 그 사람들이 가기 때문에.

각 a처럼 접속 형태들이 앞에 놓이는 종속절에 첨가될 경우에 자연스럽고 각 b처럼 그것이 뒤로 옮겨지면 다소 어색한 느낌을 준다. 그러나 그럴 때에도 의미 면에서는 차이가 없다.

위의 〈표 2〉 바른편에는 각 범주의 접속 형태에 대응하는 문장 부사어를 표시했다. 이 문장 부사어들은 대응되는 접속 형태와 대용 형태가 결합되어 이루어진 것으로서 그 의미나 기능 면에서 서로 밀접한 관련을 가진다.

(4) a. 나는 서울에서 사는데 공기가 나쁘다.
b. 나는 서울에서 산다. 그런데 공기가 나쁘다.

(5) a. 저 물건이 값이 싸니까 많은 사람들이 산다.
b. 저 물건이 값이 싸다. 그러니까 많은 사람들이 산다.

(4a)에서는 접속소 "는데"가 부사절을 이루어 뒤의 주절과 복합문을 이루었다. 이 복합문을 (4b)와 같이 두 문장으로 만들 때에는 "그런데"라는 문장 부사어가 쓰인다. (5a)에서는 접속소 "니까"가 쓰인 복합문이고

(5b)에서는 그것을 두 문장으로 나누면서 "그러니까"라는 부사어를 썼다. 이런 문장 부사어들은 물론 복합문 형성의 접속 형태는 아니지만 종속 접속소 "는데"나 "니까"와 동일한 의미 기능을 보이므로 서로 관련지어 살피는 것이 효과적이라고 본다. 따라서 우리는 위의 각 접속 형태들을 다루는 과정에서 그 관련된 문장 부사어를 대비하여 살피기로 한다.

7.2 상황 접속소로 이루어진 부사절

7.2.1 상황 접속소의 특성과 갈래

상황 접속소(situation conjunctor)란 앞 절에 첨가되는 접속소인데 뒷 절에서 설명이나 주장 따위를 내세울 수 있도록 적절한 문맥적 상황을 마련해 주는 것이다. 이런 문맥적 상황은 "까닭, 조건, 양보" 따위 명시적인 의미를 가진 것은 아니지만, 주절에서 내세울 서술이 좀더 효과 있게 받아들여질 수 있도록 전제적 여건을 제시해 주는 것이다.

이런 상황 관계 접속소 중에서 대표적인 것은 "는데 / ㄴ데"이다. 이 형태는 다음과 같이 상당히 다양한 의미 기능을 보인다.

〈1〉 설명 상황　　〈2〉 대조 상황
〈3〉 지시 / 제의 상황　　〈4〉 함축 상황

(6) *내가 그이를 만났는데* (그이가) 북녘에서 온 사람이었어. 〈설명 상황〉
(7) *이 옷은 감이 좋은데* 빛깔이 안 예쁘다. 〈대조 상황〉
(8) *내가 지금 바쁜 일이 있는데* 좀 도와다오. 〈지시 / 제의 상황〉
(9) *저 사람은 정말 똑똑한 친구인데* …. 〈함축 상황〉

위의 각 보기에서 기운 글씨로 된 부분이 "는데 / ㄴ데"로 도입되는 문맥이나 상황이다. 이들은 각기 뒷 절에서 보일 설명, 대조, 지시 / 제의 및 함축 표현의 여건을 조성한다. 또, "(으)니", "(으)니까" 형태도 상황 접속소로 쓰일 때에는 "는데 / ㄴ데"와 비슷한 기능을 보인다. 자세한 것은 뒤에서 다룰 것이다.

한편으로 "(으)니," "(으)니까," "었더니" 따위는 "지각(知覺) 상황"을 도입하는 구실을 한다. 이 형태들은 주로 화자가 지각한 바를 나타내는 상황적 여건을 제시하는 데에 쓰인다.

(10) 내가 정거장에 {가니 / 가니까 / 갔더니} 기차가 도착해 있었다.
(11) 내가 알아 {보니 / 보니까 / 보았더니} 통일이 머지않아 되겠더군.

(10), (11)에서 보듯이 "(으)니," "(으)니까," "었더니"가 쓰인 앞 절은 뒷 절에서 나타내는 화자의 지각 표현의 여건을 제시한다.

또 "(으)니"와 "(으)니까"는 서로 엇갈리는 상황을 제시하기도 한다.

(12) 우물을 찾고 나니(까) 이제는 떠먹을 쪽박이 없군.
(13) 멍석을 찾아 깔고 나니(까) 놀 사람이 다 떠나는군.

(12), (13)에서처럼 "(으)니," "(으)니까"가 쓰인 앞 절은 뒷 절과 엇갈리는 상황을 제시하는 구실을 한다.

그 밖에 상황 접속소 "되," "(으)ㄴ바," "(으)ㄴ즉" 따위도 "는데" 따위와 비슷한 쓰임을 보인다. 이들은 현대 구어에서는 활발히 쓰이지 않는 경향이 있지만, 그 본디 기능은 상황 접속소이다.

|새|김| "는데" 따위는 최현배(1937)에서는 "풀이꼴(설명형)"이라 한 바 있으며 서정수(1973)에서는 상황이나 환경을 도입하는 구실을 한다는 견해를 밝혔다. 이익섭 / 임홍빈(1983:261)에서는 이를 "상황 조건," 김영희(1987a:65)에서는 "상황 제시문," 윤평현(1989:8)에서는 "상황 관계 접속 어미"라 한 바가 있다. 한편으로 이기동(1979c)에서는 "배경 설정소"라 한 바가 있다. 그런데 "는데" 따위는 언어 외적 상황이나 배경보다는 문맥 또는 화맥을 도입하는 것이므로 정확히 말하면 "문맥적 상황 도입소"라 해야 할 것이다.

7.2.2 상황 접속소 "는데/(으)ㄴ데"

"는데/(으)ㄴ데"는 대표적인 상황 접속소로서 가장 많이 쓰이고 그 의미 기능도 다양하다. 이 형태는 웬만한 전제적 상황 도입에는 거의 빠짐없이 나타난다. 무엇인가 언급하거나 설명하고자 하는 사항을 미리 도입하여 보여 주는 것이 이 접속소의 주된 구실이다. ("는데"는 선행어가 동사일 때에, "(으)ㄴ데"는 비동사일 때에 쓰인다. 이제부터는 "는데"를 대표 형태로 삼아 기술한다.)

(14) 저 사람은 이 학교 학생인데 공부를 잘 하지요.
(15) 저기 그 친구가 오고 있는데 참 멋있는 사내야.
(16) 날씨가 좋은데 들에나 나가자.

(14)에서는 "는데"의 앞 절이 논항이 될 "사람"을 도입하고 뒷 절이 그것을 설명하였다. 다시 말하면 "는데"의 앞 절은 설명을 위한 대상의 도입 구실을 한다. (15)에서는 "는데"의 앞 절이 언급하고자 하는 "사내"가 등장하는 문맥을 도입한다. (16)에서는 "들에 나가자"는 제의를 하기 위한 문맥 설정을 "은데"의 선행절이 하고 있다.

이 "는데"로 도입되는 앞 절이 종속절이고 그 뒷 절은 주절이다. 이 형태의 앞뒤 절이 구조적인 면에서 대칭성이 없고 맞바꾸기가 제대로 이루어지지 않는다. 곧 이 접속문은 비대등 복합문이 된다.

(17) a. 나는 그 사람을 잘 아는데 (그 사람이) 나쁜 사람이 아니어요.
b. ?(그 사람이) 나쁜 사람이 아닌데 나는 그 사람을 잘 알아요.

(18) a. 나는 이 옷을 입어 보았는데 (이 옷이) 나에게 안 맞아.
b. (?)(이 옷이) 나에게 안 맞는데, 나는 이 옷을 입어 보았어요.

위에서 각 a 문장은 각 b와 같이 맞바꾸기를 하면 어색한 문장이 되고 만다. 이것은 이 "는데"로 이어지는 문장이 대등 접속이 못 되고 종속 접속이 됨을 입증하는 것이다.

"는데"는 우리말 표현법의 독특한 양식(style)을 드러낸다. 뒤에 언급할 대상을 먼저 도입하여 상대방의 관심과 호기심을 환기시키는 기능을 드러내는 수가 많다. 앞의 (14)−(16)을 다음과 같이 바꾸어 보면 그 점을 잘 알 수 있게 된다.

(14)′ 이 학교 학생인 저 사람은 공부를 잘 하지요.
(15)′ 저기 오고 있는 그 친구는 참 멋있는 사내야.
(16)′ 좋은 날씨에 들에나 나가자.

이처럼 말할 거리 앞에 기다란 수식어를 쓰는 것이 아니라, "는데"를 써서 말할 거리를 제시하는 단계와 설명하는 단계로 나누어 서술하는 것이 보통이다. 말하자면 "는데"로 이끌리는 앞 절은 문장 전체에서 다룰 주어 또는 주제어를 도입하여 제시하고 뒷 절은 그것과 관련하여 서술하거나 언급하는 것이다.

(19) a. 저기 그 사람이 오는데 내가 잘 아는 사람이야.
b. 저기 오는 그 사람이 내가 잘 아는 사람이야.

(19a)에서 "는데"의 앞 절은 (19b)의 주제어("저기 오는 그 사람")를 제시한 것이다. 이렇게 "는데"를 써서 먼저 제시하고 난 다음에 언급하는 것은 주제−평언(topic-comment) 방식에 가까운 서술법이라 할 수가 있다. 이런 점에서 이 "는데"는 "화제(주제) 제시"의 형태라 보기도 한다(김영희 1987a:64).

|새|김| 흔히 주어를 두고는 서술한다 하고 주제(topic)를 두고 언급하는 것은 평언(comment)이라 한다. 앞의 4.5에서 언급한 바와 같이 주제는 대개 주어보다 더 자세히 다루어지는 화제거리가 된다(Chomsky 1965, 성기철 1985c 들 참조). 우리말 특히 복합문에서 이처럼 주제−평언의 구조로 설명하는 것은 아마도 관계대명사와 같은 것이 발달되지 않은 언어인 까닭도 있을 것이다.

"는데 / ㄴ데"가 도입하는 문맥적 상황은 뒷 절에서 나타내는 절과의 관계에 따라 다음 몇 가지로 나누어진다.

〈1〉 설명 상황　　　　〈2〉 대조 상황
〈3〉 지시 / 제의 상황　　　　〈4〉 함축 상황

〈1〉은 정확히 말하면 "설명을 위한 주제어"를 제시하는 것이며, 〈2〉는 "대비(對比)를 위한 대상," 〈3〉은 "지시나 제의를 하기 위한 문맥적 상황"을 가리킨다. 〈4〉는 "함축적 표현을 위한 상황"을 뜻한다. "는데"는 이렇게 적어도 네 가지 문맥적 상황을 도입하는 구실을 하는 것이다. 이들을 아래에서 차례로 살펴보자.

〈1〉 설명 상황 설정의 "는데 / ㄴ데"

"는데"가 쓰인 앞 절은 뒷 절에서 서술하려는 대상을 이끌어들이는 구실을 한다. 앞 절은 설명의 대상을 먼저 도입하고 그것을 뒷 절에서 서술하도록 하는 것이다. 대개 앞 절의 주어는 신정보(new information)이고 뒷 절의 주어는 구정보(old information)로서의 한정성을 보이는 주제의 성격을 띠게 되는 수가 많다. 앞뒤 절 주어의 지칭 대상은 관련이 깊으나 반드시 동일하지는 않다.

(20) 여기 두 사람이 있는데 하나는 내 형이고 하나는 동생이야.
〈설명 대상 제시〉　　　〈설명하는 내용〉

"는데"가 쓰인 앞 절에서는 뒤에서 설명할 "두 사람"을 제시하고 있으며 그것을 뒷 절에서 이어받아 설명하고 있다.

다음과 같은 경우에도 앞의 "는데 / ㄴ데"로 도입되는 절은 설명을 위한 대상을 드러내고 그 뒷 절에서는 그것을 설명하거나 알려 주고 있다.

(21) 이 말은 한자말인데 뜻을 모르겠어.
(22) 저 운동장에 사람이 많은데 모두 이 동네 사람들이야.
(23) 저기에 그 사람이 오는데 내 친척이야.

위에서 보듯이 이런 경우에 앞 절의 용언은 상태성을 보이는 수가 많다. 앞 절의 용언은 지정사나 존재사, 형용사 따위의 상태성을 보이는 경우가 많다는 것이다. 그것은 이 앞 절은 뒤에서 설명할 거리를 제시하는 일이 주된 구실이기 때문일 것이다. (23)에서와 같이 동사가 쓰이는 수도 있으나 '오는 동작보다'는 '오고 있는 현상'에 초점을 두고 있다.

"는데/ㄴ데"가 주로 상태성 용언과 어울리면서 시상 형태 "었"이 개입되면 과거 상황을 제시하게 되는데 이럴 때에는 뒷 절의 서술 내용과 얼마쯤 대조되는 성격을 보이기 쉽다.

(24) 그 친구가 우등생이었는데 가정이 가난했어.
(25) 그 여자가 옛날에는 가정부였는데 시집 가서 잘 살아요.
(26) 그 사람이 아까 집에 있었는데 지금은 안 보이는군.
(27) 그 학생이 학교에 갔는데 거기에서 못 보셨어요?

(24)-(26)에서처럼 상태성 용언과 어울릴 때에는 과거 상황을 제시하는데 대개 뒷 절 서술은 그 과거 상태와 대조되는 면이 부각됨을 알 수 있다. (27)에서는 비록 비상태성 동사가 쓰였지만 일종의 완료 상태를 나타내므로 역시 대조적인 면이 암시되고 있다.

"었는데"가 쓰인 선행절이 말하는이 자신일 때에는 대개 뒷 절에서는 그 자신이 스스로 지각하였거나 발견한 사항을 드러내게 된다. 곧 화자가 몸소 지각하였거나 발견한 사항을 뒷 절에서 설명하기 위한 상황 설정의 구실을 한다는 것이다.

(28) 내가 아침에 그 산골에 도착하였는데 주위가 선경처럼 아름다웠어.
(29) 제가 그 때만 해도 어렸는데 그 당시 일을 잘 기억합니다.

(30) 우리는 하루 종일 산사에 앉아 있었는데 새 우는 소리가 장관이더군.
(31) 그 물건은 나도 써 보았는데 아주 잘 만들었어요.
(32) 나도 그 사람을 만나 보았는데 중국 연변에서 온 사람이더군.

"었는데"가 쓰인 선행절은 말하는이 자신이 새로이 알았거나 겪어 본 바를 뒷 절에서 드러내기 위한 전제적 상황을 도입하고 있다. 이렇게 "었는데"가 쓰일 때에는 뒤에서 다룰 "었더니," "니"나 "니까"와 비슷한 의미 기능을 보이게 된다. 특히 (31), (32)에서처럼 "보다"라는 보조 용언이 개입되면 더욱 그러한 경향이 짙다.

〈2〉 대조 상황 설정의 "는데 / ㄴ데"

"는데 / ㄴ데"가 쓰인 앞 절이 보이는 "대조 상황"이란 뒷 절의 서술 내용과 대비되는 것을 말한다. "는데 / ㄴ데"로 이끌리는 앞 절이 뒷 절의 서술과 반대되거나 맞서는 대상을 제기하는 것이다. 이럴 때에는 앞 절의 주어가 뒷 절의 것과 다른 것이 보통이나 용언의 선택에는 별다른 제약이 없다.

(33) *물건은 좋은데* 값이 비싸다.
〈대비 상황〉 〈서술 내용〉
(34) *노래는 잘 하는데* 목소리가 약하다.
(35) *그이는 좋은 친구인데* 몸이 튼튼치 못해.
(36) *그 때 비가 많이 왔는데* 큰물이 지지는 않았다.
(37) *옛날에는 이 산이 아름다웠는데* 지금은 헐벗어서 볼품이 없군요.

기운 글씨로 쓴 앞 절이 "는데 / ㄴ데"로 도입되는 대조 상황이다. 이 선행절은 뒷 절에서 다룰 거리와 대조를 이루는 대상을 제시한다. 이를테면, (33)에서 앞 절의 "물건이 좋다"라는 서술은 "값이 비싸다"라는 뒷 절 서술 내용과 대비되는 것이다. (34)와 (35)에서도 각기 앞 절의 서술은 뒷 절의 서술에 대비되는 것을 보여 주고 있다. (36)과 (37)에서는 과거 상태의 대조 상황이 드러나 있다.

이런 대비 상황의 도입 기능도 넓게 보면 "는데 / ㄴ데"의 설명 상황 도입 기능 안에 포괄된다. 앞에서 말한 설명 상황 중에서 서로 대비될 수 있는 사항을 골라 제시하면 대조 대상이 된다. 다만 이 대조 대상은 설명법의 효과를 더 크게 하려는 경우라 할 수 있다. 서로 비교되거나 대조되는 사항을 나란히 보여 주는 것은 효과 있는 설명법의 한 가지이기 때문이다.

|새|김| "는데 / ㄴ데"가 보이는 대비 상황은 "(으)나," "지만" 따위의 대조 기능과 비슷하다. 다만 전자는 상황에 따라 넌지시 드러내는 대비 상황이라 할 만하고 후자는 그 대조 기능이 어느 경우나 뚜렷이 드러난다. 이는 "는데 / ㄴ데"의 기능이 넓은 의미의 설명 대상을 제시하는 것이기에 상황에 따라 그 의미 폭이 바뀌기 때문이다.

한편, "는데 / ㄴ데"에 한정사 "도"를 덧붙이면 대비 기능이 더 확실해질 뿐더러 '양보'의 의미가 짙게 풍긴다.

〈1〉 나는 밥을 두 공기를 {먹었는데(도) / 먹었어도} 배가 안 부르다.

〈2〉 오늘은 날씨가 {나쁜데(도) / 나빠도} 구경꾼들이 많다.

〈3〉 지시 / 제의 상황 설정의 "는데 / (으)ㄴ데"

"는데 / (으)ㄴ데"가 보이는 "지시 / 제의 상황"이란 상대방에게 지시, 명령, 요청, 제의를 하기 위한 문맥적 상황을 제시하는 것이다. 남에게 어떤 행동을 요구하려면 그럴 만한 근거를 제시해야 한다. 그렇지 않으면 상대방이 납득을 하지 않을 것이다. "는데 / (으)ㄴ데"는 그런 근거를 넌지시 암시하는 문맥을 마련해 준다.

(38) a. *자네는 바쁜데* 어서 가 보지.
〈지시적 상황〉〈지시 / 명령〉
b. *다들 떠나는데* 우리도 가자.
〈제의 상황〉 〈제의 / 청유〉

(39) 여기에 일손이 모자란데 좀 도와주시지.

(40) 남들이 다 가는데 너도 따라가야지.

(41) 나라가 어려운 처지인데 우리가 힘을 합칩시다.
(42) 학생들이 다 돌아갔는데 너는 안 가니?

위에서 보듯이 "는데 / (으)ㄴ데"의 앞 절은 뒷 절에 나타나는 명령이나 요청 또는 제의를 하는 근거(이유)를 시사한다. 명시적인 표현 대신에 그런 간접적 상황과 분위기를 내세우는 것이다. 이런 기능도 "는데 / (으)ㄴ데"의 상황 제시 기능에서 파생된 것이다. (42)에서 보듯이 선행절이 완료상일 때에도 쓰일 수가 있다.

|새김| "는데 / ㄴ데"의 그런 암시적 근거 표시는 "니까"나 "므로" 따위와 비교하였을 때에 잘 드러난다.

〈1〉 자네는 바쁘니까 빨리 가지.
〈2〉 여기에 일손이 모자라므로 좀 도와주자.

〈1〉, 〈2〉와 같이 표현하면 그 이유 제시가 뚜렷하므로, "는데"의 은근한 암시와는 다르다. 우리말의 "는데"는 그런 은근한 함축성을 드러내는 특성이 있다.

〈4〉 함축 상황 설정의 "는데 / ㄴ데"

"는데 / ㄴ데"는 함축적 생략을 위한 문맥적 상황을 제시하기도 한다. "는데 / ㄴ데"의 앞 절만 제시하고 뒷 절을 생략하여 말하는이의 의도를 함축적으로 드러내는 것이다.

(43) 그 사람이 똑똑하기는 한데 ….
(44) 그 사람이 벌써 나오는데 ….
(45) 그 친구가 돈은 많은데 ….
(46) 민주주의를 한다고 떠드는데 ….
(47) 그 사람이 한때 이름이 날리던 사람이었는데 ….

이와 같은 상황 제시만으로 그쳐서 여러 가지로 함축성과 여운을 남긴다. 우리말에는 이런 은근한 맛을 풍기는 표현이 많다. 우리는 일반으로 직접 표현보다는 이런 언어 외적 표현 효과를 중시하는 경향이 있다.

“는데/(으)ㄴ데”의 형태 분석

“는데/(으)ㄴ데”는 본디 다음과 같은 구문론적 이음말에서 유래된 것으로 보인다.

(48) 는/(으)ㄴ + 데
[보기] 사는 데, 좋은 데

(48)은 관형화소와 “데”(‘곳’을 뜻하는 의존 명사)가 결합되어 이루어진 구이다. 이 구는 본디 다음과 같이 분리되어 쓰였으며 오늘날도 그런 쓰임이 지속되고 있다.

(49) 우리가 노는 데(에) 그들이 왔다.
(50) 일을 하는 데는 딴 곳이다.

그런데 이 “데”의 뜻이 단순히 ‘곳(처소)’을 가리키는 데에서 벗어나기 시작하면서 “는데”로 굳어진 것이라 추정된다.

(51) a. 아이가 가는 데(에) 어머니가 가 보았다.
b. 아이가 자는데 땀을 흘리는군요.
c. 아이가 오는데 어른은 간다.
d. 아이가 아픈데 약을 사 오세요.

(51a)는 관형화소와 “데”가 연결되는 경우이다. 이럴 때에는 “데”의 본래 뜻이 그대로 드러난다(이 때에는 띄어 쓴다). 그러나 (51b)에서부터는 “데”의 본뜻이 차차 사라지고 앞의 관형화소와 융합되어 “는데”라는 합성 형태를 형성한다. 이 때에는 “는”과 “데”를 분리할 수가 없고 그 뒤에 “에” 같은 조사가 따로 첨가되지도 못한다(맞춤법으로도 띄어 쓰지 않는다).

7.2.3 상황 접속소와 "그런데"

문장 접속어 "그런데"는 본디 "는/(으)ㄴ데"에서 파생된 접속어이다. 대용형 "그러"와 "ㄴ데"가 결합되어 이루어진 것이다. 이 형태는 "는/(으)ㄴ데"로 이어진 문장을 두 문장으로 나눌 때에 그 접속 형태와 관련하여 쓰이게 된다.

(52) a. 우리는 날마다 우리말을 수없이 많이 쓰고 부린다. 그런데 이 고마운 것을 고마워하는 이는 거의 없다.
b. 우리는 날마다 우리말을 수없이 많이 쓰고 부리는데 이 고마운 것을 고마워하는 이는 거의 없다.

(52a)와 같은 문장은 (52b)와 같은 문장을 두 문장으로 나누어 말할 때에 쓰인다. 이 두 양식이 보이는 문장의 의미는 거의 같고, 다만 접속 형태 "는데"가 쓰이는 대신으로 "그런데"가 두 문장 사이에 들어가 있음이 다르다.

|새김| "그런데"는 비록 부사절을 이끄는 접속소는 아니지만 "는/(으)ㄴ데"와 관련하여 다루는 것이 필요하다. 앞에서 다룬 "그러나," "그리고" 따위와 마찬가지이다. "그런데"는 그 본디꼴인 "그러한데"에서 "하"가 축약되어 이루어진 것인데 본디꼴은 거의 쓰이지 않는 형편이다. 한편으로, "한데"라는 축약형을 쓰는 일이 있으나 이것은 "그러한데"에서 "그러"가 줄어져서 된 것이다. 그 뜻과 쓰임인즉 "그런데"와 마찬가지일 뿐 아니라 그렇게 바람직스럽지 못한 형태이므로 여기에서는 따로 다루지 않는다. 옛 말투에서는 "헌데"라고 하는 일이 있는데 이는 "하다"를 "허다"로 쓰던 시절에 생겨난 것이다.

앞에서 살핀 바와 같이 "는데/(으)ㄴ데"가 도입하는 문맥은 뒷 절에서 나타내는 절과의 관계에 따라 〈1〉 설명, 〈2〉 대비, 〈3〉 지시/제의, 〈4〉 함축 따위로 나뉜다. 그러면 "그런데"가 이 네 가지 상황을 제시하는 "는데/(으)ㄴ데" 구문과 어떤 관계에 있는 것일까? 다음에서 보듯이 "그런데"는 그런 네 가지 문맥을 도입하는 "는/(으)ㄴ데" 구문과 일대일로 대

응 관계를 보이지 않는다. 곧 그 네 가지 문맥 중에 일부는 "그런데"로 대치되지 않는다. 우선 예문을 보고 그 실상을 분석해 보자.

(53) a. 여기에 책 두 권이 있다. 그런데 하나는 시집이고 하나는 소설이다.
b. 여기에 책 두 권이 있는데 하나는 시집이고 하나는 소설이다.

(54) a. 그 사람은 재주가 있다. 그런데 노력을 안한다.
b. 그 사람은 재주가 있는데 노력을 안한다.

(55) a. *너는 바쁘다. 그런데 빨리 가 보아라.
b. 너는 바쁜데 빨리 가 보아라.

(56) a. *이것은 맛있는 떡이다. 그런데 먹어 보자.
b. 이것은 맛있는 떡인데 먹어 보자.

(57) a. 그 여자가 마음씨는 곱다. 그런데 ….
b. 그 여자가 마음씨는 고운데 ….

(53a)에서는 설명을 위한 상황을 도입하는 "는데 / (으)ㄴ데" 구문을 "그런데"로 써서 두 문장으로 만든 것이다. 이럴 때에는 "그런데"가 쓰일 수는 있으나 그것이 없어도 무방하다. 다만 위 (52)에서와 같이 비교적 긴 문장이나 담화가 앞에 있을 때에는 "그런데"로 끊어서 말하는 것이 나을 수 있다.

(54)에서는 대비를 위한 상황을 도입하는데 "그런데"가 알맞게 쓰였다. 일반으로 "그런데"는 "그러나"와 비슷하면서도 조금은 약한 대비 상황을 나타내는 경향이 있다. 온전히 상반되는 두 문장을 연결하거나 대조 의미를 한층 강하게 나타내고자 할 때에는 "그러나"를 쓰는 것이 낫다. 다만 그보다 약한 대비 관계를 나타내거나 대비 관계가 두드러지지 않게 하려면 "그런데"가 알맞다.

(58) 내가 그 젊은이에게 몇 번이나 타일렀다. {그러나 / 그런데} 그 사람은 끝끝내 듣지 않고 일을 저질렀다.

(59) 이 물건이 저것보다 더 좋아 보인다. {그런데 / 그러나} 값이 좀 비싸서 탈이다.

(58)에서와 같이 앞뒤 문장이 강한 대조를 나타낼 때에는 "그러나"가 알맞고, 다만 그 대조 관계를 누그러뜨리려 한다면 "그런데"를 선택하면 될 것이다. (59)에서와 같이 본디 좀 약한 대조 관계를 보일 때에는 "그런데"가 더 알맞다고 할 수 있다.

(55a)는 뒷 절이 명령문인 경우인데 "그런데"는 쓰이지 못한다. (55b)에서 보듯이 "는데"는 쓰일 수 있으나 두 문장으로 만들어 "그런데"를 쓰면 비문장이 되는 것이다. 뒷 절이 명령문일 때에는 "는데"만 가능하고 그것을 "그런데"로 대치하지 못하는 것이다. 또 (56)에서 보듯이 뒷 문장이 제의를 나타내는 청유문일 때에도 "그런데"가 쓰일 수 없다.

"는데 / (으)ㄴ데"와 "그런데"의 관계

뒷 문장이 명령문이나 청유문일 때에 "그런데"가 못 쓰이는 것은 "는데 / (으)ㄴ데"가 그 까닭을 뚜렷이 나타내지 못하고, 다만 암시적 상황만 드러내기 때문이다.

(60) a. 비가 오는데 빨리 가십시오.
b. ?비가 옵니다. 그런데 빨리 가십시오.

(60)′ a. 비가 {오니까 / 오므로} 빨리 가십시오.
b. 비가 옵니다. {그러니까 / 그러므로} 빨리 가십시오.

(60)′의 a에서는 까닭을 명시적으로 드러내는 "니까"나 "므로"가 각기 "그러니까"나 "그러므로"로 자연스럽게 대치됨을 보인다. 따라서 (60)의 b가 어색한 것은 "는데"가 이들과는 달리 "까닭"을 뚜렷이 드러내지 않기 때문이라고 추정된다. 또 다른 이유로는 "는데"의 선행절은 본디 명령문이나 청유문과 직접 연결되는 것이 어색하다는 점에서 찾을 수 있다는 것이다.

한편으로는 그 사이에 딴 요소가 빠져 있다고 가정하는 데에서 찾을 수 있다는 견해도 있다.

(61) 비가 오는데 (뭘 하고 있어?) 빨리 가지.

(62) 다들 떠나는데 (우리만 있을 수 있어?) 우리도 가자.

위 예문들에서 보듯이 "는데"의 선행절에 명령문이나 청유문이 연결될 때에는 괄호 속에 든 것과 같은 표현이 생략되었다고 할 수 있다는 것이다. 그것은 그런 보충이 없이는 아무래도 어색한 느낌을 주기 때문이다. 이런 가정이 가능하다면 위와 같은 문장들에서 "는데"를 "그런데"로 바꿀 수 없음이 설명될 것이다.

7.3 지각 상황 설정의 "(으)니" / "(으)니까" / "었더니"

"(으)니," "(으)니까," "었더니"는 그것이 쓰인 앞 절의 주어가 화자 자신일 때에는 화자의 지각(perception)을 위한 상황 설정의 구실을 하게 된다. 이 형태들이 쓰인 앞 절은 화자의 지각 행위가 이루어진 여건을 나타내고 뒷 절에서는 그 지각 내용을 밝히게 된다.

(63) 내가 거기에 {a.들르니 / b.들르니까 / c.들렀더니} 친구들이 기다리고 있었다.

앞 절에서 보인 "거기에 들름"은 뒷 절에서 보인 "친구들이 기다리고 있었음"을 지각하게 되는 여건을 제시해 주고 있다. 만일 앞 절의 그런 상황 설정이 없다면 그러한 지각 행위의 근거나 여건이 갖추어지지 못하게 될 것이다. 이런 점에서 이런 지각 상황 설정은 말하는이의 지각 행위와 표현에 중요한 발판을 마련해 준다.

|새|김| 남기심 / 루코프(1983), 남기심(1994) 등에서는 "니까" 따위의 구실을 "발견 또는 경험"이라고 하였다. 그러나 그 형태 자체가 그런 기능을 가진다기보다는 그러한 발견이나 경험을 위한 상황 설정의 구실을 하는 것이므로 우리는 "지각 상황 설정소"라 부른다. 또 발견이나 경험은 지각(知覺)이라는 개념으로 포괄하는 것이 낫

다고 여겨진다. 지각은 대개 새로운 사실의 발견이나 깨달음 또는 새로운 경험을 포괄할 수 있기 때문이다.

지각 상황 설정소는 설명 상황 설정소 "는데" 따위와는 몇 가지 점에서 다르다. 전자는 1인칭 주어이고 용언은 동사성인 것이 보통인 데 반해서 후자는 그런 특별한 제약이 없다.

(64) a. {내가 / *아내가 / *네가} 그이를 {만나니(까) / 만났더니} 깜짝 놀랐다.
b. 내가 약하니(까) 그이는 나를 무시하였다.

(65) a. {그이가 / 우리가} 그 책을 읽는데 아이들이 떠들었다.
b. 그이가 가난한데 늘 명랑하게 지낸다.

(64a)에서 보듯이 앞 절의 주어가 1인칭일 때에만 지각 구문이 가능하며, (64b)에서처럼 선행 용언에 형용사가 쓰이면 대개 지각 구문이 못되고 뒤에서 말하는 "까닭" 구문이 된다. (65)는 "는데" 따위 구문에서는 선행절의 주어나 용언 제약이 없음을 보인다.

또 의미적인 면에서도 지각 구문의 후행절에는 화자가 대개 새로이 지각하였거나 경험한 사실이 나타나며, 그 내용도 앞 절에서 설정한 문맥적 상황과 밀접한 관련을 가진 것이어야 한다. 이와는 달리 "는데" 따위 구문에서는 그러한 제약이 따로 없다.

(66) a. 내가 그걸 {생각하니까 / 생각했더니} 아무래도 그렇게 해서는 안 되겠어.
b. 내가 그걸 {생각하니까 / 생각했더니} 좋은 해결책이 떠올랐어.
c. *내가 그걸 {생각하니까 / 생각했더니} 친구가 놀러 왔다.

(67) a. 내가 그걸 생각하는데 그 여자도 그렇게 생각하는가 봐.
b. 내가 그걸 생각하는데 좋은 해결책이 안 떠올랐어.
c. 내가 그걸 생각하는데 친구가 놀러 왔다.

(66a, b)에서와 같이 지각 구문에서는 앞 절의 '생각하는 것'과 관련되어

나타난 새로운 사실이라야 한다. (66c)에서처럼 설정된 상황과 무관하거나 이미 있었던 사실이 뒷 절에 나타나서는 안 된다. 그러나 (67)에서 보듯이 "는데"가 쓰인 문장은 그런 제약이 없다.

|새|김| "니"와 "니까"는 뒤에서 보듯이 '까닭'을 나타내는 선행절을 이루는 기능이 있다.

〈1〉 내가 이 물을 {마시니 / 마시니까} 몸이 건강해졌다.
〈2〉 책이 하도 {많으니 / 많으니까} 무슨 책을 읽어야 할지 모르겠어.

〈1〉과 〈2〉에서는 앞뒤 절이 인과 관계로 맺어짐을 알 수 있다. 이런 쓰임은 우리가 여기에서 다루는 것과 다르다.

다음에서 보듯이 보조 동사 "보다"가 선행 동사와 함께 쓰이면 지각 상황 설정이 더욱 뚜렷이 드러나고 그 서술이 자연스럽게 된다.

(68) 내가 거리에 {나가 보니 / 나가 보니까 / 나가 보았더니} 차들이 가지 못하고 서 있더군.
(69) 내가 아침에 {일어나니(까) / 일어났더니} 아내가 벌써 출근하고 없었다.
(70) 내가 그 여자를 {만나니(까) / 만났더니} 보통 가정 주부와 달랐다.

(68)에서처럼 보조 동사 "보다"가 쓰이면 지각 상황이 더욱 확실히 드러난다. 또 (69)나 (70)에서처럼 "니(까)"나 "었더니"만 쓰인 경우보다 "보다"가 곁들여진 (68)이 더욱 자연스런 문장이 된다. 이는 지각 동사 "보다" 자체 의미가 가미되기 때문이다(남기심 1994:129).

|새|김| 남기심(1994:129)에서는 이 보조 동사 "보다"가 "니(까)"와 함께 쓰일 때에는 반드시 이런 지각 문맥의 제시로만 쓰이고 '까닭'을 나타내는 데에는 쓰이지 못한다고 지적하였다. 그러나 이런 결론은 좀 지나치다고 여겨진다.

〈1〉 내가 그이를 {만나 보니 / 만나 보니까} 무척 수줍어했다.
〈2〉 내가 그 사람의 나이를 물어 보니(까) 그 여자는 나에게 눈을 흘겼다.

〈1〉과 같은 경우에도 인과 관계의 의미가 전혀 없다고 할 수 없으며 더구나 〈2〉와 같은 예에서는 인과 관계가 뚜렷이 드러난다. 다만, "보다"가 개입되면 '지각'이나 '경험'의 뜻이 더 잘 드러나는 것은 사실이다.

7.3.1 "니(까)," "었더니"의 '지각' 상황 제시의 문제

이 문제는 종래에 오랫동안 주목거리가 되어 왔다. 우선 이것을 어떤 범주의 의미 기능으로 기술할 것인지가 문제거리였다.

(71) 내가 정거장에 {가니(까) / 갔더니} 기차가 벌써 도착해 있었다.

(71)에서 "니(까)"는 흔히 알려진 '까닭' 표시 기능과는 분명히 다르다. 정거장에 간 것과 기차의 도착은 인과 관계로 풀이될 수 없기 때문이다. "었더니"의 경우에도 그 성분 형태소의 의미로는 그런 쓰임을 이끌어낼 수가 없다.

특히 "니(까)"의 의미는 몇 가지로 해석들을 해 왔다. "는데"와 관련하여 '설명적 접속'(서정수 1978e)으로 본 견해도 있었고, 시간 관계로 풀이하여 "ㄹ 때"로 대치하는 일도 있었다(주로 외국인에 대한 한국말 교육). 필자는 한때 한국말 교육 시간에 '발견의 조건'을 드러내는 것이라고 풀이한 일도 있었다. 또한 남기심 / 루코프(1983)에서는 발견(discover)이라 하고 더 나아가서 논리적 형식으로서는 따짐(argumentation)이라 한 일이 있었다. 최근에 남기심(1994:128-30)에서는 '경험' 또는 '발견'의 뜻을 가진다고 했다. 현재로서는 이러한 견해가 타당성이 높다고 생각되는데, 다만 '발견'과 '경험'을 '지각'으로 통합하는 것이 낫다고 본다.

(72) 내가 곰곰 생각하니 그 때 내가 참 어리석었지.

(73) 요즈음 듣자 하니 그이의 생활이 어렵다는구먼.

(72), (73)과 같은 경우까지 자연스럽게 포괄하려면 '발견'보다는 지각(perception)으로 보는 것이 낫다. "었더니"의 경우까지 설명하는 데에는 더욱 그러하다. "더"의 한 특성은 '지각'(필자는 이를 '몸소 살핌'으로 불렀음)이라 보는 이들이 많기 때문이다.

이 '지각' 구문에서 앞 절 주어의 인칭 문제도 논란의 여지가 있다. 우리는 여기에서 주어가 1인칭에 한정된다고 했는데 남기심(1994:133)에서는 "1인칭 주어가 쓰이는 경우가 많으나 반드시 그렇지는 않다"고 한 바가 있다.

(74) 그들이 … 통일 전망대까지 가겠다고 하니까 사단장의 사인을 받아 오라고 하였다.

(74)와 같은 문장에서는 "선행절 주어가 3인칭으로서 화자가 관찰 경험한 것을 기술하고 있다"고 풀이된다는 것이다. 그러나 (74)와 같은 문장에서는 화자가 선행절만의 지각이나 발견이 아니고 뒷 절 내용까지 객관적으로 관찰하여 나타내고 있다. 또 그 의미로 보아서도 (74)의 "니(까)"는 '계기성' 또는 '인과성'으로 해석될 만하다. 따라서 이런 예문은 우리가 말하는 지각 구문으로 보기가 어려우므로 선행절 주어가 1인칭이 아니라는 반증은 되지 못한다. 특히 "었더니"가 언제나 1인칭 주어하고만 어울린다는 것은 널리 알려진 사실임도 유의할 필요가 있다(서정수 1978e).

이 지각 구문의 후행절에 올 수 있는 내용에도 제약이 있다.

(75) a. 내가 박씨 행동을 보니까, 그이가 틀림없는 사람이오.
b. 내가 박씨 행동을 보니까, *김씨가 틀림없는 사람이오.

(76) 바깥에 나가니까 바람이 차갑게 불더군요.

(75)에서와 같이 선행절에서 명시적으로 거론된 대상은 뒷 절에서 다루어져야 하며, 선행절에서 그런 한정 작용이 없을 때에는 그 상황에서 예상될 수 있는 대상이 뒷 절에서 다루어지게 된다. 다만 이런 제약 문제는 앞으로 더 밝혀져야 할 것으로 본다.

이 지각 구문에서는 "었더니"가 "니(까)"와 함께 쓰임을 보았는데 이 두 형태가 언제나 일치되는 것은 아니다(서정수 1978e).

(77) 우리가 거기에 {이르니(까) / 이르렀더니} 승용차가 기다리고 있었다.
(78) 종자가 {좋으니(까) / ?좋았더니} 열매가 알차다.
(79) 김씨가 {오니(까) / ?왔더니} 이씨가 떠났다.
(80) 연필이 {있으니(까) / ?있더니} 이젠 종이가 없군.

(77)에서처럼 '지각' 구문 말고는 "었더니"는 "니(까)" 구문과 거의 같이 쓰이지 않는다. 곧 "었더니"는 지각 구문에서만 "니(까)"와 같이 쓰인다는 것이다.

7.3.2 "니" / "니까"의 상반된 상황 제시

"니"와 "니까"가 쓰인 앞 절은 뒷 절의 서술과 엇갈리는 상황을 제시하는 수가 있다.

(81) 돈이 있으니(까) 이제는 살 물건이 없군.
(82) 결혼 상대자를 구하고 나니(까) 결혼 비용이 없어요.
(83) 한 다리가 기니(까) 한 다리가 짧군요.
(84) 어머니가 돌아오니(까) 형이 나가는군요.

위에서 보듯이 "니(까)"는 뒷 절에서 서술할 내용과 대조되는 사항을 제시하여 상반된 표현을 하는 수가 있다. 다만 (83)이나 (84)와 같은 경우에는 인과 관계로도 해석이 가능하다. 앞 절이 뒷 절의 원인이라 볼 수도 있기 때문이다.

|새|김| "니"는 "니까"와는 달리 설명적 상황 제시에도 쓰인다고 풀이하는 일이 있다(최현배 1961:305).

〈1〉 여기 두 사람이 {있으니 / *있으니까 / 있는데} 하나는 내 친구이고 하나는 후배야.

그런데 이런 "니"의 쓰임은 "는데"로 대치되고 거의 안 쓰이는 형편이다. 따라서 우리는 이것을 별도로 풀이하지 않는다.

7.4 상황 도입의 "되" / "(으)ㄴ바" / "(으)ㄴ즉"

접속소 "되"는 상황 설정소로 쓰이는 일이 있다. 이 형태는 다음과 같이 상황 제시에 쓰이는 수가 있는데 현대어에서는 잘 안 쓰이는 경향이 있다.

(85) 이 책을 가져다가 {드리되 / 드리는데} 두 손으로 바쳐야 한다.
(86) 비가 {오되 / 오는데} 너무 많이 온다.
(87) 사람은 {많되 / 많은데 / 많으나} 쓸 사람은 드물다.
(88) 그이가 말은 {적되 / 적은데 / 적지만} 의지가 굳다.
(89) 예수께서 이르시되, "가장 계명은 사랑이니라"라고 하셨다.
(90) 공자님 가라사되, "배워서 때로 익히면 또한 기쁘지 아니하랴?"

(85), (86)의 쓰임은 대체로 '설명적 상황 제시'라 할 수 있다. 뒷 절에서 설명할 내용의 일부를 제시하여 보이는 경우이다. 이는 대체로 "는데"의 용법과 같으며 현대어에서는 그것으로 대치되는 경향이 짙다. (87), (88)의 경우는 대조적 상황을 제시하는 것인데 이럴 때에는 대조의 "는데"나 "으나 / 지만"으로 대치되는 일이 많다. (89), (90)은 인용문을 접속시키는 옛날 방식이다. 현대어에서는 각기 "이르시기를," "말하기를"과 같이 하는 것이 예사이다.

한편으로, "(으)ㄴ바"와 "(으)ㄴ즉"은 "는데"나 "니"와 마찬가지로 상황 제시 기능으로 쓰이는 수가 있는데 현대어에서는 많이 볼 수 없다.

(91) 여기에 말썽꾸러기가 하나 {있는바 / 있는데 / 있으니} 그 이름은 김중고이다.
(92) 그이가 옛 노래를 {불렀는바 / 불렀는데} 반응이 안 좋았다.
(93) 내가 거기에 {도착한즉 / 도착하니(까)} 회의가 벌써 시작되었었다.
(94) 오늘 날씨가 {궂은즉 / 궂은데 / 궂으니(까)} 조심하여라.

(91)은 설명적 문맥 제시로서 "는데"로 대치되어 쓰이는 일이 많다. (92)는 대조 상황 제시의 경우인데 이럴 때에도 "는데 / (으)ㄴ데"로 대치되는 것이 예사이다. (93)은 '지각' 구문인데 이럴 때에는 "니(까)" 따위로 대치되어 쓰이는 것이 보통이다. (94)는 지시 / 제의를 위한 상황 제시의 경우인데 "는데"나 "니(까)" 따위로 대치되어 쓰이는 것이 예사이다.

7.5 계기 한정 접속소

7.5.1 "어서"의 여러 의미 기능

접속 형태 "어서"가 드러내는 접속 기능은 크게 세 가지로 나뉜다. "어서"는 여러 의미와 쓰임을 보이지만 접속 기능 형태로는 다음 세 가지가 기본되는 것이다.

〈1〉 계기 한정 접속
〈2〉 까닭 접속
〈3〉 시간 접속

계기 한정 접속(繼起 限定 接續)이란 앞 절과 뒷 절을 차례로 이으면서 전자가 후자를 한정하는 것을 말한다. 이것은 단순한 시간적 순서에 따른 계기 접속과는 다른 것이다. 까닭 접속이란 "어서"의 앞 절이 원인이나 이유를 나타내면서 뒷 절과 이어지는 것을 말한다. 시간 접속이란 앞 절이 시간적 한정 기능을 보이면서 뒷 절과 결합하는 것이다. "어서"는 이런 세 가지의 접속 기능을 드러내는 것이다.

(95) a. 그이가 집에 와서 밥을 먹는다.
b. 그이가 집에 오고 나서 (그이가 집에서) 밥을 먹는다.

(96) a. 날씨가 좋아서 기분이 좋다.
b. 날씨가 좋기 때문에 기분이 좋다.

(97) a. 그 사람은 젊어서 열심히 일했다.
b. 그 사람은 젊었을 때에 열심히 일했다.
c. 그 사람은 젊기 때문에 열심히 일했다.

(95a)에서는 "어서"가 계기 한정 접속을 보여 준다. (95b)에서 알 수 있듯이 앞 절의 동작이 뒷 절의 동작을 한정하면서 계기적으로 이어지고 있다. (96a)에서는 "어서"의 앞 절이 뒷 절의 원인이 됨을 보이는 인과 접속을 보여 준다. (97a)에서는 "어서"의 앞 절이 뒷 절을 시간적으로 한정하는 접속을 보인다.

|새|김| "어서"는 정확히 말하자면 {어서}라는 형태소 표시를 해야 한다. 아래에서 보는 것처럼 "서" 형태만 나타날 때도 있기 때문이다. 여기에서는 다만 편의에 따라 위와 같이 "어서"를 대표로 나타낸다. 이 접속 형태는 환경에 따라 다음과 같은 여러 변이 형태로 실현된다.

〈1〉 어서 / 아서 / 여서 / 서
〈2〉 어 / 아 / 여

이 변이 형태들은 대체로 음운론적 또는 형태론적 조건에 따라 선택된다. 합성어를 형성하거나, 보조 용언과 어울릴 때에는 〈2〉의 형태들만 쓰인다.

"어서"의 이 세 가지 의미 기능은 환경 제약에 따라 구분되어 드러난다. 위 (95)에서와 같이 그 앞 말이 "비상태성 용언"의 특질을 드러낼 때에는 계기 한정 접속 기능을 보인다. "오다"와 같은 동사가 "어서"와 결합할 때에는 그 뒷 절의 동작과 계기적으로 이어지면서 한정 작용을 한다. (96)에서와 같이 그 앞 말이 "상태성 용언"의 특질을 드러낼 때에는 인과 접속을 드러낸다. "좋다"와 같은 상태성 용언은 동작의 계기성은 드러내지 못하고 뒷 절의 원인이나 이유를 암시하게 된다. 한편으로, (97)에서처럼 "시간 관계 상태성 용언"일 때에는 시간 접속을 보인다. "젊다" 따위의 용언은 상태성 용언의 한 가지이므로 (96c)와 같이 인과 접속 기능을 드러내기도 하지만 환경에 따라 (97b)와 같이 시간 접속 기능을 보이기도 한다.

그런데 동사도 "상태성"으로 해석될 만한 상황에서는 인과 접속이나 시간 접속의 기능을 보인다. 본디 동사성 용언이라도 반드시 계기 한정 접속을 보이는 것이 아니고, "상태성" 특질을 드러내는 것으로 해석될 때에는 인과 접속을 보인다.

(98) a. 꽃이 피어서 뜰이 아름답다.
b. 꽃이 피어서 바로 뜰에 떨어졌다.

(99) a. 차가 빨리 달려서 이렇게 일찍 도착했다.
b. 차가 빨리 달려서 그곳에 도착했다.

"피다"는 동사이지만 (98a)에서와 같은 상황에서는 인과성으로 이해되는 것이 보통이다. 그것은 동작성이 그대로 지탱되면서 이어지는 상황이 아니기 때문이다. 이럴 때에는 "꽃이 피어서"는 "꽃이 핀 사실" 또는 "꽃이 피어 있는 상태"를 나타내는 것으로 해석된다. 그것은 꽃이 피는 동작 자체를 나타내는 것이 아니라, 그 결과로 나타난 사실 곧 상태를 표시하는 것이다. 이와 같은 상태성 서술은 뒷 절에서 서술하는 사태에 대한 원인으로 작용하게 되는 것이다. 그러나 동일한 동사라도 (98b)에서와 같은 상황에서는 그 뒤의 동작과 이어지는 동작성이 드러난다. 따라서 이럴 때에는 계기적 한정성이 두드러지게 된다. (99a)에서의 "달리다"는 동사이지만 그 동작성이 뒷 동작과 그대로 이어지는 것이 아닐 경우에는 인과 관계로 해석될 가능성이 높다. "차가 빨리 달려서"는 "차가 달리는 동작"이 아니라 "차가 달린 사실" 또는 "그 결과 상태"를 나타내면 그것이 뒷 절 사태에 대한 원인으로 작용하게 된다. 그렇지만 (99b)에서처럼 "그 곳에"와 같은 목적지 표시의 부사어가 나타날 때에는 "달리다"가 그 뒤의 "도착하다"라는 동작과 바로 이어지는 상황이 되어 계기성이 표시될 개연성이 높다.

|새|김| "어서"가 까닭을 나타낼 때에는 그 선행 용언이 어느 경우나 〈상태성〉을 띠게 된다 함은 서정수(1982b, 1992b)에서 밝힌 바 있다. 선행 용언이 본디 비상태성이거나 상태성이거나 까닭을 드러낼 때에는 〈상태성〉을 드러내면서 뒷 절과 이어진다.

"어서"는 위에서 보듯이 그 앞 용언의 특질이나 상황에 따라 크게 세 가지 의미 기능으로 쓰인다. 우선 다음 7.5.2에서는 그 가운데 계기 한정 접속 기능을 다룬다. 까닭 접속 기능은 뒤의 7.5.3에서, 시간 접속 기능은 뒤의 7.5.4에서 각기 다룰 것이다.

7.5.2 "어서"의 계기 한정 접속 기능

"어서"가 계기성을 드러내며 뒷 절과 이어질 때에는 앞 절이 나타내는 바가 뒷 절의 서술 내용을 한정하게 된다. "어서"는 계기성과 동시에 한정 기능을 드러내는 것이다. 따라서 우리는 이것을 "계기 한정성"으로 기술한다.

(100) 민수는 집에 가서 밥을 먹는다.
(101) 그들은 모여서 놀았다.

(100)에서 앞 절의 "집에 가서"는 뒷 절의 "밥을 먹다"와 계기적으로 이어졌을 뿐 아니라 그 뒷 절 서술을 한정한다. 이를테면, "집에 가서 먹는다"는 '집에 가서 집에서 먹는다'와 같은 의미로 한정한다. (101)의 "모여서"는 "놀다"와 계기적으로 이어질 뿐 아니라 노는 동태 면에서 한정하게 된다.

다음 예들은 "어서"가 계기성과 함께 한정성의 기능을 한층 더 강하게 드러냄을 보인다.

(102) 그이는 물고기를 잡아서 요리했다.
(103) 그들은 달갈을 삶아서 먹었다.
(104) 그대들이 일을 알아서 처리하시오.

(102)－(104)에서는 "어서"가 쓰인 앞 절의 동작이 뒷 절의 동작을 한정한다. "어서"의 앞 절 서술이 뒷 절이 이루어지는 동태나 방법 등을 뚜렷이 제약하고 있다.

"어서"의 이와 같은 한정 기능은 "고"와 대비해 보면 더욱 잘 드러난다. "고"는 그런 한정성을 드러내지 않고 앞뒤 절을 잇는 데 그치기 때문이다.

(105) 그 애는 물고기를 {a.잡아서 / b.잡고} 먹었다.
(106) 그 애는 집에 {a.가서 / b.가고} 책을 읽었다.

(105)와 (106)의 각 a에서는 앞 절이 뒷 절을 한정하는 데에 반해서, "고"가 쓰인 b에서는 그런 한정 기능이 드러나지 않는다. "고"가 쓰인 (105b)에서는 물고기를 잡는 "행동"과 "그것을 먹는 행동"이 연관됨이 없이 이루어질 수 있다. 앞뒤 두 동작이 서로 작용하는 일이 없이 순차로 나열됨을 나타낸다. "고"가 쓰인 (106b)에서도 "집에 가는 것"과 "책을 읽는 것"은 별개의 것으로 여겨질 수 있다. 이런 점은 "어서"가 쓰인 각 a의 경우와는 뚜렷한 대조가 된다. 이 때에는 앞뒤 동작이 서로 밀접한 관련을 가지고 이어지는 것이 분명하다. 그래서 우리는 앞뒤 동작이 연관되는 (105), (106)과 같은 상황에서는 각 a에서처럼 "어(서)"를 쓰고, "고"를 쓰지 않는다. 이런 경우에 후자는 어색한 느낌을 줄 수밖에 없기 때문이다.

|새|김| 남기심(1994), 이익섭 / 임홍빈(1983) 등에서는 "어서"의 의미로서 '방법'을 별도 범주로 설정하여 설명하였다. "고기를 잡아서 먹는다"나 "기어(서) 올라가다" 따위에서 "어서"는 방법을 드러낸다고 할 만하다. 그런데 이런 뜻은 앞 동작의 계기 한정 작용의 한 동태로 설명될 수가 있다. 실제로 이 방법을 나타내는 표현은 다른 계기 한정성과의 한계가 똑똑치 않다. "책을 사서 읽는다"나 "집에 가서 밥을 먹는다"에서의 "어서"도 넓은 의미로는 한 방법일 수 있기 때문이다. 따라서 '방법'이라는 범주는 계기 한정성 안에 포함하여 다룸이 낫다.

남기심 / 루코프(1983:3)에서도 "어서"가 단순한 계기성을 지닌 것이 아니고 상

관적 계기성(related sequence)을 지닌다고 한 바가 있는데, 이는 그 한정적인 결합 관계를 지적한 것이다. 양인석(1972:6)에서는 "어서"는 전단계 수단(pre-step means)을 드러낸다고 하였는데, 이는 이 접속소가 뒷 절을 방법적으로 제약함을 지적한 것이다.

"어서"가 계기 한정 기능을 보일 때에는 앞 절 동사가 행동성 또는 과정성을 지닐 뿐 아니라, 그 뒷 절의 용언도 행동성 또는 과정성을 지니게 된다.

(107) 그이는 책을 사서 읽었다.
(108) 그들은 걸어서 학교로 갔다.
(109) 그이는 군인이 되어서 출세했다.
(110) 물이 변해서 술이 되었다.

(107), (108)에서는 "어서"의 앞 절은 뒷 절과 관련되는 동작을 나타낸다. 이런 동작은 도입적 움직임 또는 방법 따위의 작용을 하게 된다. 한편으로, (109), (110)에서는 "어서" 앞 절의 변화가 뒷 절에 작용하는 것을 보인다. 곧 앞 절의 변화가 직접 뒷 절에 영향을 미치는 것이다. 따라서 이 때에는 "어서"가 변화 계기를 드러낸다고 할 수 있다.

"어서"가 계기 한정 기능을 보일 때에는 대개 앞뒤 절의 주어가 동일하다. "어서"의 앞뒤 절에 나타나는 행위자 따위를 나타내는 주어가 동일인을 가리키게 됨이 예사이다.

(111) a. 그이는 아침에 원고를 써서 (그이가) 출판사에 보냈다.
b. ?그이는 아침에 원고를 써서 조교가 출판사에 보냈다.
(112) a. 사람들이 모여서 (그이들이) 하느님께 기도를 드렸다.
b. ?사람들이 모여서 신자들이 하느님께 기도를 드렸다.

(111a)에서는 앞뒤 절의 주어가 동일한 "그이"이므로 계기 접속이 된다. 그러나 (111b)에서는 앞 절의 주어는 "그이"이고 뒷 절의 주어는 "조교"

이므로 앞뒤 주어가 달라서 어색한 문장이 되었다. (112a)에서도 마찬가지로 앞뒤 절의 주어가 동일하므로 문제될 것이 없다. 그러나 (112b)에서는 그렇지 못하여 어색한 문장이 되었다. 이와 같이 "어(서)"의 앞뒤 주어가 동일하여야 함은 계기 접속의 한 필요 조건이 된다. 앞뒤 동작이 계기적으로 자연스럽게 이어지려면 그 행동자가 동일하여야 하는 것이다. 일반으로 서로 다른 행위자가 벌이는 행동은 원만한 계기성을 드러내기 힘들기 때문이다.

|새|김| (111b), (112b)가 인과 접속으로도 가능할 듯하다. 이럴 때에는 이 두 문장은 각기 다음과 같이 해석될 수 있다.

〈1〉 그이는 아침에 원고를 썼기에 조교가 출판사에 보냈다.
〈2〉 사람들이 모였기에 신자들이 하느님께 기도를 드렸다.

설사 이런 해석이 가능하더라도 그것은 인과 접속일 경우이고 우리가 말하는 계기 접속은 아니다.

"어서"의 의미 문제에 대한 논의

"어서"는 "계기 한정 접속, 까닭 접속, 시간 접속"의 세 가지 의미 기능밖에 딴 의미 단위를 지닌다고 풀이하는 일이 있다. 남기심(1994:51-53)에서는 이 형태의 의미와 쓰임을 다음과 같이 분석하였다.

〈1〉 계기, 원인, 때, 방법
〈2〉 관용 구성, 부사어, 관용어

〈1〉, 〈2〉의 여덟 가지로 나누어 예시를 하고 풀이하였다. 그런데 우리가 보기에는 그 중에 〈1〉의 네 가지만 접속 기능 요소로 볼 수 있고 〈2〉의 쓰임은 관용화된 형태로서 접속 기능어로 치기가 어렵다. 한편으로, 〈1〉에서 "방법"을 나타내는 경우에는 "계기 한정 접속"과 관련되어 파생되는 의미로 볼 수가 있다.

7.5.3 계기 한정 접속과 "어서"의 기본 의미

"어서"의 계기 한정 기능은 그 고유 의미로 말미암는다.

(113) a. 민수는 집에 가서 밥을 먹는다.
b. 민수는 집에 가고 밥을 먹는다.
c. 민수는 집에 간다. 밥을 먹는다.

(113a)에서 나타나는 계기 한정성은 (113b)나 (113c)에서는 찾아 볼 수 없다. 동일한 상황인데도 "어서"만 그러한 의미를 드러내는 것은 그 자체의 고유 의미로 말미암는다.

물론, (113b)에서처럼 "고"가 쓰일 때에는 앞 동사의 동사성으로 말미암은 순차성은 드러난다. 그러나 그것은 앞 절과 뒷 절이 순차적으로 이어짐을 보일 뿐이고 "어서"의 경우처럼 뒷 절을 적극적으로 한정하는 기능은 아니다. "어서"의 앞 절은 양인석(1972:6)에서 적절히 지적하였듯이 뒷 절을 의도적으로 제약하는 전단계 수단(pre-step means)의 구실을 한다. 요컨대 "어서"가 동사와 결합하여 드러내는 접속 기능은 〈앞 동사로 말미암은 계기성 + "어서"의 한정 기능〉과 같이 도식화할 수가 있다.

그러면 "어서"의 기본 의미는 무엇일까? "어서"가 주로 동사와 결합하여 계기 한정 접속 기능을 드러낼 때에는 기본적으로 '가짐'이라는 의미를 지닌 것으로 분석된다. 이런 계기 한정 접속 기능을 나타내는 "어서"는 대개 방법, 동태를 보이는 구실을 하는데 이런 의미 특질은 기본적으로 '가짐'이라 할 수 있다(서정수 1982b / 1992b:333). 곧 '어 가지고'로 해석될 수 있는 기본 의미를 지닌다. 그것은 "어서"가 여러 쓰임에서 공통으로 드러내는 의미이기 때문이다.

(114) 순경이 도둑을 {a.잡아(서) / b.잡아 가지고} 갔다.
(115) 그는 책을 많이 {a.사서 / b.사 가지고} 읽었다.

(116) 그들은 가끔 {a.만나서 / b.만나 가지고} 차를 마셨다.

(117) 그는 노래를 {a.불러서 / b.불러 가지고} 생활을 했다.

위 각 문장에서 보듯이 "어서"는 모두 "어 가지고"로 대치될 수 있다. 이는 그것이 기본적으로 '가짐'이라는 뜻으로 해석될 수 있음을 보이는 것이다.

이 기본 의미에 대하여 더 자세히 따져 보자.

(118) 날씨가 {a.추워서 / b.추워 가지고 / c.추움으로써} 얼음이 얼었다.

(119) 그는 나이가 더 {a.들어서 / b.들어 가지고 / c.들음으로써} 장가를 갔다.

(120) 그 문제는 그 사람을 {a.만나서 / b.만나 가지고 / c.만남으로써} 확인했습니다.

(118)에서는 "인과 접속," (119)에서는 "시간 접속," (120)에서는 "계기 한정 접속"을 보인다. 어느 경우나 의미적으로는 각 b 또는 각 c와 같이 해석될 수 있다. 이는 "어서"가 "어 가지고"나 "(으)ㅁ으로써"와 기본적으로 동일한 의미임을 뒷받침한다.

"어서"가 "어 가지고" 또는 "(으)ㅁ으로써"로 대치될 수 있다는 다른 방증은 최근의 한 언어 동향에서도 찾을 수 있다. 일부 계층의 언어 사용에서는 "어서"를 쓰는 대신에 "어 갖고" 또는 "어 가지고"를 쓰는 일이 잦다.

(121) 그 애는 몸이 아파 갖고 학교에 못 갔어요.

(122) 그 소녀는 나이가 더 먹어 가지고 연애를 하겠대요.

(123) 우리는 친구를 만나 갖고 재미있게 놀았어요.

이러한 현상은 일반적인 것은 아니지만 "어서"의 의미가 기본적으로 '가짐'이라고 내세울 수 있는 한 방증은 될 수 있다. 곧 "어서"는 앞 절의 서술 결과를 가지고 뒷 절과 한정적으로 접속하는 의미 기능을 보인다.

"어서"가 '가짐'이라는 기본 의미를 가진다는 것은 일찍이 딴 문헌에서도 지적된 바가 있다. 최현배(1961:299)에서는 "어서"가 '가짐'의 뜻을 지녔다고 하였으며, 성기철(1972:700)에서도 "어서"는 '가짐'이라는 뜻을 지닌다고 한 바가 있다. 그런데 이 두 문헌에서는 다만 "계기 한정"의 경우에만 그런 해석을 하였을 뿐이다. 곧 "어서"가 딴 환경에서 드러내는 기능의 경우는 언급하지 않고 이 한 파생적 의미만을 대상으로 하여 그런 뜻풀이를 한 것이다. 그렇지만 우리는 여기에서 그 '가짐'이라는 뜻은 "어서"가 모든 환경의 쓰임에서 드러내는 기본 의미임을 밝히게 된 것이다.

요컨대, "어서"의 기본적 의미는 '가짐'이라는 것이 여러 면에서 뒷받침되었다. "어서"는 인과 접속, 시간 접속 및 계기 한정 접속의 3대 기능으로 나누어지는데, 그 각 쓰임에서 나타내는 의미 기능은 '가짐'이라는 기본 의미로 포괄하여 설명할 수 있다. 다시 말하면, "어서"의 기본적인 의미 '가짐'은 일반 상태성 용언과 어울리는 환경에서는 인과 접속 기능으로, 시간 상태성 용언과 어울리는 환경에서는 시간 접속 기능으로, 그리고 동작성 용언과 어울리는 환경에서는 계기 한정 접속의 기능으로 실현된다. 이는 '가짐'이라는 기본 의미가 일종의 상보적 분포 관계에 따라 각 환경적 의미로 실현됨을 말한다. 이를 표로 요약하면 다음과 같다.

〈"어서"의 기본 의미와 파생적 의미〉

앞 용언의 의미 특질	기본 의미	변이 의미	보 기
상태성 용언	'가짐'	인과 접속	좋아서 웃는다.
시간 상태성 용언	'가짐'	시간 접속	젊어서 노세.
비상태성 용언	'가짐'	계기 한정	고기를 잡아서 먹는다.

7.5.4 "어서"와 합성 용언

"어서"는 그 앞 용언과 뒷 용언을 접속하여 합성 용언을 이루는 일이 있다. 이 때에는 "어" 형태만이 쓰이는 것이 특징이다. 곧 "어서"의 "서"는 첨가되지 못한다. 만일 그 "서"가 첨가될 수 있는 상황이면 여느 접속 관계로 해석이 되고 만다.

(124) a. 그이는 샛길을 걸어 갔다.
b. 그이는 보도를 걸어서 학교에 갔다.

(125) a. 우리는 날마다 산에 올라 갔다.
b. 그이는 바위에 올라(서) 앉았다.

(124), (125)의 각 a는 합성 용언으로 관용화된 것이고 각 b는 접속 관계로 해석된다. 각 a에서처럼 합성 용언을 이루면 우선 그 형태적 특징으로서 "어"만이 쓰일 수 있고 "어서"가 전혀 쓰일 수 없다. 만일 "어서" 형태가 쓰이게 되면 각 b와 같은 접속문이 되어 버린다. 다시 말하면, "어"만이 쓰일 수 있는 상황일 때에만 합성 용언으로 되고, "어서" 형태가 쓰여도 무방한 상황이 되면 합성 용언이 되지 못하고 접속문이 된다는 것이다. 이를테면, (124a)에서처럼 "걸어 가다"와 같이 쓰일 때에는 두 동사가 한데 합하여 '보행'이라는 의미를 나타내는 합성 용언을 이루지만, (124b)에서처럼 "걸어서 가다"와 같이 "어서"가 쓰일 수 있는 상황이면 '(차를 타지 않고) 걸음을 걸어서 가다'라는 접속 관계가 된다.

그런데 유의할 일은 각 b와 같이 접속 관계를 드러낼 때에도 "어" 형태가 쓰이는 수가 있다는 점이다. 접속 관계로 쓰일 때에는 원칙적으로 "어서"가 쓰이는 것인데, "서"가 탈락된 채 "어"만이 나타나게 되는 일 또한 많다. 이는 어디까지나 "서"의 임의 탈락으로 빚어진 현상이므로 "어"만이 쓰이는 경우와는 다르다. 접속 관계일 때의 "어"에는 "서"를 아무때나 첨가하여도 그 의미가 달라지지 않지만 합성 용언을 이루는 "어"일 때에는 "서"를 첨가하면 그 합성 관계가 무너지고 여느 접속 관계로 바뀌고 만다.

7.5.5 "어(서)"의 접속문과 합성 용언

"어(서)"가 이루는 접속문과 "어" 형태가 이루는 합성 용언은 본디 밀접한 관련을 가진 것으로 볼 수 있다. 이 두 가지는 의미 차이가 인정되지만 본디 서로 관련이 있는 것임은 짐작하기 어렵지 않다. 아래 예문들에서 각 a의 합성 의미는 각 b의 접속 관계에서 얼마만큼은 예측할 수 있기 때문이다. 이를테면, (126a)의 "돌아 가다"에서의 "돌아"는 '제자리로(歸)'라는 의미로 해석되지만, 그것은 본디 (126b)의 "돌아서" 곧 '회전하여'라는 의미와 관련이 있다고 짐작된다. 집으로 돌아 가는 행위도 본디 뒤로 도는 동작에서 파생된 의미일 것이라는 짐작은 어렵지 않다. 이런 관계는 (127)이나 (128)의 경우에서도 마찬가지로 추정된다.

(126) a. 그이는 집으로 돌아 갔다.
b. 그이는 시내로 돌아서 갔다.

(127) a. 그이는 방으로 들어 갔다.
b. 이 옷은 물이 들어서 얼룩덜룩하다.

(128) a. 우리는 앞으로 나아 갑시다.
b. 우리는 앞으로 나아(서) 앉읍시다.

요컨대 각 a의 "어"가 보이는 합성 기능은 본디 "어서"의 접속 관계 기능과 밀접한 관련을 가지고 오랜 동안 쓰이는 과정에서 생겨난 것이라 할 수 있다.

|새|김| 최현배(1961:271-74)에서는 여기에서 말하는 합성 용언을 "어"의 "합동적 용법"이라 하고, 이 때의 "어"는 접속법의 "어서"와 완전히 분리시켜 이른바 "감목법(자격법)의 어찌꼴(부사형)"이라 하였다. 곧 합성 용언 형성의 "어"는 "어서"와 전혀 별개의 범주로 다루고 있다.

"어"가 두 용언을 결합하여 합성 용언을 이룰 때에는 뒷 용언은 앞 용

언과 밀접한 관련을 가지고 결합한다. 그 뒷 용언이 특정 범주로 국한되어 있지는 않지만 앞 용언들과 서로 뗄 수 없는 복합 관계를 이룬다. 그리하여 두 용언 사이에는 "서"나 그 밖의 다른 요소들이 끼어들면 이상한 문장이 될 뿐 아니라 뜻도 달라지게 된다. 다만 일부 한정사가 끼어드는 것은 무방할 때가 있다.

(129) a. ?우리는 산에 올라서 갔다.
b. *우리는 산에 올라 빨리 갔다.
c. 우리는 산에 올라는 갔다.

(129)에서 보듯이 "어" 뒤에 한정사 "는" 이외의 딴 요소가 끼어들면 받아들이기 어려운 문장이 된다. 한편으로, 다음과 같은 경우에는 "어" 뒤에 "서"나 그 밖의 형태소들을 개입시킬 수는 있으나 그렇게 되면 그 뜻이 달라지게 될 뿐 아니라 합성 용언의 틀을 벗어난다.

(130) a. 그들은 집으로 돌아 왔다.
b. 우리는 학교로 돌아서 왔다.
c. ?그들은 돌아 빨리 왔다.

(130b)나 (130c)에서처럼 다른 형태소가 개입되면 a와 같은 뜻이 사라지고 딴 뜻이 된다. "어"가 합성 용언이 될 경우에는 그 앞 용언과 뒷 용언은 합성 또는 복합 관계에서 흔히 나타나는 비분리성(非分離性)을 보인다.

|새|김| 합성 동사로 여겨지는 "올라 가다"에 한정사 또는 보조사 / 특수조사 "는"이나 "만" 따위가 개입될 수 있는 것은 국어의 한 특성이다. 이것은 "따뜻하다"와 같은 비분리성 "하다" 용언에 "따뜻은 하다, 따뜻만 하다"처럼 한정사가 예외적으로 개입될 수 있는 것과 비슷한 경우이다. 따라서 비분리성 합성 용언 사이에 한정사가 끼어드는 것은 그 비분리성을 깨뜨리는 것은 아니다. 다른 모든 요소는 전혀 개입되지 않고 다만 한정사만 그 특성으로 말미암아 개입되는 것이기 때문이다.

이런 비분리성 합성 관계가 될 때에는 "어"의 본디 뜻 곧 '계기성'이나 '인과성'이 분석되지 않는다. 〈앞 용언 + 어 + 뒷 용언〉은 한 덩이가 되어 특정한 동작을 나타내기 때문이다. 말하자면 관용적 의미를 형성하므로 그 성분 의미를 본디 뜻으로 환원 분석하기는 어렵게 된다. 특히 그것이 온전히 관용화된 경우일수록 그 성분 의미를 가지고 그 의미를 추정할 수 없게 되므로 "어"의 본디 뜻이 드러나지 않는다.

그러나 이런 합성어를 이룰 때에도 "어"는 "어서"와 적어도 그 뿌리에서는 관련을 가졌다고 말할 수 있다. 위에서 보았듯이 "어"를 "어서"로 대치하면 어색하거나 뜻이 달라지기는 하지만, 두 가지는 전혀 무관한 것이라 할 수 없다. 이를테면, (129)에서 "올라 가다"를 "올라서 가다"로 대치해 보면 전자의 뿌리는 후자였을 것이라는 추정이 어렵지 않다. 오랜 세월에 걸쳐서 관용화되는 과정에서 "서"를 탈락시키고 구문론적 접속 기능에서 합성적 또는 관용적 결합으로 굳어져 갔다고 여겨진다. 현재로서도 "올라서 가다"로 하면, 비록 어색하거나 뜻이 달리 느껴지기는 하지만, 그 의미상 거리는 그렇게 멀지 않다는 사실이 이를 뒷받침한다. 그 밖의 합성 용언의 경우에도 "어"와 "어서"는 본디 동일한 것에서 출발한 것임을 추정하기 어렵지 않다.

7.5.6 "어서"와 보조 용언

이미 앞에서 살핀 바와 같이 "어서"는 "어"라는 형태로 보조 용언과 결합하여 합성 용언을 이룬다. 이 경우에도 형태적으로 "어"만이 쓰이고 "어서"는 허용되지 않는다. "어서" 형태가 쓰일 수 있을 때에는 일반 접속문이 되어 딴 뜻이 되어 버린다. 다만 이 합성어는 뒤의 용언이 한정된 수의 보조 용언하고만 결합하는 점에서 앞에서 다룬 합성 용언과 구분된다. 말하자면 "어"가 개입되어 이루어진 보조 용언 관련 합성 용언이다.

(131) 그는 그 책을 {a.읽어 / b.(?)읽어서 / c.?읽어도 / d.(?)읽어 가지고} 버렸다.

(131a)에서처럼 앞 용언과 결합된 "어" 다음에 이른바 보조 용언이 바로 이어진 때에 이루어지는 합성 용언이다. 만일 그 아래의 예문들처럼 "어" 형태 말고 딴 형태소나 낱말이 끼어들게 되면 거의 받아들이기 어렵게 될 뿐 아니라 그 의미도 달라지게 된다. (130b)와 같은 문장은 경우에 따라서는 받아들여질 수도 있지만 그 때에는 "어서"라는 접속 형태가 되어 버리기 때문에 뜻이 달라진다.

이처럼 "어"의 앞 용언이 뒤의 보조 용언과 형성하는 합성 용언도 앞뒤 용언은 특별한 결합 관계를 이룬다. 따라서 이것도 앞에 말한 합성 용언과 마찬가지로 "어"의 뜻을 따로 분석하지 못한다. 앞 용언과 뒷 용언 사이에 들어가 일종의 합성 관계를 형성하는 구실을 하기 때문이다. '계기성'이 그대로 인정되는 경우라면 합성 의미는 사라지고 마는 것이다.

그런데 보조 용언 관련 합성어에 쓰이는 "어"도 "어서"와 적어도 그 뿌리에서는 관련을 가졌다고 짐작할 수 있다. 위에서 보았듯이 "어"를 "어서"로 대치하면 어색하거나 뜻이 달라지기는 하지만, 이 두 가지는 전혀 무관한 것이라 할 수는 없다. (131)과 같은 경우에도 "어"와 "어서"는 그 밑바탕에서는 관련이 있다. 이를테면, "읽어 버렸다"를 "읽어서 버렸다"로 대치해 보면, 다른 뜻이 된다. 그러나 뒷것의 "버리다"는 '내버리다, 내던지다'의 뜻인데 그것은 어떤 상황에서는 "끝내다"는 뜻으로 번져 쓰일 가능성이 있다. 일을 다 마치게 되면 손을 떼게 되는데, 손을 뗀다는 것은 결국 하던 일을 손에서 '버린다'는 뜻이 된다. 이런 때에는 그것을 능동적으로 내던져 버리는 것은 아니지만, 그 일이 손에서 떨어지므로 결과적으로 버려지게 된다. 이런 점에서 볼 때에 "버리다('내버리다'는 뜻)"가 '끝내다'는 뜻과 관련된 쓰임으로 파생될 가능성이 있다고 볼 수 있다. 다시 말하면 "읽어서 버리다"는 "읽기를 마치고 손을 뗀다"에서 결국 "읽기를 끝낸다"는 뜻으로 차차 번져 갔을 것으로 짐작된다. 이렇게 파생된 뜻이 굳어진 단계에 이르러서는 형태적으로도 영향을 주어 "읽어 버리다"로 정착되었다고 할 수가 있다(조준학, "토론," 서정수 1978c:195). 한편으로 김석득(1992:680)에서도 도움움직씨 "버리다"의 기능은 본동사 "버리다"에서 물려받는다고 하였다.

더구나 다음과 같은 보조 용언들에 쓰인 "어"는 "어(서)"와 더 가까운 관계를 가진다고 볼 만하다.

(132) 그들이 좋은 책들을 많이 읽어 왔다.
(133) 그 외국인은 김치를 처음 먹어 보았다.
(134) 그이가 우리를 많이 도와 주었다.
(135) 그 여자는 딸의 사진을 늘 경대 위에 놓아 두었다.

"읽어 오다," "먹어 보다," "도와 주다," "놓아 두다" 따위에 쓰인 "어"는 "어서"라는 접속 형태와 관련될 가능성이 더 짙은 것은 짐작하기 어렵지 않다.

서정수(1992b:338)에서는 합성 용언을 이루는 "어"와 접속 형태인 "어서"는 동일한 기본 의미 곧 '가짐'을 공통으로 지닌다고 결론지은 바 있다. 관용화된 쓰임으로 형성된 "어"도 "어서"와 동일한 기저에서 발달된 것이라는 것이다. 그리하여 관용화된 형태 "어"의 현재 뜻은 "어서"의 기본 의미 '가짐'으로 설명될 수 없지만 그 뿌리로 보면 밀접한 관련을 가진 것이라고 추정된다.

최현배(1961:273)에서는 보조 용언과 관련되는 "어" 형태도 "어찌꼴(부사형)"이라는 범주로 치고, 이로 말미암은 합성어는 "어"의 "완성적 용법"이라 하였다. 이것은 앞에서 말한 "어" 관련 합성어를 "합동적 용법"이라 한 것과 구분된다. 그러나 위에서 보았듯이 이 보조 용언과 관련된 "어"의 의미도 일반 접속 형태 "어서"의 의미에서 대부분 예측될 수 있다. 따라서 이 때의 "어"도 접속 형태 "어서"의 한 특수한 용법으로 처리하는 것이 타당하다.

7.6 "까닭" 부사절

"까닭"을 나타내는 부사절이란 앞 절의 동사구에 "까닭"을 나타내는 접속 형태가 첨가된 부사절을 말한다. 여기에서 "까닭"이란 원인(cause)과 이유(reason)를 포괄하여 가리키는 말로 쓴 것이다. 원인과 이유는 비슷한 듯하지만 따져 보면 서로 다른 데가 있다. 그런데도 우리말에서는 대개 동일한 형태가 이 두 가지 의미를 나타내는 종속절을 이루게 된다. 따라서 이런 형태들을 한데 합쳐 가리키는 말로서 "까닭 접속소"라는 용어를 쓴 것이다.

앞 절에 원인을 나타내는 접속 형태가 쓰이고 그 뒤에 결과를 나타내는 주절이 오는 문장은 흔히 "인과 접속문"이라 한다. 이런 인과 접속문은 앞뒤의 서술 내용을 필연적 관계로 파악하여 표현하는 것이다.

(136) 그 사람은 알맞은 운동을 하니까 몸이 건강하다.
(137) 그이는 거짓말을 안하므로 사람들이 그이를 믿었다.

(136)과 (137)에서 그 앞 절은 원인을 나타내고 뒷 절은 그 결과를 서술한 것으로 파악될 때에 인과 접속문이 된다. 이를테면, (136)에서 앞 절이 "몸이 건강하다"는 결과를 낳게 한 까닭이라고 파악되는 경우에 인과 접속이 된다. (137)에서도 앞 절이 뒷 절이 보이는 결과와 인과 관계로 연결되었다고 파악되면 인과 접속문이 된다.

한편으로, 다음과 같은 예들은 이유 관계의 접속문이 된다. 동일한 형태의 접속소가 쓰인 앞 절이지만 그 뒷 절과의 의미 관계에 따라 이유를 나타내는 것으로 인식된다.

(138) 그 사람은 알맞은 운동을 하니까 몸이 건강하게 될 것이다.

(139) 그이는 거짓말을 안하므로 나는 그이를 믿겠다.

앞 절의 서술이 말하는이의 추정이나 의도 또는 주장의 근거를 나타낼 때에는 이유 제시가 된다. 이런 이유 표시를 근거로 한 추정이나 주장을 나타내는 문장은 인과 접속문과는 구분된다. 인과 접속은 앞뒤 관계를 객관적으로 파악하여 나타내는 데 반해서 이유-주장의 구문은 화자의 논리적 추정이나 주장이 주가 된다.

요컨대, 까닭 표시 접속문은 인과 접속문과 이유 관계 접속문으로 나누어진다. 접속 형태 자체는 동일하나 앞뒤 절의 서술 내용에 따라 그 구분이 되는데, 대개 인과 관계일 경우에는 뒷 절이 평서술법이나 의문법임이 예사인 데 반해서, 이유 관계일 때에는 추정법이나 의도법 들을 나타내거나 다음에서와 같이 명령법이나 청유법이 나타나게 된다.

(140) 나는 그 사람을 믿으니까 너도 그이를 믿어라. 나는 일을 맡기겠다.
(141) 우리는 모두 형제 자매이므로 서로 사랑합시다. 서로 믿어야 한다.

(140), (141)에서 앞 절은 이유를 나타내고 뒷 절은 그것을 바탕으로 각기 명령, 의도, 제안, 주장을 내세웠다.

7.6.1 까닭, 원인, 이유, 때문, 근거, 동기

원인과 이유, 까닭, 때문은 비슷한 말이지만 서로 구분하여 쓰는 것이 보통이다.

(142) 큰 화재가 일어난 {까닭 / 원인 / ?이유 / ?때문 / ?근거 / ?동기}은 / 는 무엇인가?
(143) 그 회사가 망한 {까닭 / 원인 / ?이유 / ?때문 / ?근거 / ?동기}은 / 는 모르겠다.
(144) 그들이 갈라지게 된 {까닭 / 원인 / ?이유 / ?때문 / ?근거 / 동기}은 / 는

아무도 모른다.

(145) 그 애가 불을 지른 {까닭 / ?원인 / 이유 / ?때문 / ?근거 / 동기}가 / 이 의문이다.

(146) 그가 그렇게 주장하는 {까닭 / ?원인 / 이유 / ?때문 / 근거 / 동기}은 / 는 무엇일까?

(147) 그들이 서로 갈라질 {까닭 / ?원인 / 이유 / ?때문 / 동기 / 근거}은 / 는 알 수가 없다.

(148) 우리가 연구를 해야 할 {까닭 / ?원인 / 이유 / ?때문 / 근거 / 동기}은/ 는 무엇인가?

(142)−(144)에서처럼 이미 이루어진 결과를 낳게 한 요인은 "까닭"이나 "원인"이라 하는 것이 자연스러우며, "이유," "근거," "동기"나 "때문"이라 하면 어색하다. 한편, (145)−(148)에서처럼 의도적인 행위나 주장, 추정, 당위 따위의 경우에는 "까닭"이나 "이유," "근거," "동기"라 함이 자연스럽고 "원인"이나 "때문"이라 하면 어색하게 느껴진다. 결국, "까닭"이라는 말은 어느 경우나 두루 쓰일 수 있으나 "이유," "원인" 등은 서로 달리 쓰임을 알 수가 있다. 따라서 이 두 가지를 구분하지 않고 두루 말할 때에는 "까닭"이라는 용어를 쓸 수 있다.

최현배(1961:236−37)에서 "원인"을 "때문"이라 하고, "이유"를 "까닭"이라 하여 구분한 일이 있는데 그 점도 문제가 있다. 위 (142)의 "원인"이나 (143)의 "이유"라는 말은 다같이 "까닭"으로 대치될 수 있는 반면에 "때문"은 "원인"을 대치할 수 없다. 한편으로 "때문"이 다음과 같은 환경에서 쓰일 때에도 "까닭"과 대립되지 않고 "이유"나 "원인"을 다 같이 가리킬 수 있다.

(149) 그이가 안 오는 것은 눈이 {왔기 때문이다 / 눈이 온 까닭이다}.

(150) 그이가 떠나는 이유는 일을 다 {마친 까닭이다 / 마쳤기 때문이다}.

(151) 그 사고의 원인은 사람들이 조심하지 {않은 까닭이다 / 않았기 때문이다}.

"때문"도 그 쓰이는 환경에 따라 원인이나 이유를 드러낼 수 있고 "까닭"과 교체될 수 있다.

요컨대, "이유"나 "원인"을 따로 나타내는 말이 발달되지 않았다. 따라서 그런 의식적인 구분이 없이 "까닭"이나 "때문"이라는 말을 환경에 따라 써 왔음을 알 수 있다. 다시 말하면 이유(reason)와 원인(cause)이 일부 구분되는 쓰임은 서양말이나 한자어(일본을 통해서 들어온 것으로 여겨짐)의 영향으로 나타난 말씨이며, 우리말의 "까닭"이나 "때문"은 본디 그런 구분이 없이 상황에 따라 신축성 있게 써 왔다고 할 수 있다.

그런데 "이유"나 "원인"은 흔히 각기 "reason"과 "cause"의 역어로 여기는데 그 개념의 차이와 실제 쓰임에는 명확히 구분하기 어려운 바가 있다. 이 용어의 사용자 사이에 혼선을 빚는 예가 많다. 특히 이 까닭 표시 접속소의 서술에서 그런 혼선이 일어난다. 그래서 여기에서는 그 기본 의미를 살펴보고 일반성 있는 개념을 바탕으로 까닭 관련 접속소의 기술을 하고자 한다.

원인(cause)

대체로 결과를 일으킨 요인으로서 그 결과와 필연적 관계를 가진 것이다. 결과나 산물, 행위의 결과나 상태를 일으킨 사람, 사물 또는 조건 따위를 가리킨다. 고장의 원인, 사고의 원인, 패망의 원인, 질병의 원인, 난폭 행위의 원인 따위로 인과 관계(因果關係 cause and effect)를 말할 때 흔히 쓰인다.

이유(reason)

수행할 행위의 동기, 믿음이나 주장의 근거, 추론 / 추정의 전제나 근거, 설명이나 논리적 방어의 합당한 근거, 행위나 과정의 정당화 설명이나 따짐을 위한 근거 따위이다. 믿지 않는 이유, 그렇게 주장하는 이유,

남을 사랑해야 할 이유, 공부를 하는 이유 따위로 쓰인다.

7.6.2 까닭 표시의 "(으)니까, (으)니, (으)므로"

접속 형태 "(으)니까, (으)니, (으)므로"는 그 앞 동사구나 절에 첨가되어 까닭을 나타내는 종속절을 이룬다. 이 형태들은 인과 접속문이나 이유 제시 접속문을 이루는 주요 형태들이다.

다음의 보기들은 이 형태들이 서로 교체되어 인과 접속문을 이룰 수 있음을 보인다. 곧 원인 표시의 종속절을 이루는 경우에 이 세 형태는 거의 임의로 선택될 수 있다.

(152) 날씨가 {a.더우니까 / b.더우니 / c.더우므로} 기운이 빠졌다.

(153) 세상이 안정이 안 {a.되었으므로 / b.되었으니 / c.되었으니까} 경제 파탄이 일어났다.

다음 보기들은 이 형태들이 "이유"를 나타내는 데에도 서로 자유 교체되어 쓰이는 것을 보인다.

(154) 그가 나를 {a.사랑하니까 / b.사랑하니 / c.사랑하므로} 나도 그를 사랑해야겠다.

(155) 그이가 나쁜 짓을 {a.하니까 / b.하니 / c.하므로} 벌을 받아야 한다.

이 세 형태들이 까닭을 나타낼 때에는 인칭 제약이나 주어 제약이 없는 점에서도 공통성을 보인다.

(156) 내가 그 학생을 {나무라니까 / 나무라니 / 나무라므로} 그 애는 사죄를 했다.

(157) 네가 일찍 {가니까 / 가니 / 가므로} 나도 가겠다.

(158) 그가 {도착하니까 / 도착하니 / 도착하므로} 모두 환영을 나갔다.

(159) 내가 {바쁘니까 / 바쁘니 / 바쁘므로} (내가) 그 모임에는 못 나간다.

이 세 형태들은 각 인칭에 쓰일 수 있고 앞뒤 절의 주어가 일치되거나 안 되는 따위 특정한 제약이 없다. 다만 용언의 의미에 따라 앞뒤 주어의 인칭이 달라질 수는 있다.

이 세 형태는 용언의 종류에 따른 제약도 별로 없으며 문말의 서법에도 특정한 제약이 없다. 이 점은 뒤에 다룰 "어서"의 경우와는 다르다.

(160) 사과가 맛이 {a.있으니까 / b.있으니 / c.있으므로} 많이 {먹었다 / 먹니? / 먹어라 / 먹자}.

그런데 "니까"는 앞뒤 절이 뒤바뀌어 문말에 놓일 때에는 "요"를 첨가하는 일이 있으나 딴 두 형태는 그렇지 못한 점이 다르다.

(161) 그 여자는 교양이 있지요. 책을 많이 {a.읽으니까요 / b.*읽으니요 / c.*읽으므로요}.

실제 언어 사용에서는 이들의 쓰임은 다소 차이를 보인다. 각 a에서처럼 "(으)니까"는 일상 대화에서 많이 쓰이는 경향이 있다. 각 b의 "(으)니"는 "(으)니까"와 별다른 의미 차이는 없으나 현대어 특히 구어에는 덜 쓰이는 편이다. 또 "니까"는 "니"보다 힘줌말로 풀이되는 일이 있다. 각 c의 "(으)므로"는 일상어보다는 논리적 표현이나 글에 주로 많이 쓰인다.

|새|김| "니까"와 "니"는 "까닭" 말고 딴 의미로 쓰이는 일이 있음은 앞에서 이미 다루었다.

〈1〉 내가 정거장에 가니(까) 기차가 떠나고 없었다. 〈지각 상황 설정 기능〉

〈2〉 책이 있으니(까) 이제 공책이 없군. 〈상반된 상황 제시〉

7.6.3 "니(까)"의 "지각" 구문과 "까닭" 구문의 구분 문제

앞의 7.3.1에서 다룬 "니(까)"의 "지각" 구문과 여기에서 다룬 "까닭" 표시 구문은 모호성을 보이는 일이 있다.

(162) 내가 이 책을 읽으니(까) 책이 다 닳았어.
  a. 내가 이 책을 읽는 과정에서 다 닳았음을 알게 되었다. 〈지각 구문〉
  b. 내가 이 책을 읽기 때문에 책이 다 닳게 되었다. 〈까닭 구문〉

(163) 내가 타이르니(까) 그 애는 가만히 있었어.
  a. 내가 타이르는 과정에서 그 애가 가만히 있음을 알았다. 〈지각 구문〉
  b. 내가 타이르기 때문에 그 애는 가만히 있었다. 〈까닭 구문〉

특히 위에서와 같이 앞 절의 주어가 화자일 때에 그런 모호성이 생길 수가 있다. 까닭 표시 구문이 될 때에는 선행절이 지각 상황의 설정에 머물지 않고 뒷 절 사태의 원인이나 이유로 작용하는 경우가 되는 것이다.

남기심 / 루코프(1983:5－7)에서는 지각 구문("발견"이라 함)에서 까닭 구문("따짐"이라 함)과의 관계를 자세히 설명하였다. 이 논문에서는 앞 절과 뒷 절의 사실이 화자와 청자 모두에게 알려져 있을 때에 "발견"(지각 구문)에서 "따짐"(까닭 구문)으로 해석됨을 밝혔다.

(164) 바람이 부니까 나뭇잎이 떨어진다.
  a. 바람이 불더니 나뭇잎이 떨어지더라. 〈발견〉
  b. 바람이 불기 때문에 나뭇잎이 떨어진다. 〈따짐〉

(164)와 같은 문장은 양면으로 해석이 된다. (164a)와 같은 해석은 화자만 지각하고 말할 경우이고 (164b)와 같은 해석은 양자가 다 아는 일반적 사실인데, 그것을 논리적 관계로 여기는 것이다. 이어서, 이 논문에

서는 '따짐'의 뜻이 나타나는 조건으로서 〈1〉 뒷 절이 추정법으로 나타날 때와 〈2〉 앞 절이 완료 시상을 가졌을 때를 들었다.

(165) 바람이 부니까 마지막 나뭇잎이 떨어지겠다. 〈뒷 절의 추정〉
(166) 바람이 불었으니까 나뭇잎이 떨어졌다. 〈앞 절의 완료상〉

이렇게 이 논문에서는 "니까"의 중요한 두 의미가 기본적으로 동일한 것인데 구문론적인 여건 따위로 분화되어 쓰임을 밝힌 것이다. 이러한 분석은 획기적인 것으로서 이 문제 해결의 중요한 실마리를 제시한 것이라 평가된다. 다만, 왜 그러한 의미 분화가 되기에 이른 것인지를 좀더 자세히 밝히는 일과 "니까"가 드러내는 그 밖의 쓰임과의 관계를 밝히는 것은 앞으로의 과제라 할 것이다.

7.6.4 "니까"와 "므로"의 몇 가지 특성

"니까"는 단독으로 쓰일 때에는 까닭을 나타낸다고 보기 어렵다.

(167) 한번 오시라니까(요).
(168) 한번 오시라고 하니까 왜 안 오세요?

(167)은 (168)과 같은 문장의 축약형이라고 할 수 있는데 이럴 때의 "니까"는 "는데"와 비슷한 쓰임이라 할 수 있을 듯하다. 이럴 때에는 "니"는 쓰이지 못한다.

한편으로, "니까"는 "니까는" 또는 그 축약형인 "니깐"으로 쓰이는 일이 있다.

(169) 이 책은 사람들이 많이 {읽으니까는 / 읽으니깐} 잘 팔리지요.

이럴 때의 "는 / ㄴ"은 특정한 뜻이나 색다른 쓰임이 있는 것 같지 않다.

따라서 "니까는/니깐"은 "니까"의 한 변이 형태로 칠 수 있다.

최현배(1961:291)에서는 "(으)므로"와 "(으)ㅁ으로"는 본디 동일한 구조에서 나온 것인데, 다만 문맥에 따라 그 의미가 달리 나타나므로 편의에 따라 구분할 필요가 있다고 하였다. 성낙수(1978b:171)에서도 비슷한 견해를 보인 바가 있다. 현행 맞춤법이 나타나기 전에는 사실 양자의 형태적 구분(또는 철자 대립)은 없었을 터이니 동일한 형태가 문맥에 따라 의미를 달리 드러냈을 것이다.

(170) 그 총각이 그 여자를 무척 {a.?아낌으로/b.아끼므로} 결혼을 못한다.
(171) 그 학생은 열심히 {a.공부함으로/b.공부하므로} 성공할 것이다.

(170)에서는 현재 b만 쓰일 수 있고 (171)에서는 a,b 두 가지가 가능한데 전자에서는 '공부하여 가지고'의 뜻으로 풀이되고 후자는 '공부하니까'의 뜻으로 해석될 수 있다. 결국, "(으)ㅁ으로"와 "(으)므로"는 본디 동일한 어원이라 하더라도 현재의 쓰임에서는 그 용법이 분화되었다고 할 수 있다.

7.6.5 까닭 표시의 "어서"

여기에서는 "어서"가 나타내는 "까닭" 표시 기능을 다룬다. 이 형태는 앞에서 본 바와 같이 〈1〉 계기 한정 접속, 〈2〉 까닭 접속, 〈3〉 시간 접속 등 세 가지 의미로 쓰인다. 이미 우리는 그 중의 주요 기능인 "계기 한정 접속"을 자세히 다룬 바 있으며, "어서"의 공통된 기본 의미가 '가짐'임을 밝힌 바도 있다.

"어서"의 "까닭" 표시 기능은 "계기 한정 접속"에서 파생된 부차적인 의미이다. 이 까닭 표시 기능은 계기 접속 기능과 별개의 것이 아니고 거기에서 유래된 의미이다. 곧 이 "어(서)" 형태가 보이는 계기 한정 기능이 그 관련 용언이나 환경에 따라 "까닭" 표시의 기능으로 해석되기도 한다는 것이다.

"어서"가 "까닭"을 나타낼 때에는 몇 가지 제약이 있다. 계기 한정 접속 기능에서 "까닭"을 드러내는 쓰임으로 바뀔 때에는 색다른 제약 조건이 따른다는 것이다. 이 점을 좀더 구체적으로 살펴보기로 한다.

첫째로, "어서"가 "까닭"을 드러낼 때에는 그 앞 용언이 반드시 상태성을 드러내는 특성이 있다. 그 앞 용언이 형용사와 같은 상태성 용언이거나, 동사일지라도 상태성으로 쓰일 때에만 "까닭"을 드러낸다.

(172) 사람이 많아서 발을 들여 놓을 틈도 없다.
(173) 시간이 없어서 거기에 참석하지 못한다.
(174) 그가 외국인이어서 한국말을 잘 못할 것이다.

(172)-(174)에서처럼 "어서"는 그 앞 말이 "많다," "없다"나 "이다"일 때에 "까닭"을 표시하는 종속절이 된다. 또 이 형태는 다음과 같은 상황에서는 그 앞 말이 동사라도 "까닭" 표시를 하게 된다.

(175) 나는 책을 너무 오랫동안 읽어서 눈이 아프다.
(176) 그이는 돈을 벌지 못해서 가난하게 산다.

(175), (176)에서는 그 앞 말이 본디 동사인데도 "까닭"을 드러낸다. 이런 때에는 그 동사의 동작성이 그대로 작용하는 것이 아니고 상태성 특질로 드러나게 된다. 이를테면, (175)의 "오랫동안 읽어서"는 단순한 동작을 나타내는 것이 아니고 '그 읽은 결과 상태'를 드러내고 그것이 원인으로 작용하였다. 또 (176)의 "벌지 못해서"는 단일 동작으로 여겨지지 않고 '벌지 못한 결과 상태'가 원인으로 작용한 것이라 해석된다. 이런 상태성 특질을 드러냄은 다음과 같이 동작성 특질이 더 강하게 드러나는 경우와 대조가 된다.

(177) 나는 이 책을 읽어서 그 내용을 요약했다.
(178) 그이는 돈을 벌어서 이웃을 도왔다.

(177), (178)과 같은 상황에서는 "어서"의 앞 동사는 동작성을 그대로 드러내어 뒷 동작과 이어지고 있다. 이 때에는 "어서"가 계기 한정 접속 기능을 강하게 드러내고 까닭을 표시하지 못한다. 이렇게 볼 때 (175), (176)과 같은 경우에 "어서"가 "까닭"을 나타내는 것은 앞 용언이 〈동작성〉이 아니라 〈상태성〉 특질을 드러내기 때문임을 확인할 수 있다.

둘째로, "어서"가 "까닭"을 드러낼 때에는 대개 앞뒤 절의 주어가 다르다. "어서" 앞 절의 주어가 뒷 절의 주어와 다를 때에는 선행어가 동사일지라도 까닭을 드러내는 일이 많다.

(179) a. 아이들이 노래를 잘 해서 어른들이 칭찬을 했다.
b. 아이들이 노래를 잘 해서 (그 애들이) 어른들을 기쁘게 했다.

(180) a. 그 사내가 이 집에 나타나서 이 집이 시끄럽게 되었다.
b. 그 사내가 이 집에 나타나서 (그 사내가) 술을 마셨다.

각 a에서와 같이 앞뒤 주어가 다르면 대개 "까닭"을 나타내게 된다. 그것은 원인이나 이유를 나타내는 서술의 주체와 그 결과를 나타내는 서술의 주체는 다른 것이 예사이기 때문이다. 그 반면에 각 b와 같이 앞뒤 절의 주어가 다르지 않고 동작이 바로 이어지는 경우에는 계기 한정의 뜻이 드러나고 까닭 표시 기능이 거의 안 나타나게 된다.

"어서"의 선행어가 동사일 경우에 그 뒷 절의 주어가 문면에 나타나지 않으면 "까닭"과 "계기 한정 접속"의 양면으로 해석될 수가 있다.

(181) a. 그들이 늦게 와서 밤중까지 놀았다.
b. 그들이 늦게 와서 (우리가) 밤중까지 놀았다.
c. 그들이 늦게 와서 (그들이) 밤중까지 놀았다.

(181a)는 (181b)와 (181c)의 양면으로 해석될 수 있다. (181b)에서처럼 괄호 속의 주어가 쓰일 때에는 "까닭"을 나타내게 되고 (181c)에서처럼 동일 주어 구문으로 해석될 때에는 "계기 한정" 관계를 드러냄이 예사

이다.

요컨대, "어서"가 "까닭" 표시 접속 기능으로 쓰이는 것은 계기 한정 기능에 위와 같은 제약 조건들이 작용한 데에서 비롯되는 것이다. 특히 앞 용언이 동사성일 때에 "어서"가 보이는 "까닭" 표시 기능은 위의 두 제약 조건이 충족될 때에 드러나게 되는 것이다.

다음과 같은 보기에서는 계기 한정 기능과 까닭 기능이 밀접한 관련이 있음을 볼 수가 있다. 다시 말하면 "어서"의 "까닭" 표시 기능은 계기 한정 접속 기능에서 파생되었다고 볼 수가 있는 것이다.

(182) 그이는 종교를 믿어서 착한 사람이 되었다.

(182)에서 "어서"의 앞 절이 계기 한정 접속 기능으로 해석될 때에는 그것이 한 방법을 나타내어 뒷 절을 한정한다. 그런데 그것은 어떤 상황에서는 원인으로 해석될 가능성이 엿보인다. "방법"이 "원인"으로 작용되는 일은 흔히 있을 수 있기 때문이다.

(183) 큰 애가 작은 애를 때려서 상처를 입혔다.

(183)에서 "때리는 동작"은 상처를 입힌 한 방법이지만 그것은 결과적으로 원인으로 작용될 수 있음을 쉽사리 알 수가 있다. 그래서 이 문장은 "까닭" 표시 기능으로도 해석이 되는 것이다. 말하자면 앞 절이 뒷 절을 한정하는 과정에서 계기 한정에 그치지 않고 상황에 따라서는 원인이나 이유 제시 기능으로 해석될 수가 있다. 곧 "까닭" 표시 기능은 "계기 한정 접속 기능"의 한 변이 의미라는 것이다.

"어서"의 기본 의미와 까닭 표시

앞에서 우리는 "어서"는 '가짐'이라는 의미를 공유한다고 했는데 이는 "어서"의 여러 쓰임이 같은 뿌리임을 시사한다고 할 것이다. 그렇지 않고는 그런 공통 의미가 쉽사리 집약되지 않을 것이기 때문이다.

우리는 우선 '까닭' 표시 기능은 '계기 한정' 기능에서 비롯됨을 밝혔다. 곧 계기 한정 기능이 기본이고 "까닭" 표시 기능은 전자에서 파생된 것이다. 뒤에서 보게 되겠지만 '시간 접속'의 "어서"도 계기 한정 접속 기능에서 파생된 것으로 볼 수가 있다.

남기심(1994:53)에서도 우리의 분석과 동일한 결과를 밝히고 있다. 곧 "어서"의 의미는 〈계기〉와 〈원인〉으로 알려져 있으나 다른 의미들(관용 용법 제외)은 두 사건의 계기적 나열에서 출발한 것이라고 할 수 있다는 것이다. 한편으로 최재희(1989)에서는 "어서"의 본래 의미를 '원인 제시'라고 한 바가 있다. 이 견해도 "어서"의 여러 의미의 근원이 같다는 점에서는 우리의 주장과 일치한다. 어떻든 "어서"의 의미를 '계기 접속, 원인 접속, 시간 접속' 따위로 무관하게 갈라 세우던 단계를 넘어서 그것들이 기본적으로 동일한 의미라는 점에 초점이 맞추어지고 있는 것이다.

7.6.6 까닭 표시의 "어서"와 "니까/니/므로"의 견줌

"까닭"을 나타낼 때의 "어서"는 "니까" 따위와 동일한 의미 기능을 보이는 일이 많으나 더러는 두드러진 차이를 보인다. 곧 이들은 많은 경우에 서로 임의 교체될 만큼 비슷한 쓰임을 보이지만, 명령법 등을 나타내는 뒷 절과의 어울림에 차이를 드러낸다.

뒷 절이 서술법이나 의도법의 문장일 때에는 "어서"는 "니까" 등과 자유 교체가 가능하다. ("니(까)"는 "니까"와 "니"를 합쳐서 나타낸 것이다.)

(184) 나는 몸이 {a.고달파서 / b.고달프니(까) / c.고달프므로} 오래 기다리지 않았다.

(185) 나는 집안 일이 {a.바빠서 / b.바쁘니(까) / c.바쁘므로} 일찍 돌아가겠다.

위의 문장들에서는 그 접속 형태가 "까닭"을 나타내면서 뒷 절과 이어진다. 이런 경우에는 "어서"는 다른 "까닭" 표시 접속 형태와 그 쓰임이 동일하다.

그러나 뒷 절이 명령법이나 청유법이 될 때에는 "어(서)"는 쓰이지 못한다.

(186) 너는 돈이 {a.*많아서 / b.많으니(까) / c.많으므로} 남을 도와주어라.
(187) 우리는 서로 마음이 {a.*맞아서 / b.맞으니(까) / c.맞으므로} 같이 일하자.

각 a에서 보듯이 "어서"는 뒷 절이 명령법이나 청유법이 되면 쓰이지 못한다.

"어서"가 이처럼 명령법 등의 뒷 절과 이어질 때에 "까닭" 표시를 하지 못하는 것은 그 본디 기능이 "계기 한정 접속"이기 때문이라 생각된다. "어서"는 앞뒤의 두 행동이 이어지는 계기 접속에 많이 쓰이고 있는데, 특히 뒷 절이 명령법이나 청유법일 때에는 그러한 접속 기능이 더욱 잘 드러나게 된다. 그런데 "어서"가 "까닭"을 나타낼 때에는 그 선행절이 상태성을 드러내게 되므로 행동성이 강하게 드러나는 명령법 등과 연결되지 못할 것으로 예측된다.

"어서"가 "까닭"을 나타내는 경우에는 "니까" 등과는 달리 구문론적 제약이 있음을 보았거니와, 그것은 "어서"가 행동의 동기를 부여하는 이유 제시 기능이 약하고 원인 표시의 경향이 있기 때문이라 할 만하다. 그러나 "나는 바빠서 빨리 가겠다"에서처럼 "의도법"이 뒷 절에 나타날 때에도 "어서"가 쓰임을 보면 "어서"가 이유 표시 기능이 없는 것은 아니라는 것이다. 다만, "어서"는 "니까" 등에 비하여 어느 편이냐 하면 이유보다는 원인 표시 기능이 더 강하다고 할 것이다.

"어서"와 "니까"의 의미 문제

"어서"와 "니까"의 의미적 차이 문제는 여러 학자들이 논의했는데 전자는 대체로 '원인,' 후자는 '이유' 제시 기능의 경향이 있다고 한 바가 있다. 남기심(1978a, b)에서 "어서"는 원인을 나타내고 "니까"는 이유를 나타낸다고 하였으며, 남기심 / 루코프(1983)에서는 "어서"는 '원인 밝힘'을, "니까"는 '따짐'을 뜻한다고 했다. 이 따짐이라는 것은 '이유 밝힘'이라고 이해될 수 있다.

윤평현(1989:118)에서도 "어서"는 원인, "니까"는 이유를 나타낸다고 하였다.

(188) a. 눈이 많이 와서 길이 막혔다. 〈원인〉
b. 눈이 많이 오니까 길이 막혔다. 〈이유〉

(188a)에서는 앞 절이 화자의 일반적인 상식을 배경으로 하는 원인 밝힘이고, (188b)의 앞 절은 개인적인 사리 판단(reasoning)을 배경으로 하는 이유를 나타낸다고 하였다.

그런데 다음 몇 가지 논문들에서는 위와 서로 다르거나 모호한 견해들을 보인 바가 있다. J. Ree(1978:180)에서는 "어서"의 기능은 주절에 대한 직접적인 이유(reason)를 마련해 주는 것이고, "니까" 구문은 말하는 이의 지식, 믿음 또는 주장과 관련된다 하였다. 여기에서 "이유(reason)"를 "원인"으로 바꾸고 "니까"의 경우에 "이유"라고 한다면(이 두 용어의 일반적 개념으로 보아 그 편이 낫다고 보임), 위에서 말한 남기심(1978a, b)이나 윤평현(1989)의 견해와 상통된다고 할 만하다. 이상복(1981)에서는 "어서"는 후행절의 행위나 상태가 이루어지는(이루어진) 상태를 보이고, "니까"는 화자의 추정에 의한 이유(원인)와 당연한 결과를 나타낸다고 하였다. 이 견해에는 원인과 이유를 구분하지 않고 있는 듯한 인상을 준다. 또 성낙수(1978b)에서는 "어서"는 개연적 동기 유발을, "니까"는 필연적 동기 유발을 나타낸다고 하였다. 이 견해도 원인과 이유 개념으로 양자를 구분한 것 같지 않다. 일찍이 양인석(1972)에서는 "니까"와 "어서"는 이유 범주의 접속소로서 직접 동기 유발(direct motive)을 나타내는데, 후자 쪽은 그 기능이 덜 자연스럽다고 하였다. 양자는 별 차이가 없이 이유를 드러내는 접속 형태로 보고 있는 것이다. 또 이익섭 / 임홍빈(1983)에서도 "어서"와 "니까"는 이유나 원인의 부사어를 이룬다고 하였다.

요컨대, "어서"와 "니까"는 까닭 곧 원인이나 이유를 드러내는 접속소임은 거개가 인정하는 것인데 그 차이 문제에는 이론이 많다. 다만, "어서"는 본디 계기 한정 접속 기능에서 파생된 까닭 표시 기능을 지닌 점이나 명령법 따위 서법의 뒷 절과 어울리지 못하는 제약 등으로 보아 '원인' 표시의 경향이 짙다고 할 만하다. 그 반면에 "니까"는 행동의 동기, 주장이나 추론의 전제, 명령 따위의 근거를 제시하여 주는 면이 강하다는 점 등으로 미루어 '이유 밝힘(reasoning)' 또는 '따짐(argument)'이 그 본래 기능이 아닌가 한다. 그렇지만 많은 경우에 서로 교체되어 쓰이는 경향이 있어서 그 차이점을 뚜렷이 금긋기 어려운 실정이다. 어떻든 이 두 형태의 차이 문제는 남기심 / 루코프(1983)에서 그 중 자세히 밝혀 주었다.

7.6.7 "까닭" 표시의 "느라고"

"느라고"는 다음과 같은 상황에서는 원인이나 이유를 제시하는 앞 절을 이끌어 들인다.

(189) 그들은 벌을 서느라고 운동장에 나가지 못했다.
(190) 그이는 예식장에 가느라고 직장의 일을 못했다.

위에서 보듯이 "느라고"의 앞 절이 뒷 절의 서술에 '까닭'이나 근거를 암시한다. 그래서 이것도 '까닭'을 나타내는 한 접속소라고 알려져 있다.

그런데 이 형태는 다른 '까닭' 표시 접속소와는 몇 가지 점에서 차이가 있다. "느라고"가 쓰인 앞뒤 절의 주어는 행동자이고 그 선행절의 동사는 행동성을 보이는 것이 예사이다.

(191) 철수가 바둑을 두느라고 (철수가 / *만수가) 전화를 안 받습니다.
(192) ?영희가 불교를 믿느라고 (영희가) 딴 종교를 알아보지도 않는다.

(193) *그 아이가 아빠를 닮느라고 (그 아이가) 잘 생겼다.

(194) *그 사람이 기분이 좋느라고 춤을 춘다.

(191)에서 보듯이 앞뒤 절의 행동자가 같고 행동성 동사가 쓰일 때에 "느라고"가 자연스럽게 쓰인다. (192)이나 (193)에서는 "느라고"의 선행 용언이 각기 "믿다"나 "닮다"와 같은 상태성 동사이기 때문에, (194)에서는 형용사이기 때문에 자연스런 문장이 못 되었다.

|새|김| 다음과 같이 양편 주어가 동일하지 않고 또 행동성 동사가 아닌 경우에도 "느라고"가 쓰이는 일이 있다(이영숙 1989:454).

〈1〉 비가 오느라고 구름이 많이 끼었구나.

〈2〉 그 애가 키가 크느라고 몸이 좀 말랐어요.

그러나 이런 경우는 특수한 쓰임이라 할 수 있다. 이런 쓰임이 나타나는 까닭은 앞으로 밝혀져야 할 것이다.

"느라고"는 뒷 절이 의도, 명령, 청유법 따위를 나타낼 때에는 쓰이지 못한다.

(195) 나는 공부를 하여야 {a.*하느라고 / b.해서 / c.하니까} 빨리 가겠다.

(196) 너는 집에서 쉬어야 {a.*하느라고 / b.*해서 / c.하니까} 어서 가거라.

(197) 우리는 내일 {a.*만나느라고 / b.*만나서 / c.만나니까} 오늘은 이만 헤어지자.

"느라고"는 의도나 명령, 청유 따위를 나타내는 뒷 절과 어울리지 못함을 알 수 있다. 이는 "어서"와 공통되는 점이라 할 수 있는 반면에 "니까" 등과는 다름을 드러낸다.

"느라고"는 본디 '까닭'을 나타내는 것이라고 생각되지 않는다. 그것은 많은 경우에 "니까" 등과 자유 교체가 안 되기 때문이다.

(198) a. 그 애가 장난을 하느라고 이 수학 문제를 풀지 못한다.

b. 그 애가 장난을 하여서 이 수학 문제를 풀지 못한다.

c. 그 애가 장난을 하니까 이 수학 문제를 풀지 못한다.

d. 그 애가 장난을 하니 이 수학 문제를 풀지 못한다.

e. 그 애가 장난을 하므로 이 수학 문제를 풀지 못한다.

(198)에서 "느라고"는 그 아래의 딴 까닭 표시 형태들과 온전한 교체가 어려움을 알 수 있다. "느라고"를 "어서, 니까" 따위와 교체하면 그 의미가 얼마쯤 달라지는 것이다. 이것은 "느라고"가 여느 까닭 표시 형태와 그 의미가 온전히 같지 않음을 말해 준다.

"느라고"는 대개 한 동작의 진행 과정에 관여하고 거기에 시간이 쓰이게 되어 딴 일을 못하게 되는 경우에 쓰인다.

(199) 나는 목욕을 하느라고 전화를 못 받는다.

a. 나는 목욕을 하는 동안 (그로 말미암아) 전화를 못 받는다.

b. 나는 목욕을 하기 때문에 전화를 못 받는다.

(199)의 의미는 (199a)가 가장 가까운 해석이라 할 수 있으며, 결과적으로는 (199b)와 같은 의미로 해석이 된다. 이는 "느라고"가 직접 까닭을 나타내는 것이 아니라 다른 데 시간을 보내기 때문에 그 결과로 원인이나 이유를 드러내는 것임을 보인다.

"느라고"와 "노라고"의 의미 문제

백봉자(1980:80)에서는 "느라고"의 뜻은 '선행절에 나타나는 행동이 진행상 필요한 시간과 노력 때문에'라고 정의하였다. 성낙수(1978b:175)에서는 "느라고"의 후문이 나타내는 바는 그 전문의 행위자가 어떤 행동을 하는 동안, 그 행위가 원인 / 이유가 되어 일어났음이 확실하다고 하였다. 이상복(1981 : 94)에서는 "느라고"는 '이유(원인)'와 아울러 '행위자의 의도'와 '행위의 진행'을 그 의미 특성으로 하는 연결 어미라고 한 바가 있다. 남기심 / 루코프(1983:9)에서는 "느라고"는 앞 절과 뒷 절의 시간적 관계가 단순한 순차 관계가 아니고 그 시간대가 일치하거나 겹치는 관계를 보인다고 하였다. 이숙(1985)에서는 "느라고"는 '진행상'을 기본 특질로 하는 것이라고 지적하였다. 이영숙(1989:449)에서는 "느라고"가 결합한 선행절이 후행절의 이유/원인을 나타내는데 그 선행 동사가 비순간성 동사라야 하는 제약이 있다고 하였다. 이러한 서술들은 "느라고"가 보이는 '까닭'은 앞 사건의 동작 진행 따위로 말미암아 빚어지는 것임을 한결같이 인정하는 것이다.

한편으로, "느라고"는 "노라고"와 함께 '까닭'을 직접 드러내지 않는 쓰임을 보이기도 한다.

(200) 저는 {하느라고/하노라고} 했는데 그렇게 되었습니다.
(201) 일이 잘 {풀리느라고/풀리노라고} 최대의 장애물이 사라졌다.

"느라고"는 형태론적으로 "느라 + 고"로 분석되는데 "느라"는 다시 "느 + 라"로 분석된다고 하고 그 '진행상' 의미는 "느"로 말미암는다고 해석하기도 한다(이영숙 1989). 그러나 그렇게 분석을 하게 되면 '까닭'을 나타내는 요소는 "라"나 "라고"로 보아야 하는데 그런 추정이 쉽지 않다. 적어도 공시적으로는 그런 형태론적 분석보다는 그 구문론적 제약이나 의미 따위를 좀더 철저히 분석하여 기술하는 것이 더 생산적일 것이다.

"느라고"는 "느라니(까)," "느라면" 따위와 관련된 것으로 풀이되기도 한다. 그러나 뒷 것은 '까닭'을 나타내는 것은 아니다. 한편으로 "느라고"는 "노라고"와 비슷한 쓰임을 보이는 수가 있으나 동일한 형태라고 보기는 어렵다.

(202) 나는 그 소리를 {자느라고/자노라고} 못 들었다.
(203) 잘 {하느라고/하노라고} 했는데 이 꼴이 되었다.
(204) 일이 {꼬이느라고/꼬이노라고} 사고가 났다.
(205) 잘못 {?했느라고/했노라고/했노라 하고} 빌어라.
(206) 그이는 {*내느라고/내노라고/내노라 하고} 큰 소리칠 만하다.

(202)－(204)의 경우는 양자가 서로 교체될 만하다. 양자가 온전한 복합형으로서 서로 넘나들어 쓰이는 변이형태로 칠 만하다(백봉자 1981:91). 그러나 (205)나 (206)은 "노라"라는 문말 형태에 "고"가 이어진 경우로서 '노라 하고'의 축약형이라 할 수 있다. 이럴 때에는 "느라고"와는 다르다. "느라고"는 이미 "느라 + 하고"의 축약형이라 보기 어렵다. "느라"라는 문말 형태가 따로 없기 때문이기도 하다.

까닭 표시의 "거든"

"거든"은 뒷 문장에 쓰여서 앞 문장의 서술과 관련된 원인이나 이유를 나타낸다. 이런 점에서 이는 일반 접속 형태와는 특이한 면을 보인다. 이 형태가 존대 형태로 쓰일 때에는 "요"가 첨가된다.

(207) 그 사람은 일찍 안 온다. 어제 시골에 갔거든.
(208) 그이는 그걸 많이 살겁니다. 무엇보다도 그게 값이 싸거든요.

이 "거든"은 앞 문장으로 옮기면 딴 뜻이 되어 버린다.

(209) a. 그이가 말을 잘 할거예요. 문법을 잘 알거든요.
b. ?문법을 잘 알거든요. 그이가 말을 잘 할거예요.

(209a)에서 "거든"을 앞 절에 내세우면 (209b)에서처럼 딴 문장이 되어 버린다.

"거든"은 일부 대화체에 쓰여서 문체적 변이를 드러낸다. 이유나 원인을 뒤에 첨가하여 색다른 표현의 맛을 풍긴다. 그러나 이 형태는 글이나 공적인 표현들에서는 잘 안 쓰인다.

|새|김| "거든"은 뒤에서 말하는 조건 접속 형태와는 구분된다.

〈1〉 그곳에 가거든 편지하여라.

또 견줌 문장을 이루는 "거든"과도 다르다.

〈2〉 젊은이도 못하거든 늙은이가 하겠느냐?

위 두 가지 "거든"은 그 분포 관계나 의미가 까닭 표시의 "거든"과는 전혀 다르다.

(으)매, (으)ㄴ지라, (으)ㄹ새, 거늘, (으)ㄴ즉

접속 형태 "(으)매, (으)ㄴ지라, (으)ㄹ새, 거늘, (으)ㄴ즉" 등은 이유나 원인을 직접 간접으로 나타내는 것으로 알려져 있다. 특히 전통 문헌의 글에서는 그 흔적이 나타나 있다. 이 형태들은 현대말에서는 별로 쓰이지 않으며, 다만 가끔 필요에 따라 읽히는 금세기 초엽의 글이나 고풍적인 표현에서 볼 수 있다. 따라서 여기에서는 이런 형태들의 용례를 보이기만 한다.

(210) 비가 오매, 사람들이 오도가도 못한다.
(211) 그 때 마침 말 한 마리가 달려 오는지라 뛰어나와 보니 관우 장군의 말이더라.
(212) 그 수를 헤아려 볼새 엄청나더라.
(213) 그대가 나를 해치거늘 내 어찌 당하고만 있으랴.
(214) 말을 많이 한즉 화를 자초하느니라.

모두 고풍을 느끼게 하는 문장이다. 그 접속 형태들이 그러한 느낌을 자아내기 때문이다. 어떻든 이들은 겨우 명맥을 이어가는 처지에 있다 할 것이다.

기에, 길래, (기) 때문에, (는) 까닭에

접속 어구 "기에, 길래, (기) 때문에, (는) 까닭에" 등은 각기 다음과 같이 합성된 형태들이다.

(215) 기에 : "기"(명사화소) + "에"
길래 : "기에"의 변이형태로 여겨짐
기 때문에 : ("기") + "때문" + "에"

는 까닭에 : ("는") + "까닭" + "에"

이들은 순수한 문법적인 문말 형태는 아니나 원인이나 이유를 나타내는 접속 기능 면에서는 딴 접속 형태들과 비슷한 바가 있다. 더구나 이들은 문말 형태 못지않게 활발히 쓰이는 접속 기능 요소이다.

(216) a. 그 사람이 나를 치기에 나도 쳤다.
b. 그 사람이 나를 치기 때문에 나도 쳤다.

(217) 그이가 좋은 말로 {하길래 / 하기에} 나도 그리했다.

(218) a. 그 여자는 걱정이 많기 때문에 얼굴이 핼쑥해졌다.
b. 그 여자는 많은 걱정 때문에 얼굴이 핼쑥해졌다.

(219) a. 나는 너희를 믿는 까닭에 이날까지 살아왔다.
b. 나는 그런 까닭에 이날까지 견디어 왔다.
c. ?나는 저 친구 까닭에 혼이 났다.

(216a)에서 보듯이 "기에"는 "기 때문에"의 줄임꼴이라고 할 만하며, 이 "기에"는 (217)에서처럼 "길래"와 서로 교체가 된다. (218a)의 "기 때문에"에서 "때문"은 '까닭'과 같은 뜻의 의존 명사이며, 그것은 (218b)에서처럼 체언과 바로 연결되어 구를 형성하기도 한다. (219a)의 "까닭"은 '이유 / 원인'을 가리키는 일반 명사이며 관형화소 "는 / ㄴ"과 결합하여 쓰인다. (219b)에서 보듯이 "그런, 이런"과 같은 관형어와 결합하는 수는 있으나, (219c)에서처럼 체언과는 직접 결합하지 못한다.

|새김| 최현배(1961:214)에서는 "때문"이 체언이므로 명사화소 "기"보다는 관형화소 형태와 어울리는 것이 원칙이라 보고 다음과 같은 예문을 들었다.

〈1〉 내가 고생하는 것은 누구의 때문이냐?
〈2〉 나라가 가난함은 국민이 게으른 때문이다.
〈3〉 그 애는 나 때문에 손해를 보았다.

〈1〉, 〈2〉에서처럼 "때문"이 관형사형이나 관형화소와 어울리는 것은 어색하여 잘 쓰이지 않는다. 더구나 이치로 보아서도 "때문" 앞에 관형사형이 반드시 나타나야 한다고는 말할 수 없다. 〈3〉에서와 같이 체언 자체와 직접 어울리는 점에서 볼 때에, "누구 때문"이나 "게으르기 때문"이 오히려 마땅하다. 이 "때문"은 체언이나 명사형하고 어울리는 환경적 특질을 가진 것으로서 관형사형하고는 어울리지 않는다고 규정하면 될 것이기 때문이다.

성낙수(1978b:159)에서도 "때문에"는 본디 "N + 때문 + 에"가 기본이라 하고 "기 때문에"의 "기"로 이루어지는 보문도 명사구의 구실을 하는 것이라 한 바 있다. 곧 이 논문에서는 "때문"은 "이유"나 "까닭"과는 달리 관형사형과 결합하지 않고 직접 명사구와 어울리는 특이성을 가진다고 밝히고 있다.

이 "기에" 따위 형태는 그 뒷 절이 명령법이나 청유법일 때에는 잘 쓰이지 못한다. 이는 "어(서)와 비슷한 반면에 "니까" 따위와는 다른 점이다.

(220) 나는 너무 {a.덥기에 / 덥기 때문에 / b.더워서 / c.더우니까 / 더우므로} 웃옷을 벗었다.

(221) 날씨가 {a.?덥기에 / 덥기 때문에 / b.?더워서 / c.더우니까 / 더우므로} 웃옷을 {벗어라 /벗자}.

(220)에서처럼 서술문일 때에는 "기 때문에" 등은 "어(서)"나 "니까" 따위와 서로 교체될 수 있다. 그러나 (221)에서 보듯이 명령문이나 청유문일 때에는 "니까" 따위하고만 어울리고 "기 때문에" 따위는 "어서"와 마찬가지로 쓰이지 못한다. "는 까닭에"도 "기 때문에"와 마찬가지로 명령문이나 청유문에는 못 쓰인다.

(222) 그이가 나를 {a.모욕한 까닭에 / b.모욕해서 / c.모욕하니까} 나는 화를 냈다.

(223) 시간이 {a.?없는 까닭에 / b.?없어서 / c.없으니까 / 없으므로} 빨리 {달려라 / 달리자}.

한편으로, "기 때문에"와 "는 / ㄴ 까닭에"는 분열문을 이룰 수 있는 특성이 있다.

(224) a. 그이가 가난하기 때문에 공부를 열심히 했다.
b. (그이가) 공부를 열심히 한 것은 가난하기 때문이었다.

(225) a. 내가 그 여자를 사랑하는 까닭에 만나지 않는다.
b. 내가 (그 여자를) 만나지 않는 것은 그 여자를 사랑하는 까닭이다.

"까닭" 표시의 "그러니까, 그러니, 그러므로"

"그러니까, 그러니, 그러므로"는 각기 대용형 "그러"와 "니까, 니, 므로"가 결합되어 이루어진 것이다. 이들은 주로 문장과 문장을 인과 관계 또는 이유-결론들의 관계로 접속한다.

(226) a. 그이는 빨리 달린다. 그러니까 그곳에 일찍 도착할 수 있다.
b. 그이는 빨리 달리니까 그곳에 일찍 도착할 수 있다.

(227) a. 그이는 열심히 살려고 노력한다. 그러니 복을 받을 것이다.
b. 그이는 열심히 살려고 노력하니 복을 받을 것이다.

(228) a. 아는 것이 힘이다. 그러므로 우리는 배워야 한다.
b. 아는 것이 힘이므로 우리는 배워야 한다.

"그러니까" 따위는 위와 같은 단문에서 쓰이는 일은 드물고 대개 긴 문장일 때에 마지막 절에 쓰이는 것이 보통이다. 다음에서처럼 앞에 얼마쯤 긴 문장이 나타날 때에 이런 접속어를 쓴다.

(229) 사람들은 사랑방에 모여 놀다가 하나씩 하나씩 집으로 발자국 소리를 내며 돌아가고 있었다. 그러니까 이웃집 개들이 소리를 내어 짖어댔다.

|새김| "그러니까"는 "그러하니까"의 준말인데 "그러니까는"이라고 말하는 수도 있다. 그런데 이는 표준말로 인정되지 않는다. "그러니"는 "그러하니"에서 "하"가 줄어서 된 말이다. 이 준말이 더 자주 쓰인다.

"그러니까"의 딴 쓰임

"그러니까"는 '곧'이라는 뜻으로 쓰이는 수가 있다.

(230) 얼마 전에, 그러니까 지난 5월 초순에 그이가 여기에 들렀었어.
(231) 최현배(1937), 그러니까 〈우리말본〉 초판본은 세로 쓰기로 인쇄되어 있었지요.
(232) 내 계획이란 그러니까 다른 것이 아니었소.

이런 경우의 "그러니까"는 '까닭'의 뜻이 거의 드러나지 않는 관용형이라 할 만하다. 이럴 때에는 "그러니까"는 "그러니"로 교체되지 않는다. 그러나 이런 쓰임도 그 본디 뜻인 '까닭'에서 파생된 것이라고 짐작된다. 남기심(1994 : 143)에서는 이런 쓰임은 "말버릇"으로 빚어진 것이라 한 바가 있다. "그러니까 말이다" 따위도 그런 말버릇으로 여기었다. 그리하여, 이런 말버릇으로서의 쓰임은 대문(代文)의 접속 부사로 쓰이는 다음과 같은 경우와는 구분하여 설명하였다.

(233) 듣기 싫소! {그러니까 / 그러니} 둘이서 잘 해 보라고 하시오.
(234) 그런 일은 돈이 많이 든다. {그러니까 / 그러니} 좀 기다렸다 착수해라.

이런 쓰임은 우리가 위 본문에서 말한 까닭 표시의 "그러니까"이다. 이런 때에는 그것이 "그러니"로 교체가 가능하다.

한편으로 위 문헌에서는 다음과 같은 "그러니까"는 문맥에 따라 말버릇과 접속 부사의 두 가지로 해석될 수 있다고 하였다.

(235) 그러니까 더 화끈거리는 것을 느꼈던 것이었습니다.
(236) 그러니까 내가 뭐라고 했어?

두 쓰임 중에 '까닭'의 뜻으로 해석될 때에만은 "그러니"로 교체가 가능하다.

"까닭" 표시의 "그래서, 그러기에, 그러길래"

"그래서, 그러기에, 그러길래"는 각기 "그러"라는 대용형에 "어서, 기에, 길래"가 합성된 것이다. 이들은 문장과 문장 사이에 쓰는 것이 보통이며, 그 기능과 용법은 각기 그 접속 형태 성분들과 대체로 일치한다.

(237) a. 나는 밥을 많이 먹었다. 그래서 너무 배가 부르다.
b. 나는 밥을 많이 먹어서 너무 배가 부르다.

(238) a. 그 애는 만나는 친구들이 많다. 그러{기에 / 길래} 늦게 집에 들어온다.
b. 그 애는 만나는 친구들이 많{기에 / 길래} 늦게 집에 들어온다.

이 형태들은 명령문이나 청유문과도 어울리는 일이 많다. 이것은 그 접속 형태 성분인 "어서"나 "기에"와 다른 점이다.

(239) a. 떠날 시간이 되었다. 그래서 빨리 {일어나라 / 일어나자}.
b. ?떠날 시간이 되어서 빨리 {일어나라 / 일어나자}.

(240) a. 우리는 힘이 필요하다. 그러기에 부지런히 {배워라 / 배우자}.
b. ?우리는 힘이 필요하기에 부지런히 {배워라 / 배우자}.

각 a에서처럼 조금 어색하기는 하지만 "그래서"나 "그러기에"가 명령문이나 청유문과도 어울릴 수가 있다. 이는 각 b에서 보듯이 "어서"나 "기에"가 그런 경우에 거의 못 쓰이는 것과 대조된다. 이러한 사실은 "그래서" 따위 합성어를 이룬 뒤에 그 본디 성분이 지닌 의미 기능에서 멀어지기 시작한 데 연유한 것이다. 합성어에는 그런 의미 변화가 나타나는 일이 많다.

|새김| "그래서"는 본디 "그리하여서"가 축약되어 이루어진 것인데 이 줄임꼴이 훨씬 더 많이 쓰이는 실정이다. "그러기에"와 "그러길래"는 각기 "그러하기에"와 "그러하길

래"가 축약된 것이다. 이 경우에도 줄임꼴이 훨씬 더 많이 쓰인다.

"그러느라고"는 "그러"와 "느라고"의 합성어이다. 이 형태는 문장 사이에 쓰는 것이 다를 뿐이고, 그 의미 기능은 "느라고"와 실질적으로 동일하다.

(241) a. 나는 오늘 아침에 숙제를 했다. 그러느라고 학교에 지각을 했다.
b. 나는 오늘 아침에 숙제를 하느라고 학교에 지각을 했다.

(242) a. (?)나는 오후에 친구를 만난다. 그러느라고 너를 못 만나겠다.
b. (?)나는 오후에 친구를 만나느라고 너를 못 만나겠다.

(243) a. *너는 잘 살고 있다. 그러느라고 남도 도와주어라.
b. *너는 잘 사느라고 남도 도와주어라.

부사절 (Ⅱ) 8

8.1 조건 부사절

8.1.1 조건문의 특징

조건문 또는 조건 접속문이란 앞 절과 뒷 절이 조건 관계(conditional relation)로 이어지는 문장을 말한다. 우리말에서는 대체로 앞 절에서 조건이 제시되고 뒷 절에서 그것을 바탕으로 한 서술이 나타난다. 곧 전제 조건(antecedent) 또는 전건(前件)은 앞에 놓이고 그런 조건과 관련되어 이루어지는 결언(consequent) 또는 후건(後件)은 뒷 절에 표시된다.

(1) *우리가 이웃을 사랑하면* 이웃도 우리를 사랑할 것이다.

앞의 기운 글씨로 쓴 것이 조건 부사절이고 그 뒷 절이 그런 조건을 전제로 이루어지는 후건 곧 결언이다.

조건문은 기정 사실로 인정되는 사항 사이에서는 성립되지 않는다. 전제이거나 결언이거나 이미 알려진 사실일 때에는 조건문이 될 수가 없다는 것이다. 이것은 조건문이 "까닭" 구문 따위와 다른 특징이다.

(2) a. *내가 지금 몸이 아프면 (나는) 못 가고 있다.
b. 내가 지금 몸이 아프니까 (나는) 못 가고 있다.

(3) a. *어제 그 둘이가 만났으면 이야기를 많이 했다.
b. 어제 그 둘이가 만났으므로 이야기를 많이 했다.

각 a에서 보듯이 앞뒤 절이 나타내는 서술이 모두 사실임이 뚜렷할 때에는 "면"이라는 조건 접속소가 쓰일 수가 없다. 자명한 사실 관계를 두고 조건적으로 서술할 수가 없는 것이다. 그러나 각 b에서는 이런 사실들이 논리적 관계로 이어짐을 보인다. 일반으로 인과 관계 따위 논리적 관계에서는 사실을 전제로 삼아 결론을 이끌어내는 것이 특징이다. 그러나 조건문은 앞뒤 절 중에 어느 한 편이라도 불확실성이 얼마쯤이라도 남아 있을 때에만 가능하다.

|새|김| 논리적 추론과 조건문 또는 가정법의 표현을 견주어 보면 대략 다음과 같다.

논리적 추론 :	모든 동물은 죽는다.	〈사실 명제 – 대전제〉
	개는 동물이다.	〈사실 명제 – 소전제〉
	그러므로 개는 죽는다.	〈추론 명제 – 결론〉
조건문 / 가정법 :	동물은 안 죽을 수도 있다.	〈불확실 명제 – 전제〉
	그러면 그 개가 안 죽을 수도 있다.	〈불확실 추론 명제 – 결론〉

논리적 추론이 사실 명제를 바탕으로 한 추론인 데 반해서 조건문 또는 가정법의 문장은 불확실한 명제 또는 비사실 명제를 바탕으로 한 결론을 이끌어낼 수 있다.

조건문의 성립 요건은 일반으로 다음 두 가지 즉, 전제의 불확실성, 전제의 불가능성으로 간추려 볼 수 있다.

〈1〉 **전제의 불확실성**

전제를 나타내는 앞 절이 불확실한 것일 때에는 조건문이 성립된다. 그 반면에 전제가 확실한 사실로 인정될 때에는 조건문이 성립되지 않는다.

(4) a. 만일 배가 도중에 폭풍을 만나면 큰 위험이 따르게 될 것이다.
    b. 만약 청중이 많이 모이지 않으면 강연의 효과가 반감될 것이다.

(5) a. (?만일 / ?만약에) 해가 뜨면 어부들이 고기잡이를 나갈 것이다.
    b. 해가 뜰 때에는 어부들이 고기잡이를 나갈 것이다.

(4a)에서는 앞 절이 불확실한 내용을 나타내고 있으므로 조건문이 성립된다. 그것은 (4b)에서 확인이 된다. 그런데 (5a)는 비록 "면"이 쓰였지만 본격적인 조건문이라 하기 어렵다. "해가 뜨는 것"은 자연의 법칙에 따른 불변의 사실로 인정되기 때문에 조건으로 내걸 수가 없다. 따라서

"만일"이나 "만약에"와 같은 가정 부사어가 못 쓰인다. 이런 경우에는 (5b)에서 보듯이 "면"이 "때"로 해석될 뿐이다.

〈2〉 **전제의 불가능성**

조건문은 그 전제가 현실적으로 불가능한 것일 경우에도 성립된다. 이런 경우에는 가정적 조건문 또는 가상법(subjunctive mood)을 이루는 것으로 알려져 있다.

(6) 만일 해가 서쪽에서 {뜨면 / 뜬다면} 그런 일이 가능할 것이다.
(7) 네가 만일 천사라면 하늘로 올라가 보아라.

(6)이나 (7)의 앞 절은 현실적으로 불가능하거나 사실과 다른 것을 가정적으로 나타내고 있다. 이런 경우에는 그 전제가 사실과 동떨어진 것이므로 그 결론 또한 전혀 엉뚱한 것이 예상될 수 있다.

위는 조건문의 일반 특성인데 국어의 조건 표시 형태들은 어떤 성질의 조건문을 이루게 되는 것인지 살펴보기로 한다. 국어에서 조건 표시 접속소로 알려진 형태들은 다음과 같다.

(가) 일반 형태 : (으)면, 거든
(나) 합성 형태 : (는/ㄴ)다면, (이)라면, 었더라면, 었던들, 느라면
(다) 필수 조건 : 어야, (이)라야

(가)의 일반 형태가 두루 쓰이고 (나)의 합성 형태는 주로 가상법에 많이 쓰이는 경향이 있다. (다)는 필수 조건만을 나타내는 것이다.

|새|김| 그 밖에 "자면, (으)려면, (으)려거든" 따위가 있는데(구현정 1989a:21), 이들은 조건 접속 기능 밖에 '의도'나 '목적' 표시 요소가 첨가된 것들로서 합성 형태라기보다는 축약형이므로 순수한 조건 접속소로 다루지 아니한다.

8.1.2 불확실성 조건의 "(으)면"

"(으)면"(아래 "면"으로 표시함)은 대표적인 조건 제시 형태이다. 이 형태는 조건문의 선행절을 이끌어들이는 기능을 보인다. 그 선행절은 대체로 다음 세 가지 성격의 전제를 나타낸다.

〈1〉 **불확실성 조건 표시**
"면"은 조건문의 앞 절에 불확실한 전제를 도입하여 일반 조건문을 이루게 된다.
〈2〉 **불가능성 조건 표시**
"면"은 현실적으로 불가능한 가상적인 전제를 도입하여 가상적인 문장을 이루기도 한다.
〈3〉 **확실성 조건 표시**
"면"은 확실한 사실을 나타내는 선행절을 이룬다. 이것은 흔히 말하는 조건절과는 다른 것이다.

여기에서는 "면"이 보이는 세 가지 가운데 〈1〉 불확실성 조건 표시 기능을 다루기로 한다. 〈2〉와 〈3〉의 기능들은 뒷 절에서 차례로 다룰 것이다.
"면"은 앞 절에 덧붙어 불확실한 조건을 나타내는 쓰임이 매우 많다. 이것은 대표적인 조건절의 도입 기능이다.

(8) 만일 내일 눈이 오면 그 친구가 산에 안 갈 것이다.
(9) 만일 그 여자의 마음씨가 고우면 내 마음을 알아 줄 것이다.

"면"이 쓰인 앞 절이 불확실성 조건을 나타내고 뒷 절에서 일어날 행동이나 사태가 그러한 조건으로 이루어지는 것을 보인다.
이런 불확실성 조건은 일반으로 현실 세계에서 불가능한 것은 아니다. 아직 그것이 확실히 이루어지지는 않았지만 실현될 수가 있다. 그래서 이런 불확실한 명제는 가능성(possibility)의 세계에 속한다. 이것은 확실성(certainty)의 세계와 대조되는 개념이다. (8)과 같은 경우에 "눈이 올 가능성"은 상황에 따라 얼마든지 달라질 수 있다. 겨울철이고 또 그 전날의 일기가 나쁘다면 그 가능성은 더욱 높을 것이고 그런 철이 아닌 경우라면 그 가능성은 희박할 것이다. 만일 여름철이라면 그런 전제는 전혀 불가능한 것에 들 것이므로 뒤에 말한 가상법의 전제가 되고 말 것이다. 이런 불가능의 세계도 넓은 의미의 가능 세계라 할 수 있다(서정섭 1991:11). (9)의 앞 절 표현도 가능성을 나타내는 전제가 될 수 있다. 아직 그것을 자신이 확인하지 않은 상태일 수 있으므로 가능성의 세계로 여겨질 수 있는 것이다.

다음과 같은 예에 나타난 전제는 확실성과 불확실성의 양면으로 해석될 수 있다.

(10) a. 내일 내가 그 애를 만나면 야단을 좀 치겠다.
b. 만일/혹시 내일 내가 그 애를 만난다면 야단을 좀 치겠다.
c. 내일 내가 그 애를 만날 때에 야단을 좀 치겠다.

(10a)가 (10b)와 같이 해석될 때에는 그 전제는 실현 가능성이 적을 것이다. 그러나 (10c)와 같은 경우라면 만나기로 되어 있는 상황이라 여겨질 수 있으므로 그 개연성이 높아서 사실에 가깝다고 할 것이다. 그러나 그것은 온전한 확실성을 가진 것은 아니다.

대개 "면"이 첨가된 선행절의 첫 머리에 "만일, 만약에, 혹시" 따위 부사어가 나타나게 되면 그 확실성이 떨어진다. 그 확률이 아주 낮거나 가상적인 상황에 가까울 때일수록 그런 부사어가 나타나게 된다.

(11) {만일/만약에/혹시} 내일 시골에 내려가면 이 편지를 좀 가져가 다오.

(12) a. ?{만일/만약에/혹시} 12시 차가 역에 도착하면 나가 보아라.
b. {만일/만약에/혹시} 12시 차가 정시에 안 도착하면 더 기다려라.

(11)에서 앞머리의 부사어가 선택되면 시골에 내려갈 가능성이 상당히 낮은 경우가 된다. 그러나 그것이 하나도 선택되지 않는 경우라면 정해진 일정일 가능성이 짙어서 확실성이 높은 전제가 될 것이다. (12a)에서는 그 앞머리 부사어와 같이 쓰이기 어렵다. 정해진 시간표대로 차가 도착하는 것이 거의 확실하기 때문이다. 그러나 (12b)에서는 연착이 되는 경우로서 그 개연성이 낮을 것이므로 앞머리의 부사어와 자연스럽게 어울릴 수 있다.

"면" 앞에 시상 형태 "었"이 개입되어 '완료'의 뜻을 드러낼 때에는 거의 확실한 전제를 나타낸다.

(13) 일을 다 마쳤으면 옆으로 비키시오.
(14) 집에 왔으면 먼저 부모님께 인사를 올려야지.

위와 같은 상황에서는 전제 행위가 바로 끝난 경우로서 사실을 지적한다고 할 수 있다. 이렇게 "면"이 "었"과 어울려 '완결'의 뜻을 나타낼 때에는 뒷절에 의도나 명령을 드러내는 수가 많고 단순한 서술법과의 어울림이 어색하게 된다.

(15) 사나이가 한번 칼을 뺐으면 그대로 {꽂을 수야 없지 / ?그대로 꽂는다}.
(16) 일을 다 마쳤으면 {나가도 된다 / 나가거라 / (?)나간다}.

한편으로, "면"에 "었"이 개입되어 가상적인 표현으로 쓰이는 수도 있다.

(17) 이 책을 다 읽었으면 그 내용을 모를 리가 없을 것이다.
(18) 조금 빨리 왔으면 그 사람을 만날 수 있었을텐데.

(17)과 같은 경우는 의문이 제기되는 불확실한 전제를 가리키며, (18)과 같은 상황에서는 전제 행위가 안 일어난 경우로서 가상적인 전제가 되는 것이다.

8.1.3 불가능성 조건의 "(으)면"

"(으)면"(이하 "면")은 실현 불가능한 세계를 전제로 나타내어 가상법(subjunctive mood)을 이루는 경우에도 쓰인다. 현실적으로 불가능한 것을 상정하여 소망, 아쉬움이나 유감 따위를 나타내는 가상 표현에도 "면"이 쓰이는 것이다.

(19) 내가 백만장자가 되면 너를 도와주겠다.
(20) 내가 만일 날개가 있으면 당장에 그 곳으로 날아가겠다.

(19), (20)에서는 "면"이 거의 또는 전혀 실현성이 없는 가상 표현에 쓰였다. 이럴 때에는 미래 세계에 속하는 조건문이라 할 것이다.

"면"에 시제/상 형태 "었"이 쓰이면 현재 또는 과거의 가상법을 나타낸다.

(21) 만일 지금쯤 비가 왔으면 얼마나 좋겠니?
(22) 만약 내가 그 사람과 손을 잡았으면 정말 좋았을텐데.
(23) 만일 그 때에 그 자가 안 죽었으면 나라꼴은 더욱 엉망이 되었을 것이다.

이들은 현실적으로 불가능한 것을 가상적으로 표현하였다. 이렇게 시제/상 형태 "었"이 쓰이고 "만일/만약" 등의 부사어가 앞에 나타나면 가상법이 더욱 잘 드러난다.

"면"에 "었"이 개입되면서 '가상성'을 드러낼 때에는 뒷 절은 과거 추정법이 나타나게 된다. 다른 가상법에서도 뒷 절은 추정법이 나타나는 것이 예사이지만 이런 과거성 가상법에는 뒷 절은 거의 과거 추정이 따르게 된다.

(24) 네가 거기에 갔으면 {?좋다/?좋았다/?좋을 것이다/좋았을 것이다}.
(25) 그 친구가 처음에 그 여자를 만났으면 이야기는 달라졌을 것이다.

위에서 보듯이 "었"과 "면"이 결합하여 가상법을 이룰 때에는 자연히 뒷 절도 거기에 호응하여 가상적인 추정이 따르게 된다.

그런데 "면"은 가상법을 나타내는 데에는 비교적 덜 쓰이고 뒤에서 말하는 "는다면," "었더라면" 따위의 합성 형태가 많이 쓰이게 된다. "면"은 비가상적인 조건문에도 두루 쓰이기 때문에 가상적인 조건절만을 따로 나타내는 형태가 필요하기 때문일 것이다.

8.1.4 확실성 조건의 "(으)면"

"(으)면"(이하 "면")은 확실한 사실을 전제로 도입하여 일종의 조건문을 이루는 데에도 쓰이는 특이성이 있다. 위에서 지적한 바와 같이 조건절은 불확실하거나 불가능한 전제를 도입하는 것이라 이해되고 있는데 우리의 "면"은 그 두 가지 요건을 초월하여 확실한 명제로 인정되는 선행절을 도입하는 구실도 하는 것이다.

"면"은 다음에서 보듯이 확실한 명제로 인정되는 선행절을 도입하게 된다.

(26) 봄이 오면 산에 들에 진달래 피고 …
(27) 여름이 되면 비가 많이 온다.

(26), (27)에서는 "면"의 선행절이 확실한 명제를 나타내고 있다. 이럴 때에는 "(으)면"이 "(으)ㄹ 때에는"과 비슷한 시간적 관계를 나타내며, "만약"이나 "만일" 따위 부사어와도 함께 어울리지 못한다.

(26)′ {*만약/*만일} 봄이 오면, …
(27)′ {*만약/*만일} 여름이 되면, …

이런 점에서 볼 때에도 (26), (27)의 앞 절은 확실한 명제를 나타내는 것이 확인된다. "만일, 만약"은 확고한 명제가 아닐 경우에 쓰이는 말이기 때문이다. 다시 말하면 "면"은 사실 세계를 나타내는 경우에도 쓰이는 특이한 조건 접속소라고 할 수 있다.

|새|김| (26)과 같은 문장은 영어에서는 앞 절을 "If spring comes"로 나타내지 않고 "When spring comes"로 표현하게 된다. 이 언어에서는 이런 경우에는 조건 표지인 "if"를 안 쓰는 것이 상례이다. 또 영어에서는 앞 절의 확실성이 있고 없음에 따라 이 두 가지가 가려 쓰이는 수가 있다. 박승윤(1988:3)에서는 다음과 같은 예문으로 이 사실을 설명하였다.

〈1〉 {If / When} Chelswu comes, I will treat him.
〈2〉 철수가 {오면 / 올 때에는} 나는 그 애를 대접하겠다.

철수가 올 것이 불확실하다면 "if"가 선택되지만 확실할 경우에는 "when"을 쓴다는 것이다. 그런데 우리말에서는 〈2〉에서 보듯이 대개 어느 경우에나 "면"을 쓸 수 있으며 오히려 그 쪽이 더 자연스럽다. 이는 "(으)면"이 영어에서 말하는 조건절 또는 앞에서 말한 불확실한 조건절만을 나타내는 것이 아님을 말해 준다.

"면"이 이렇게 확실한 명제를 나타낼 때에는 뒷 절의 결론은 얼마쯤이라도 불확실한 것이어야 한다(박승윤 1988:5). 곧 "면"이 확실한 전제를 나타내더라도 뒷 절이 확고한 사실이 아니면 된다는 것이다. 그러나 뒷 절마저도 확실한 사실을 드러낼 때에는 "면"이 못 쓰인다.

(28) 거기 서 계시면, 위험합니다.

(29) 자네가 왔으면 들어와야지.

(30) a. 네가 언니면 제일이야?
b. 그 돈이 현금이{*면 / 므로} 도적 맞았을 것이다.

(31) 내일 아침 동이 트면 출발하자.

위 예들(박승윤 1988:4)에서 "면"의 선행절은 거의 100% 확실한 명제를 드러낸다. 그런데 그 뒷 절을 살펴보면 적어도 아직 실현되지 않은 행동이나 상태임을 알 수 있다. 이렇게 뒷 절이 확고한 명제가 아닐 때에는 "면"이 사실 명제에 가까운 선행절을 도입할 때라도 쓰인다. 그러나 만일 다음에서 보듯이 이 뒷 절마저도 확고한 기정 사실이라면 "면"이 쓰일 수 없다.

(32) 네가 왔{*으면 / 으므로} 들어 왔지.

위와 같은 상황에서는 앞뒤 절이 확고한 사실이므로 "면"이 쓰일 수 없고, 다만 까닭 표시 접속소일 때에만 가능한 문장이 된다.

사실 전제 표시의 "면"과 관련된 문제

박승윤(1988:7)에서는 "면"이 불확실 세계, 가정 세계와 함께 사실 세계의 전제를 도입하는 기능이 있음을 밝히고 사실 세계의 도입 기능이 "면"의 한 특성임을 강조하였다. 이러한 사실 세계 표시 기능은 영어에는 볼 수 없으나 Hua어의 조건문에는 그것이 발견된다고 한다.

	영어	Hua	국어
사실 세계		X	X
불확실 세계	X	X	X
가상 세계	X		X

이러한 대비는 "면"의 일반 언어학적 특성을 이해하는 데에 중요한 열쇠가 된다.

여기에서 우리가 따져 볼 일은 사실 세계를 나타내는 "면"이 과연 조건문이 될 수 있느냐 하는 문제이다. 앞에서 보인 조건문 개념에 따르면 사실 세계 표현의 "면"은 조건문을 이루는 것이 아니라고 할 수도 있다. 이때에는 "만약, 만일" 따위 부사어와도 어울리지 못하며, 또 의미로 보아서도 '시간 관계'를 드러내는 것이라고 볼 수가 있을 듯하다. 그러나 박승윤(1988)에서도 지적하였듯이 우리가 앞에서 말한 조건문의 개념은 영어 등 서구어를 바탕으로 마련된 것일 수 있으므로 사실 세계 표시의 "면"이 조건절이 아니라고 단정할 수는 없다. 어떻든 우리의 "면"은 사실 세계를 조건절로 만들 수 있는 기능까지도 포괄하는 넓은 의미의 조건 접속소라고 할 수 있다.

8.1.5 가상법의 "는/ㄴ다면," "(이)라면," "었더라면," "었던들"

"는/ㄴ다면," "(이)라면," "었더라면"과 같은 복합 형태는 주로 가상법을 나타내는 기능을 보인다. 이들은 각기 "는/ㄴ다고 하면," "(이)라고 하면," "었더라고 하면"의 줄임꼴인데 실제로는 이 줄임꼴이 더 많이 쓰인다. 이들은 줄임꼴로 굳어져 가는 형태라고 여길 수 있으며, 또 원형으로 쓴다 하더라도 딴 의미가 가미되지 않고 조건 접속소로만 작용한다. 따라서 우리는 이들을 조건 접속소로 다루는 것이다. "었던들"도 이런 가상법에만 쓰이는 복합 형태이다. "면"이 단독으로 쓰일 때보다 이런 복합 형태로 쓰이게 되면 대개 가상법 표현이 더 자연스럽게 된다. 이런 점에서 이 복합 형태들은 "(으)면"의 기능 부담량을 줄이는 구실을 한다고 할 수 있다(박승윤 1988:8). 가상법 표현은 이들이 주로 떠맡기 때문이다.

복합 형태 "는/ㄴ다면," "(이)라면," "었더라면"은 다음과 같이 전혀 불가능한 세계를 나타내는 가상법에 자주 쓰이게 된다.

(33) 시간이 거꾸로 {간다면/가면}, 우리는 다시 젊어질 것이다.
(34) 내가 {새라면/(?)새이면}, 그대에게 날아가리라.
(35) 그 남자가 {여자였더라면/여자였으면} 그 집안 형편은 달라졌을 것이다.
(36) 그 여자의 코가 조금만 더 {높았던들/높았으면} 운명은 달라졌을 것이다.

위에서 보듯이 현실과 반대되거나 현실적으로 불가능한 일을 전제로 끌어들이는 데에는 이 복합 형태가 안성맞춤으로 쓰이게 된다. 이럴 때에는 "만일, 만약" 따위가 곁들여지지 않아도 가상법을 자연스럽게 나타낼 수가 있다. 이는 "(으)면"만 쓰인 가상법이 얼마쯤 어색한 것과는 대조를 이룬다.

이런 복합 형태들은 불가능한 세계뿐 아니라 얼마쯤 불확실한 명제를 전제로 도입하는 데에도 쓰일 수 있다. 그러나 확실한 사실이 전제되는 경우에는 쓰이지 못한다.

(37) a. 내일 비가 {오면 / 온다면} 야구 시합이 중지될 것입니다.
b. 내일이 공휴일{이면 / 이라면} 가게 문을 닫지요?

(38) a. 네가 이 책을 {읽으면 / 읽는다면} 생각이 달라질 것이다.
b. 네가 이 책을 {읽었으면 / 읽었더라면} 생각이 달라졌을 것이다.

(39) 정오가 {되면 / *된다면} 종이 울립니다.

(40) 그 사람들이 일요일{이면 / *이라면} 교회에 갑니다.

(41) 남의 집을 {방문했으면 / *방문했더라면 / *방문했던들} 안으로 들어가야지.

(37), (38)에서와 같이 불확실성이 있는 전제일 때에는 "(으)면"과 함께 "는 / ㄴ다면," "(이)라면," "었더라면," "었던들"과 같은 복합 형태가 함께 쓰일 수 있다. 그러나 (39)-(41)에서 보듯이 사실 전제가 나타날 때에는 이 복합 형태들은 쓰이지 않는다.

요컨대, "는 / ㄴ다면," "(이)라면" 또는 "었더라면"이나 "었던들" 따위는 불가능한 가상 세계를 나타내는 데에 주로 쓰이고 상황에 따라 불확실한 세계를 나타내는 데에도 쓰일 수 있다. 그러나 확고한 사실을 전제로 하는 조건문에는 쓰이지 않는 특성이 있다.

|새|김| 가상법 또는 가정법은 영어에서는 한 서법으로 치며 형태적 특징도 갖추고 있다.

〈1〉 If I were a bird, I would fly to her.

〈1〉에서와 같이 가상법을 나타낼 때에는 현재형 서법인데도 "were"와 같은 과거 복수형을 쓰는 따위로 형태 차이가 드러난다. 그러나 우리말에서는 가상법 형태가 따로 발달되어 있지 않으며 문법 범주로도 인정되지 않는다. 다만 위에서 보듯이 "었"이 첨가되고 그 밖의 복합형이 쓰이게 되면 가상법을 드러내는 효과가 커지는 것이다.

"느라면"은 앞에서 다룬 "느라고"의 "느라"와 "면"의 합성이다. 이것은

"느라고 하면"의 줄임꼴이라고 할 수도 있겠으나 이것은 잘 쓰이지 않으므로 위와 같은 합성 형태로 여김이 예사이다. "느라면"의 "느라"는 "느라고"에서와 마찬가지로 '진행성'을 드러낸다. 그래서 "느라면"은 선행동사의 동작이 한동안 진행됨을 나타내는 조건절을 이끌어들인다. "노라면"도 합성어로서는 비슷한 의미를 드러낸다.

(42) 우리가 여기에서 기다리{느라면 / 노라면} 그 아이들이 돌아올 것입니다.
(43) 사람이 오래 사{느라면 / 노라면} 별의별 일이 다 있는 법이다.

위에서 보듯이 "기다리느라면, 기다리노라면"은 '기다리고 있으면'으로 해석될 수 있고, "사느라면, 사노라면"은 '살고 있으면'과 같은 뜻으로 해석될 수 있다.

"느라면"은 그 선행어가 비상태성이어야 하고 뒷 절의 서법은 서술법이나 의문법에 한정되고 명령법, 청유법, 의도법 따위는 제외되는 경향이 있다.

(44) a. 날씨가 {*따뜻하느라면 / 따뜻하면} 아이들이 밖으로 나간다.
b. 그 사람이 {*청년이느라면 / 청년이면} 교양을 쌓아야 한다.
c. 내가 집에 {?있느라면 / 있으면} 전화가 많이 걸려 온다.
(45) 내가 글을 쓰느라면 {a.*조용히 해라 / b.*생각을 많이 하자 / c.*생각을 많이 하겠다}.

(44)에서는 "느라면"은 그 선행어가 형용사 따위 비상태성 용언일 때에는 잘 쓰이지 않음을 보이고, (45)에서는 그 뒷 절의 서법이 명령법, 청유법, 의도법 따위가 못 쓰임을 보인다.

"면"과 "는다면"의 차이 문제

이정민(1980)에서는 현실성을 쉽게 믿을 수 있는 조건이면 "면"을 선택하고 그와 반대인 경우에는 "는다면"을 쓴다고 하였다. 곧 전자가 가능한 세계를 현실적으로 내심 받아들이게 하는 데 반하여, 후자는 외면적으로 가정함을 드러낸다는 것이다. 그런데 반드시 그렇지는 않다. "면"도 가정적 표현에 쓰일 수 있기 때문이다. 다만 그러한 경향이 있다고 말하는 것이 옳을 것이다.

이광호(1980)에서는 위 이정민(1980)의 분석에 문제점이 있음을 지적하고 "면"은 주관적인 조건, "다면"은 객관적인 조건 구문을 형성하는 통사-의미 기능을 수행한다고 보는 것이 합리적이라고 하였다. "다면"이 그 심층에서 "다고 하면"의 변형으로 볼 수 있다는 점이 그 근거라는 것이다. 상위 동사 "다고 하면"에 내포되어 있는 보문인 선행문의 내용이 반사실적인 조건, 과거 사실의 반대, 염원 등등 무엇이든지 간에 객관적인 사실의 진술이 될 것임에 틀림이 없기 때문이라는 것이다. "다면"이 일종의 인용문 형식이기 때문에 객관성이 있다고 하는 것인데 분명히 일리가 있는 풀이라고 생각된다. 다만 객관성과 주관성의 차이만으로는 양자의 다름이 구체적으로 잡히지 않는 점이 아쉬운 대목이다.

한편으로 박승윤(1988:10)에서는 "면"이 무표적(unmarked) 중립적 조건의 표지라면, "다면," "다고 하면"은 비사실성(irrealism) 조건 표지라고 결론지을 수 있다고 하였다. 이 논문에서는 "면"은 사실성과 비사실성 조건을 두루 나타낼 수 있으나 "다면" 따위는 비사실성 조건을 나타내는 것이라고 하였다. 이 논문에서는 "면"이 사실 조건과 함께 비사실 또는 가상적인 조건까지도 두루 나타낼 수 있는 데 반해서 "다면"은 비사실 또는 가상적인 조건을 나타내는 특성이 있음을 밝혔다. 이런 점에서 박승윤(1988)은 이정민(1980)의 분석보다 좀더 구체성을 띠고 있을 뿐 아니라 양자의 차이를 비교적 잘 정리하였다고 할 만하다.

8.1.6 조건 접속의 "거든"

"거든"은 대개 뒷 절에서 말하는이의 의도를 나타내는 조건문을 이룰 때에 쓰인다. 곧 뒷 절에서 말하는이가 명령, 요망, 의도, 제의 따위 행위적 서법을 드러내고자 할 때에 "거든"으로 이끌리는 조건절을 쓸 수 있다. 이런 환경에서는 "거든"은 "면"과 교체되어 쓰일 수가 있다.

(46) 거기에 도착하{거든 / 면} 편지하시오.
(47) 차가 오{거든 / 면} 같이 떠납시다.
(48) 내일 날씨가 개{거든 / 면} 떠나겠다.
(49) 그 사람이 집에 있{거든 / 으면} 뭐라고 말할까요?

뒷 절에서 명령, 청유 또는 의도 표시 등을 할 때에 "거든"이 "(으)면"과 함께 쓰일 수 있다.

그러나 뒷 절에 의도가 안 드러날 때에는 "거든"이 잘 쓰이지 못하고 "(으)면"으로 대치되는 것이 예사이다.

(50) 그 사람이 돈을 {?벌거든 / 벌면} 남을 돕는다.
(51) 아이가 {?울거든 / 울면} 때려 주니?

위에서와 같이 뒷 절이 서술법이나 의문법일 때에는 "거든"이 쓰이지 않고 "(으)면"으로 대치되어야 자연스럽다. 이렇게 "거든"은 "(으)면"보다는 한정된 분포를 보인다.

"거든"은 불확실성이 짙은 조건절에는 잘 안 쓰이는 경향이 있다. 그래서 "만약"이나 "만일" 따위가 나타나면 썩 자연스러운 문장이 못 되는 경향이 있다.

(52) 만일 내일 비가 {(?)오거든 / 오면} 산에 가지 말아라.
(53) 만약에 그이가 너에게 {(?)오거든 / 오면} 만나 주어라.
(54) 만약에 해가 서쪽에서 {*뜨거든 / 뜨면} 너는 어떻게 하겠니?

"거든"은 사실성의 전제 조건을 나타내는 수가 많다. "(으)면"과 함께 "거든"은 확실성이 있는 일을 조건절에 이끌어들이는 데에 많이 쓰이는 것이다.

(55) 아침이 {되거든 / 되면} 떠나라.
(56) 달이 {뜨거든 / 뜨면} 마당에 나가 놀아라.

"거든"은 이렇게 확실성 있는 전제를 도입하는 면에서 "(으)면"과 일치한다. 곧 "거든"은 불확실성이나 불가능성이 짙은 조건절을 끌어들이기보다는 확실성이 있는 전제를 도입하는 것이 두드러진 특징이다.

|새|김| 이광호(1980:60)에서는 "거든"이 (+사실성)이라는 의미 특질을 가진다고 지적하였다. "면," "거든"은 모두 어떤 사실 행위 등이 완료되었거나 진행중이거나 또 일어날 것을 똑같이 조건으로 하지만, "면"이 (±사실성 혹은 실현성)의 의미 기능을 가지고 있는 데 반하여 "거든"은 (사실성 또는 실현성)의 의미 기능만을 가진다고 명쾌히 밝힌 바가 있다.

"거든"은 상태성 용언과는 잘 어울리지 않는 경향이 있다.

(57) 날씨가 {?좋거든 / 좋아지거든 / 좋으면} 산에나 가자.
(58) 그 사람이 {?일요일이거든 / 일요일이면} 낚시질을 간다.
(59) 그 사람이 집에 {있거든 / 있으면} 찾지 말아라.

(57)에서 보듯이 "거든"은 "좋다"와 같은 형용사에 덧붙으면 매우 어색하고 "좋아지다"와 같이 동사화해야 자연스럽다. (58)에서는 지정사 "이다"가 "거든"과 어울릴 수 없음을 보이며, (59)에서는 동사성이 있는 "있다"는 어울릴 수 있음을 드러낸다.

|새|김| 구현정(1989a:57-59)에서는 "거든"에 형용사 따위 상태성 용언이 선행할 때에도 제약이 없는 것으로 서술하고 다음과 같은 보기를 들었다.

〈1〉 영이가 학생이거든, 그 책을 주어라.
〈2〉 덥거든 옷을 벗어라.

그러나 우리가 보기에는 자연스런 문장이라고 하기 어려울 듯하다.

"거든"이 상태성 용언과 썩 잘 어울리지 않는 것은 그것이 앞뒤 절을 계기적으로 접속하는 특성이 있기 때문이라 풀이된다. "거든"의 앞 절은 대개 뒷 절에서 나타내는 행동이나 의도를 드러내는 전제 조건을 마련하는 것이다. 이렇게 양자 사이에 '계기성'이 있음은 이정민(1980:6-7)에서 지적한 바가 있다.

(60) 그 사람을 만나거든 안부를 전해라.
(61) 차가 정거하거든 내려라.
(62) 넌 모르거든 가만히나 있어라.

앞 절의 동작과 뒷 절의 동작은 밀접한 관련을 가지고 바로 이어지는 듯한 느낌을 주고 있다. "거든"은 이처럼 뒷 동작과 바로 연결되는 조건 동작을 이끌어들이는 일이 많다.

8.1.7 필수 조건의 "어야," "(이)라야"

"어야," "(이)라야"는 반드시 이루어져야 하는 조건을 나타낸다. "어야"는 선행 동사가 일반 용언일 경우에 쓰이고, "(이)라야"는 지정사일 때에만 쓰이는 것이다. 이런 "어야"나 "이라야"는 가상으로 내세우는 조건이 아니라, 반드시 실행되어야 함을 보이는 것이다. 바꾸어 말하면 그것이 이루어지지 않으면 뒷 절 서술 내용이 실현될 수 없음을 나타내는 경우에 이 형태가 쓰인다.

(63) a. 산에 가야 범을 잡는다.
b. 산에 가지 않으면 범을 잡지 못한다.

(64) a. 책을 많이 읽어야 교양이 높아진다.
b. 책을 많이 읽지 않으면 교양이 높아지지 못한다.

(65) a. 이 사람이라야 그 자리에 오를 수 있다.
b. 이 사람이 아니면 그 자리에 오를 수 없다.

"어야"나 "이라야"를 쓴 각 a는 각 b와 같은 의미를 함의한다. 이는 뒷 절이 실현되려면 그 조건이 반드시 이루어져야 함을 뜻한다. 그런데 이 조건이 이루어진다고 해서 뒷 절이 꼭 실현된다는 것은 아니다. 다시 말하면 "어야"나 "이라야"가 쓰인 절은 충분 조건은 못 되고 필요 조건이 되는 것이다.

"어야"가 나타내는 이런 필수 조건은 "(으)면"과 비교해 보면 더 잘 알 수가 있다.

(66) a. 너는 공부를 열심히 해야 성공한다.
b. 네가 공부를 열심히 하는 것은 성공의 필수 조건이다.

(67) a. 너는 공부를 열심히 하면 성공한다.
b. 네가 공부를 열심히 하는 것은 성공의 한 조건이다.

"어야"가 쓰일 때에는 없으면 안 되는 필수 조건절을 도입하는 데에 반하여 "(으)면"이 쓰인 조건절은 그런 필수성은 없고 다만 한 요건임을 나타낸다.

|새김| "어야"는 일찍이 최현배(1961:292)에서 "꼭 쓰기 매는 꼴"이라 하였고 이광호(1980:60)에서는 "필수적 조건"이라 한 바 있으며, 이상태(1977a)에서는 "어야"는 뒷 명제가 앞 명제를 함의하는 관계로 잇는다고 하였다.

"어야"의 선행절과 연결되는 후행절의 서법은 대개 추정, 의도, 가능성 따위와 관련된 것이 나타나게 된다.

(68) a. 우리는 책을 읽어야 교양이 높아질 것이다. 〈추정〉
b. 우리는 책을 읽어야 지식이 많아질 수 있다. 〈가능성〉

(69) a. 그 사람이 와야 내가 가겠다 / 내가 갈텐데. 〈의도 / 추정〉
b. 그 사람이 와야 나도 간다(갈 것이다 / 가겠다). 〈추정 / 의도〉

(69b)와 같이 평서술법 형태로 나타난 경우도 사실은 추정이나 의도를

나타내게 된다. 이럴 때의 현재형은 실질적으로 미래 추정의 뜻을 나타내는 것이다. ("나는 내일 간다."에서 "간다"가 미래 추정이나 의도를 나타내는 것과 같은 것이다.)

|새김| 이상태(1977a:56)와 이광호(1980:60)에서는 "어야"의 후행절에 명령법이나 청유법이 나타날 수 있다고 한 바가 있다.

〈1〉 철수가 와야 너도 가거라. (이상태 1977a)
〈2〉 영이가 와야 {우리는 가자 / 철수도 오너라}. (이광호 1980)

그러나 위 보기들에서 보듯이 "어야" 선행절은 명령법이나 청유법의 후행절과는 자연스럽게 연결되지 않는다고 판단된다.

"어야"와 "야"

"어야"는 본디 "어 + 야"로 분석될 수 있다고 추정되는데 실제는 그런 성분 분석이 거의 불가능하다. "어"에 강조의 "야"가 복합된 것이라 하여서는 '필수 조건'의 의미가 쉽사리 떠오르지 않기 때문이다. 이 형태가 "어야"의 형태로 일찍부터 쓰여 온 것을 볼 때에, 그것이 복합형이라고 짐작되더라도 그 형성 과정은 아주 오래 전에 마쳤으리라고 여겨진다. 어떻든 현대어에서는 복합 형태로보다는 단일 형태로 다룰 수밖에 없다.

이와 비슷한 형태로 여겨지는 "어서야"는 "어서 + 야"의 분해가 쉽사리 이루어지며, 의미적인 면에서도 합성 형태임을 짐작하기 어렵지 않다.

(70) 그 회의는 한 사장이 {나타나서야 / 나타나서} 비로소 시작되었다.
(71) 그 두 사람이 {만나서야 / 만나서는} 싸움밖에 더 하겠어?

(70)에서는 "야"가 분리될 수도 있음을 보이고, (71)에서는 "야"가 "는"으로 대치될 수 있음을 보인다. 곧 "어서야"의 경우에는 "어서"에 "야"가 거의 임의적으로 추가될 수 있다. 이는 "어야"의 경우와는 다른 점이다.

8.1.8 당위성의 "어야 되다"와 "어야 하다"

"어야"는 "되다," "하다"와 이어질 때에는 당위성을 나타내는 표현을 하게 된다.

(72) 나는 이 책을 읽어야 {a.된다 / b.한다}.

(72)에서처럼 "어야"와 "되다" 또는 "하다"가 결합하게 되면 읽지 않으면 안 된다는 당위성이 표현된다.

그런데 "어야" 다음의 "되다"는 한 축약된 절을 대표한다고 볼 수 있다. 곧 그 동사 앞에 주어 따위 딴 요소가 상황에 따라 생략된 것이라 할 수 있다는 것이다.

(73) a. 나는 그 사람을 만나야 된다.
b. 나는 그 사람을 만나야 (일이) 된다.

(74) a. 너는 너 자신을 알아야 된다.
b. 너는 너 자신을 알아야 (모든 일이 제대로) 된다.

각 a의 "되다"는 각 b에서 보는 것처럼 괄호 안의 내용이 생략되었다고 추정할 수 있다. 이런 생략 부분은 그 문맥이나 상황에 따라 달라질 수 있으므로, 이런 "되다"가 의미하는 바는 상당히 다양하게 이해될 수 있다.

이렇게 "어야"와 "되다"가 결합되어 드러내는 "당위성"의 의미 기능은 "어야" 접속문의 특수한 경우라 할 수가 있다. 다시 말하면 "어야 되다"는 그것만으로 국한해서 처리하여 "당위성" 표현의 어구라고 볼 것이 아니라 "어야" 접속문과 본질적으로 다름이 없는 것으로 여겨야 한다는 것이다. 그 한 증거로는 (73), (74)의 각 b에서 보듯이 "어야"와 "되다"의 사이에 적절한 삽입구를 넣어도 의미 변화가 일어나지 않을 뿐더러 상황에 따라서는 그 편이 더 자연스럽고 갖추어진 문장이 될 수 있다는 점을 꼽을 수 있다. 이는 여느 관용화된 표현에서는 볼 수 없는 것으로서 "어야 되다"가 관용적 합성어가 아님을 말해 준다.

이제 (72b)에서와 같이 "어야"와 "하다"가 결합된 경우를 보기로 한다. 최현배(1937) 등에서는 이런 경우에 "되다"보다는 "하다"를 중심으로 하여 다루었으며 그것을 이른바 "당위 보조 동사"라고 불렀다. 그런데 이때의 "하다"는 "되다"의 대행 동사일 뿐이다. 곧 (72a)에서 "되다"를 "하다"로 대치하여 이루어진 것이 (72b)이다. 그 관계를 좀더 자세히 살펴 보자.

(75) a. 사람은 늘 웃고 살아야 (모든 일이 잘) 된다.
b. 사람은 늘 웃고 살아야 된다.
c. 사람은 늘 웃고 살아야 한다.

(75a)와 같은 "어야" 접속문에서 상황에 따라 괄호 안의 부분이 생략되면 (75b)와 같은 문장이 되고 나아가 "되다"가 "하다"로 대치되기에 이르렀다는 것이다.

위와 같이 기술하면 "어야 되다 / 하다"를 관용구로 여길 필요도 없고 이런 경우의 "하다"를 보조 용언으로 삼을 필요도 없다. 또 "어야 하다"의 본 기능이 무엇인지도 자동적으로 밝혀지는 것이다.

"어야 되다"와 "어야 하다"의 문제

"어야 되다"가 본래의 꼴이고 그 "되다"가 "하다"로 대치된 것이 "어야 하다"로 여김이 타당하다. 첫째로, 의미적인 면에서 타당성이 있다. "책을 읽어야 된다"와 같은 표현에서 "되다"가 드러내는 의미는 상황에 따라 쉽사리 추정이 될 수 있다. "되다"는 "책을 읽어야 일이 잘 된다"와 같은 상황적 의미 내용을 추정할 수 있게 하는 것이다. 그러나 "읽어야 한다" 따위에서는 "하다" 앞에 어떤 요소가 생략되었는지 추정하기 어렵다. 따라서 "어야 되다"를 기본으로 삼아야 하는 것이다.

둘째로, 구문론적인 면에서 "어야 하다"는 "어야 되다"에서 유래된 것임이 드러난다. 이는 다음과 같은 부정 변형에서 입증된다.

(76) a. 사람은 늘 웃고 살아야 된다.
 b. 사람은 늘 웃고 살지 않으면 안 된다.

(77) a. 사람은 늘 웃고 살아야 한다.
 b. *사람은 늘 웃고 살지 않으면 안 한다.

"어야 되다"가 쓰인 (76a)와 같은 문장은 (76b)와 같은 부정 변형이 가능하다. 그러나 "어야 하다"가 쓰인 (77a)와 같은 문장은 (77b)와 같은 부정 변형이 불가능하다. 이와 같은 사실은 "되다"가 본디꼴이고 "하다"는 특정한 상황에서 그것을 대행하는 구실을 할 뿐이라는 것을 확인하여 준다.

요컨대, 최현배(1937) 등에서는 "어야 하다"의 "하다"는 당위 보조 용언이라는 범주에 드는 것이라고 하였으나 그런 "하다"는 본디 "어야 되다"에서 "되다"를 대치한 데에서 나타난 것이다. "어야 되다"는 "어야" 접속문의 한 특수한 경우로 볼 수 있으나 그것은 관용화된 형태는 아니다. 따라서 그전처럼 "하다"를 "당위 보조 동사"로 기술하는 것보다는 접속소 "어야"의 한 용법으로 해석하는 것이 타당하며, 곧 이럴 때의 "하다"는 "되다"의 대행 동사라고 기술하여야 마땅하다.

8.2 시간 관계 부사절

시간 부사절이란 시간과 관련된 종속절을 말한다. 이 부사절은 시간 관련 접속 형태로 이루어지는데 앞에서 말한 시간 관계 부사어나 후치사구와 비슷한 기능이지만 절 또는 문장 구조를 지니는 점이 다르다.

(78) *그이가 젊어서* 고생을 많이 했다.

(79) *사람들이 다 모이자* 회의가 시작되었다.

(80) *그이가 밖에 나갈 때에* 비가 오기 시작했다.

(78)－(80)에서 기운 글씨로 쓴 앞 절은 시간적 상황을 나타내는 시간 표시 부사절이다.

시간 관계를 나타내는 부사절의 접속소는 시간적 관계에 따라 다음과 같이 나누어진다.

〈1〉 **동시 관계** : 어서, (으)ㄹ 때(에), (으)ㄹ 적에, (으)ㄹ 제
〈2〉 **순차 관계** : 자 / 자 마자, 고서, 더니
〈3〉 **선후 관계** : 기 전에, (으)ㄴ 뒤 / 후에 / 다음에
〈4〉 **계속 관계** : 기까지, (으)ㄹ 때까지, 는 동안에

그 밖에 "(으)며"나 "(으)면서"도 시간적 관계 표현과 관련이 있으나 그것은 대등 접속 형태로서의 기능이 더 두드러지므로 따로 시간 접속소로 다루지 아니한다.

8.2.1 동시 관계 표시 접속 형태 "어서"

"어서"는 앞 절에 첨가되어 뒷 절을 시간적으로 한정하는 기능이 있음은 앞에서 지적하였다. 이 형태는 계기 한정 접속 관계와 까닭을 나타내는 부사절을 도입하는 기능 말고도 시간적 한정 기능이 있는 것이다. 이 시간적 한정 기능은 일부 시간어와 결합하였을 때에 드러난다. 여기 말하는 시간어는 직접, 간접으로 시간과 관련된 형용사와 동사들이다.

첫째로, "어서"와 어울린 일부 시간 표시 형용사들은 환경에 따라 시간적 한정 기능을 드러낸다.

(81) 저이가 {a.어려서 / b.어렸을 때에} (저이가) 공부만 했지요.
(82) 저 애는 너무 {a.어려서 / b.어리기 때문에} (저 애는) 공부를 못한다.
(83) a. 늙어지면 못 노나니 젊어서 노세.

b. 저 친구는 나이가 젊어서 실수를 한다.

(81a)의 "어려서"는 (81b)에서 보듯이 '어렸을 때에'로 해석된다. 이는 시간적 한정 기능을 보이는 경우가 된다. 그러나 (82)에서는 동일한 용언이 쓰였는데도 인과 관계로 해석된다. (83a)의 "젊어서"는 '젊었을 때에'로 해석되고 동일한 형태의 "젊어서"가 (83b)에서는 '젊기 때문에'로 해석된다. 이는 시간적 제약은 그 환경에 따라 드러나는 것임을 말해 준다.

"어(서)"와 함께 시간적 한정 기능을 보일 수 있는 형용사나 형용사 어구들은 대개 다음과 같은 것들이다. 이들은 시기나 때와 관련되는 뜻을 지닌다.

(84) a. 어리다, 젊다, 크다, 늙다, 늦다, 밝다, 어둡다, 어둑어둑하다, 껌껌하다
b. 따뜻하다, 시원하다, 덥다, 춥다
c. 나이가 많다, 나이가 적다, 달이 밝다

(84a)는 인생의 시기를 암시하는 말이거나 자연 변화에 따른 현상을 나타내는 형용사들이다. (84b)의 것들은 시간에 따라 변화하는 현상을 나타내는 말이다. 이들은 다음과 같이 시간적 한정 기능을 보인다.

(85) 국이 따뜻해서 드시오.
(86) 시원해서 떠나시오.
(87) 날씨가 {더워서 / 추워서} 일을 시작하려는 모양이군.

그러나 이런 시간적 한정 용법과 관련된 형용사는 그렇게 많지 않고, 또 현대어에서는 그렇게 활발히 쓰이지 않는 편이다. (84c)의 것들은 다음과 같이 시간적 한정 기능을 보인다.

(88) 그 일은 나이가 많아서(야) 할 만하지.

(89) 그들은 달이 환하게 밝아서(야) 길을 떠났다.

"어서"가 시간적 제약을 나타낼 때에는 대개 앞뒤 절의 주어가 동일하고 한정사 "야"가 덧붙을 수 있다. 이는 그것이 인과 관계를 나타낼 때와 다른 점이다. 다음에서 보듯이 앞뒤 주어가 달라지게 되면 여느 인과 관계로 쓰이게 되고, 시간 관계는 잘 드러나지 않는다. 이럴 때에는 "야"가 "어서"에 덧붙을 수 없다.

(88)′ 나이가 많아서(/ *많아서야) 그이는 그 일을 할 수 없었다.
(89)′ 달이 환하게 밝아서(/ ?밝아서야) 그들은 남의 눈을 피할 수 없었다.

이렇게 "까닭"을 나타낼 때에는 "어서"에 한정사 "야"가 쓰이기 어렵고 시간적 한정 기능을 나타낼 때에만 그것이 첨가될 수 있는 점이 주목된다(바로 뒤에서 논의함).

둘째로, 시간 표시와 관련된 일부 동사나 동사구들도 "어서"와 결합하여 시간적 한정 기능을 보인다.

(90) 해가 떠서(야) 머슴은 일어났다.
(91) 나는 열 시가 되어서(야) 학교로 갔다.
(92) 그 모꼬지는 손님들이 다 모여서(야) 시작되었다.

(90)의 "해가 떠서(야)"는 '해가 떴을 때에 (비로소)'로 해석될 만하다. "열 시가 되어서(야)"는 '열 시가 되었을 때에'라는 뜻으로, "다 모여서(야)"는 '다 모였을 때에'라는 뜻으로 풀이된다.

이렇게 "어서"와 어울려 시간적 한정 기능을 보이는 동사나 동사구들은 다음과 같다.

(93) a. 자라다, 저물다, 지다, 뜨다, 늦다
b. 죽다, 살다, 닥치다, 지나다
c. 나이 들다, 철이 들다, 장가 가다, 시집 가다, 달이 차다

(94) 그이는 살아서 그 일을 다 못 마칠 것이오.

(95) 그이는 죽어서 천당에 갈 사람이오.

(96) 해가 {저물어서 / 져서} 일이 끝났다.

(97) 추운 겨울이 닥쳐서야 먹을 것을 장만하였다.

"어서"가 동사와 결합하여 시간적 한정 기능을 보일 때에는 대개 "어서"에 "야"가 첨가되어 "어서야"의 꼴이 될 수 있다. 이는 계기 접속이나 인과 접속에서의 "어서"에서는 볼 수 없고, 시간적 한정 기능을 드러내는 경우에만 나타날 수 있는 현상이다. 따라서 이 한정사 "야"의 첨가 가능성은 "어서"가 시간 표시 부사어임을 드러내는 표지라 할 수 있다.

(98) 그이가 마흔 살이 되어서야 장가를 갔다.
  a. 그이가 마흔 살이 되었을 때에 장가를 갔다.
  b. ?그이가 마흔 살이 되었기 때문에 장가를 갔다.
  c. ?그이가 마흔 살이 되었으며 이어서 장가를 갔다.

(98)에서처럼 "되어서야"와 같이 "야"가 첨가되면 (98a)에서처럼 시간적 한정 기능이 표시되고 (98b,c)에서와 같이 인과 관계나 계기적 접속 기능은 드러나지 않는다. 다시 말하면 "어서"에 "야"가 첨가되면 언제나 시간적 한정 기능을 보인다는 것이다. 그러나 그 반대는 참이 아니다. "어서"에 "야"가 첨가되지 않아도 시간적 한정 기능을 드러내는 일이 있기 때문이다.

(99) 그이는 고관이 되어서 고향에 돌아왔다.
  a. 그이는 고관이 되었을 때에 고향에 돌아왔다.
  b. 그이는 고관이 되어 가지고 고향에 돌아왔다.
  c. 그이는 고관이 되었기 때문에 고향에 돌아왔다.

(99)에서와 같이 "어서"만이 나타날 때에도 (99a)에서와 같이 시간적 한정 기능을 보일 수 있다. 또 시간적 한정을 나타내는 경우에 때에 따라

서는 "야"가 첨가되면 어색하게 여겨지는 일도 있다. 위 (81)이나 (82)에서는 "어려서"나 "젊어서" 따위에는 "야"가 덧붙으면 지나친 강조가 되어서 오히려 부자연스럽다.

요컨대, "어서"에 "야"가 첨가되지 않을 때에는 (99)에서와 같이 세 갈래의 모호성이 드러나지만 "야"가 첨가되면 시간적 한정 기능만이 드러난다. 그런데 의미 면에서 볼 때에 "야"는 시간적 한정을 강조하는 구실을 드러낸다. 말하자면, 이 "야"는 "이제야," "그때야"에서의 "야"와 일맥상통하는 기능을 보인다고 여겨진다.

"어서"의 의미 문제

"어서"가 시간적 한정 기능을 보일 경우에도 그 자체에 그러한 의미 기능이 갖추어졌다고 판단된다.

(100) 그들은 날이 밝아서(야) 떠났다.
a. 그들은 날이 밝고 떠났다.
b. 날이 밝았다. 그들은 떠났다.

(100)에서 "어서"를 "고"로 대치한 (100a) 그리고 "어서"를 빼버린 (100b)에서는 시간적 한정 기능이 드러나지 않는다. 이는 "어서" 자체에 그 기능을 돌릴 수밖에 없음을 시사한다. 다음 (101)에서도 그 점이 더욱 명백해진다.

(101) 저 선생들은 젊어서 공부만 했다.
a. 저 선생들은 젊고 공부만 했다.
b. 저 선생들은 젊었다. 공부만 했다.

(101)의 "어서"를 "고"로 바꾼 (101a)나 "어서"를 빼버린 (101b)는 그런 시간적 의미가 사라지고 만다. 따라서 "어서" 자체에 그런 의미 기능이 있다고 보지 않을 수 없다.

또 한 가지 중요한 사실은 "어서"가 시간적 한정 기능을 보일 때에도 기본적으로 '가짐'이라는 의미를 지닌다고 할 수 있다는 것이다. 곧 시간적 한정 기능을 보이는 "어서"도 "(으)ㅁ으로써" 또는 "어 가지고"라고 해석될 수 있다.

(102) a. 그들이 도착해서 회의가 시작되었다.
b. 그들이 도착해 가지고 회의가 시작되었다.

(103) a. 그이는 나이가 먹어서 혼인을 했다.
b. 그이는 나이가 먹어 가지고 혼인을 했다.

시간적 한정 기능의 "어(서)"도 인과 관계나 계기적 접속의 "어(서)"와 함께 그 기저적 의미는 "가짐"이라고 결론지을 수가 있다.

요컨대, "고"는 그 자체로서는 비순차적 연결 기능 또는 대칭적 연결 기능밖에는 없음에 비하여, "어(서)"는 그 자체가 '가짐'이라는 기저적 의미 기능을 지님으로써 그 앞뒤 절을 인과 관계, 시간적 관계 또는 계기 한정 관계로 연결하는 기능을 보인다.

8.2.2 동시 접속의 "(으)ㄹ 때에," "(으)ㄹ 적에," "(으)ㄹ 제"

"(으)ㄹ 때에," "(으)ㄹ 적에," "(으)ㄹ 제"는 그 앞뒤 절의 동시 접속을 드러낸다. 이들은 단순 형태는 아니나 동시 관계를 나타내는 접속 형태로 흔히 쓰인다. 이 형태들의 쓰임에는 선행 용언이나 뒷 절의 서법 등 제약이 없고 또 앞뒤 주어 선택에도 특별한 제약이 없다.

(104) 자네가 갈 때에 이것 좀 가지고 가게.

(105) 우리는 어렸을 때에 뒷산에 올라가 진달래를 꺾었소.

(106) 그이는 거짓말을 할 적에는 미소를 짓는다.

(107) 아이들은 들에서 놀다가 해가 질 적에 집으로 돌아갔다.

(108) 이 도령이 암행어사로 남원에 돌아올 제 그를 아무도 몰라보았다.

"때"나 "적" 따위 시점을 가리키는 시간어와 결합할 경우에는 "(으)ㄹ"은 그 본디 의미가 중화된다. 곧 "갈 사람, 먹을 음식"에서와 같이 쓰일 때의 "(으)ㄹ"이 드러내는 추정의 뜻이 제 기능을 발휘하지 않는다는 것이다. 그래서 다음과 같이 뒷 절의 시제는 얼마든지 달라질 수 있게 된다.

(109) 나는 갈 때에 친구와 같이 {간다 / 갈 것이다 / 갔다}.

(110) 손님이 올 {적에 / 제} 그이는 한복을 {입는다 / 입을 것이다 / 입었다}.

(109), (110)에서 보듯이 "ㄹ 때에," "ㄹ 적에," "ㄹ 제"는 현재, 미래, 과거의 시간적 서술을 하는 뒷 절과 두루 어울리게 된다.

다음에서와 같이 "ㄹ 때에" 따위 앞에 "었"이 쓰일 때에는 앞 절은 과거 또는 완료 시점을 가리키고 뒷 절은 거기에 따른 과거 또는 완료 서술을 보인다.

(111) 내가 학교에 갔을 때에 수업이 시작되어 {있었다 / *있다 / ?있겠다}.

(112) 서산에 해가 졌을 {적에 / 제} 달이 {안 보였다 / ?안 보인다 / ?안 보이겠다}.

이와 같은 현상은 "었"으로 말미암은 것이다. 이 때에도 "ㄹ"은 시간적으로 중립적이다.

|새김| 최현배(1961:275)에서 "(으)ㄹ"이 "이적"(현재)의 시제적 의미를 드러낸다고 한 것은 이런 시간적인 중화 현상을 말한다. 이 형태가 중화된 쓰임을 보이는 예는 그 밖에도 있다. "올 래(來), 믿을 신(信)" 따위와 같이 한자어의 새김을 가리킬 때에도 "ㄹ"은 시간적으로 중화된다.

8.2.3 순차 접속 부사절 형태의 "자"와 "자 마자"

순차 접속소 "자"와 "자 마자"는 앞 절의 동사구에 첨가되어 뒷 절과 바로 이어질 종속절을 이룬다. 이 접속소는 앞뒤 절의 결합이 바로 잇달아 이루어짐을 드러내는 경우에 많이 쓰인다. 특히 "자 마자" 형태가 쓰일 때에는 거의 동시에 이루어지는 접속임을 강조하는 수가 있다. 이런 점에서 최현배(1961:309)에서는 이들을 "잇달음꼴(연발형)"이라는 범주에 넣어 설명한 바 있다.

|새김| I. Yang(1972:240)에서는 계기 접속을 "immediate sequence"와 "gapped sequence"로 나누어 설명하였다. "울던 아이가 그쳤다"는 전자의 예이고 "읽던 책을 던졌다"는 후자에 속한다고 하였다. "자" 특히 "자 마자"는 전자의 성격을 띤 것이라 할 수 있다.

"자"와 "자 마자"는 대개 임의로 선택되나 후자가 그 시간적 차이가 적을 때에 쓰이는 경향이 있다. 이 형태들은 일반으로 형용사 등과는 어울리지 못한다. 바로 이어지는 시간적 변화를 나타내기 때문이다.

(113) a. 내가 정거장에 도착하자 기차가 떠났다.
b. 내가 정거장에 도착한 것과 거의 동시에 기차가 떠났다.

(114) a. 까마귀가 날자 배가 떨어진다.
b. 까마귀가 나는 것과 거의 동시에(바로 뒤에) 배가 떨어졌다.

(115) a. 그 애가 집에 도착하자 마자 어머니를 불렀다.
b. 그 애가 집에 도착한 것과 때를 같이하여 어머니를 불렀다.

(116) a. 그 아이는 밥 숟가락을 놓자 마자 일어섰다.
b. 그 아이는 밥 숟가락을 내려 놓는 것과 동시에 일어섰다.

"자"나 "자 마자"는 앞 말이 동사일 때에만 쓰이게 된다. 그것이 형용사 따위일 때에는 다음에서 보듯이 어색하게 된다.

(117) (?)오늘 날씨가 좋자 등산객들이 많아졌다.

(118) (?)내가 집에 있자 전화가 많이 걸려 왔다.

그런데 "이다"의 경우에는 "자"가 동시에 두 가지 일을 겸하는 뜻으로 쓰이는 일이 있다.

(119) 그 여자는 시인이자 교수이다.

(120) 그 남자는 한 여자의 남편이자 가장이다.

이런 경우의 "이자"는 "이고"와 다름이 없다. 다만 말맛이 다를 뿐이다. "이다"가 동작 동사가 아니므로 순차성은 드러나지 않음은 말할 것도 없다. "자"의 한 관용적인 쓰임이라 할 것이다.

|새김| "자 마자"의 "마자"는 "말자"에서 "ㄹ" 말음이 줄어진 것인데 준 대로 적게 되어 있다.

〈1〉 너는 가자 마자 소식을 전해라.

〈2〉 그이가 떠나자 마자 비가 쏟아졌다.

이 때의 "마자"는 강조 효과만을 보인다.

한편으로, 위 예문 (114)는 본디 속담으로서 한자로는 "烏飛梨落"이라 한다. 대개 우연의 일치를 강조할 때에 쓰는 속담이다. 까마귀가 날자 마자 배가 떨어졌을 경우에, 그 두 사태는 반드시 인과 관계로 일어난 것이 아니고 우연히 바로 잇대어 일어났다고 해석될 수 있다.

8.2.4 순차 접속의 "고서"

"고서"는 앞뒤 절의 동작을 순차로 잇는 기능을 지닌다. 이 형태는 〈고 + 서〉로 분석이 되는데, 다음 예에서 보듯이 "고" 단독으로 쓰일 경우보다는 "서"가 결합하였을 때에는 일반으로 순차 접속 기능이 더욱 뚜렷이 나타나게 된다.

(121) 사람들이 {a.춤을 추고서 / b.춤을 추고} 노래를 부른다.

(121a)에서는 "고서"가 쓰여서 순차성이 뚜렷이 드러난다. 그러나 (121b)에서는 "고"만이 쓰여서 단순 병렬의 뜻이 일차로 표시된다. 이 경우에도 순차성이 드러날 수 있지만 명시적인 것은 아니다. 따라서 명시적인 순차성은 "고서"의 쓰임으로 돌릴 수밖에 없다.

다음과 같은 상황에서는 "고서"는 더욱 그 순차성이 두드러진다.

(122) 그는 독후감을 {a.쓰고서 / b.쓰고} 책을 읽는다.

(122)에서는 현실적으로 예상되는 것과는 반대의 상황이 표시되었다. 독후감을 쓰고 나서 책을 읽는 일은 비정상적인 상황이기 때문이다. 그런데도 (122a)의 "고서"는 앞뒤 절의 관계를 문면 그대로 뚜렷이 드러낸다. (122b)의 "고"가 보이는 모호성(순차성과 병렬성의 두 가지 해석)은 "고서"에서는 볼 수가 없다.

"고서"가 일반으로 상태성 용언과 잘 어울리지 못하는 것도 그 강한 순차 접속 기능을 반증한다. 이 형태는 시간 변화와 관련이 짙으므로 상태성 용언과는 잘 어울리지 않는다.

(123) 이 책은 {a.?유익하고서 / b.유익하고} 재미있다.
(124) 그이는 {a.?게으르고서 / b.게으르고} 미련하다.
(125) 우리는 {a.?부지런하고서 / b.부지런하고} 잘 산다.

형용사 따위 상태성 용언은 "고서"와 어울리지 못한다. 상태는 시간적 변화를 초월하는 것이므로 차서가 뚜렷이 구분되지 못하는 것이다. (125a)에서 보듯이 뒷 절에 동작성 용언이 쓰일 때에도 마찬가지이다.

8.2.5 "고서," "고," "고 나서"

S. Chang(1973)이나 S. Song(1976) 등에서는 "고"가 순차성을 드러내는 경우는 "고서"의 한 특수한 쓰임이라고 하였다. "고서"는 본디 순차적 접속 기능을 가진 것으로 보고, "고"의 순차적 접속 기능이 드러나는 것은 "고서"의 한 모습이라고 하였던 것이다. 그러나 우리는 앞에서 "고"가 순차적 기능을 보이는 것은 그 선행 동사의 비상태성과 관련된 것임을 밝혔으며, 남기심(1978a, 1994)에서도 그 점을 거듭 확인한 바가 있다. 더구나 "고서" 형태가 상태성 동사와 어울려서 그것을 순차성으로 만들지 못하는 것도 그 한 강력한 뒷받침이 된다.

서정수(1982b, 1992b)에서는 "고서"라는 것도 본디 순차성을 지닌 것이 아니고 "고"와 마찬가지로 선행 용언이나 화용론적 상황에 따라 순차성이 드러나는 것이라고 한 바가 있다. 우선 "고서"를 전후한 절이 순차성을 드러낼 경우에 그것을 빼놓고 단순문으로 늘어 놓아 보면, "고"의 경우와 마찬가지임을 알 수가 있다.

(126) 그이는 전보를 받고서 떠났다.
(127) 그이는 전보를 받았다. (그이는) 떠났다.

(126)이나 "고서"가 빠진 (127)이나 그 순차성에 별 차이가 없다. 또 다음과 같은 경우에는 "고서"를 써도 순차성이 드러나지 않는 것도 그 한 근거가 된다.

(128) ?그들은 웃고서 즐겼다.
(129) (?)우리는 자동차를 타고서 갔다.

만일 "고서" 자체에 그런 기능이 있다면 비순차적 상황을 순차적 상황으로 바꿀 수 있는 기능이 있음 직한 것이다.

"고서" 자체가 그런 순차적 연결 기능이 없다는 또 한 가지 증거는 비순차적 접속문에도 쓰이는 예가 있다는 점이다. 남기심(1978a:15)에서 지적하였듯이 다음과 같은 예들이 그 증거이다.

(130) 그이가 붉은 옷을 {a.입고 / b.입고서} 춤을 춘다.
(131) 군인들이 비를 {a.맞고 / b.맞고서} 행군을 했다.

(130)의 a, b는 순차성과 비순차성의 두 해석이 가능하다. (131)에서도 그와 마찬가지로 비순차성으로 쓰일 수 있음을 말해 준다. 이런 분석의 결과로는 "고서"는 순차적 연결에 주로 쓰임으로써 순차적 연결의 한 형태적 표지처럼 여겨왔음이 사실이나 그 자체로서는 순차적 기능이 있다고 볼 수가 없다는 것이다. 이 점에서는 "고"와 별로 다를 바가 없으며

"고서"도 앞 용언의 특질이나 상황적 여건으로 순차성을 드러낸다.

그러나 "고서"는 "고"보다 순차성을 드러낼 수 있는 환경에 주로 쓰이는 특성이 있어서 많은 경우에 순차성 접속소로 여겨진다. "고"를 "고서"로 대치하면 그 순차성 의미가 더욱 뚜렷해지고, 특히 "고서"는 "고 나서"를 대치할 수 있는 반면에 "고"는 그것이 거의 불가능하다.

(132) 그이는 술을 {a.마시고 / b.마시고서} 행패를 부렸다.

(133) 그이는 외투를 {a.입고 / b.입고 나서} 나갔다.

(132a)는 순차 연결의 뜻이 있지만 비순차적 연결의 뜻도 가능하다. "술 마시는 것"과 "행패 부리는 일" 두 가지를 비순차적으로 다 했다는 뜻으로도 해석이 가능하기 때문이다. 그렇지만 "고서"로 대치한 b에서는 순차 접속의 뜻이 일차적으로 드러나고 비순차적 의미는 거의 찾을 수 없다. 그래서 (132a)의 "고"가 순차 접속의 뜻일 때에는 "고서"로 대치하는 것이 예사이다. 한편으로, (133)에서도 b와 같이 "고 나서"로 대치할 수 있는 상황이면 순차성이 확실한 경우라 할 수 있다. "고 나서"는 "어서"가 개입되는 경우이므로 그 자체가 순차성을 가리키는 기능이 주어져 있다. "어서"는 여러 쓰임이 있으나, 그 자체로서 순차적 연결 기능을 발휘할 수 있는 점에서 "고"와 근본적으로 다르다.

이런 점에서 순차적 접속을 형태상으로 표시할 수 있는 형태로서 "고서"가 일찍부터 발달되어 쓰였다고 추정된다(허웅 1975:586). 동사 자체의 자질로 해서 순차성은 드러나지만 순차성의 경우를 형태적으로 비순차성의 경우와 구별지어 표현하려는 노력에서 "고서"가 쓰인다고 할 것이다.

8.2.6 순차 접속의 "더니"와 "었더니"

"더니"와 "었더니"는 순차 접속 또는 계기 접속(sequential conjunction)으로 쓰인다. 두 사건이나 상태가 시간적 접속 관계를 가지고 일어남을 나타내는 데에 이 두 형태가 쓰이는 것이다(서정수 1978d, 1992a).

(134) a. 김 선생이 오더니 박 선생이 온다.
b. 김 선생이 왔더니 박 선생이 온다.

(135) a. 꽃이 지더니 잎이 났다.
b. 꽃이 졌더니 잎이 났다.

(136) a. 그가 가더니 돌아왔다.
b. 그가 갔더니 돌아왔다.

위의 각 예문에서 보듯이 "더니"나 "었더니"는 앞 절의 사태와 뒷 절에 나타난 사태를 단순한 시간적 선후 관계로 잇는다. 두 사태는 그 밖의 뚜렷한 제약을 가지고 결합되지 않는다. 예를 들면, 앞 사태가 뒷 사태의 원인이나 조건 따위를 제시해 주지도 않으며, 뒷 사태가 앞 사태를 전제로 발생하지도 않는다. 앞뒤 사태는 다만 시간적 선후 관계만 다를 뿐이고, 거의 대등한 관계를 가지고 결합되어 있다.

그런데, "었더니"는 이 계기적 접속 기능을 나타내는 데 잘 쓰이지 못하는 수가 많다.

(137) a. 그 학생이 책을 읽더니 또 읽는다.
b.(?)그 학생이 책을 읽었더니 또 읽는다.
c. 그 학생이 책을 다 읽었더니 또 읽는다.

(138) a. 그 학생이 책을 읽더니 글씨를 쓴다.
b. ??그 학생이 책을 읽었더니 글씨를 쓴다.
c. (?)그 학생이 책을 읽었더니 잡지를 읽었다.

(137)의 "더니"는 자연스럽게 쓰이나 "었더니"는 특수한 환경이 아니면 자연스럽게 쓰이지 못하는 제약을 보인다. 이러한 차이가 생기는 것은 "었"의 작용 때문이라 분석된다(자세한 논의는 서정수 1992a:301에 나타나 있다).

상태성 용언의 경우도 "었더니"는 잘 어울리지 못한다. 이것도 역시 "었"의 시제/상적 특질로 말미암은 것이라고 풀이된다.

(139) a. 빛이 곱더니 바랬다.
b. ?빛이 고왔더니 바랬다.

(140) a. 그이가 여기에 있더니 사라졌다.
b. ?그이가 여기에 있었더니 사라졌다.

(141) a. 그 사람이 학생이더니 선생이 되었다.
b. (?)그 사람이 학생이었더니 선생이 되었다.

(139)－(141)에서 각 b가 받아들이기 어려운 문장이 되는 것은 "었"의 상태성 용언에 대한 특수한 작용 때문이라 해석된다.

|새|김| 서정수(1976:142－43)나 남기심(1978d:13)에서 지적했듯이 상태성 용언은 "었"과 결합하면 과거성이 매우 두드러진다. 동작 동사에 "었었"이 쓰인 것과 같은 효과를 낸다. 예를 들어, "고왔다"는 "고왔었다"와 시제 / 상적으로 다를 바가 없다. 그러므로 (139)－(141)에서 각 b의 앞 상태에 "었더니"가 쓰임으로써 뒷 상태와의 비연속성을 필요 이상으로 가중시키게 되는 것이다.

"더니"와 "었더니"는 그 앞 절의 주어 선택에 차이가 있다.

(142) a. *내가 가더니 박씨가 오고 있었다.
b. 내가 갔더니 박씨가 오고 있었다.

(142a)에서 보듯이 말하는이와 앞 절 주어가 동일할 때에는 "더니"가 못 쓰인다. 이는 이른바 "더"의 "비동일 주어 제약" 때문이다(서정수 1977c). 그런데 (142b)에서 보듯이 "었더니"는 말하는이가 주어와 동일한데도 문장이 성립된다. 곧 이 "었더니"는 "더"의 비동일 주어 제약에서 벗어난다(그 까닭은 서정수 1978a 및 1992a:310에서 논의하였다). 이렇게 "었더니"의 선행절 주어가 화자 자신일 때에는 앞에서 다룬 "지각" 구문이 되는 것이 예사이다. 1인칭 주어와 어울릴 때에는 "니까" 따위와 함께 지각 상황을 나타내는 것이다. (142b)에서도 화자가 오고 있음을 지각하는 상황을 앞 절이 제시하는 기능이 엿보인다.

"더니"와 "었더니"의 딴 의미 기능 문제

"더니"는 의미적으로 볼 때에 앞 절과 뒷 절을 대조적으로 잇는 듯한 경우가 있다.

(143) a. 어제는 춥더니 오늘은 덥다.
b. ?어제는 추웠더니 오늘은 덥다.

(143)에서 보듯이 "더니"는 "었더니"와는 달리 앞뒤 절을 대조적으로 잇는 듯한 느낌을 준다. 이런 예문은 "더니"가 대조적 의미를 보이는 것이라고 설명한 사전도 있다(신기철 / 신용철(1978)). 그러나 자세히 살펴보면 그런 대조적 의미는 "더니"보다는 "는-는"의 어울림 때문에 빚어진 것이라고 생각된다. 따라서 이런 대조적 의미는 "더니"가 지닌 한 범주라기보다는 순차 접속이 상황에 따라 빚어지는 것이라고 봄이 타당할 것이다.

(144) a. 어제는 가더니, 오늘은 온다.
b. 박씨는 가더니, 김씨는 온다.

(145) a. 그들은 사랑하더니, 결혼은 못했다.
b. 책은 사더니, 읽지는 않는 듯하였다.

(144a)에서는 "어제-오늘"의 대조인지, "가다-오다"의 대조인지 말하기 힘들다. (145b)도 그러한 난점이 있다. (145a)나 (145b)는 단순한 순차성과 대조성 의미가 모호성을 보인다. 이런 점에서 볼 때에도 "더니"가 상황에 따라 드러내는 대조성 의미는 순차적 접속의 범주에 포괄함이 낫다.

한편으로, "더니"의 순차적 접속 가운데에는 그 앞 절이 원인을 나타낸다고 여겨지고 뒷 절이 그 결과를 표시하는 듯이 보이는 예들이 있다.

(146) 이 친구가 열심히 일하더니 진급하게 되었다.

"더니"의 앞 구절에서 나타낸 "열심히 일하다"가 원인을 나타내고 뒷 구절에서는 그 결과로 "진급하게 되었다"고 해석될 수 있을 듯하다. 서정수(1992a:305)에서는 이런 "더니"가 "인과적 접속"의 범주에 속한다고 논의한 바가 있다.

그러나 지금 우리가 볼 때에는 이러한 "더니"의 의미는 순차 접속 기능의 한 특수한 경우라고 기술함이 낫다고 여겨진다. "더니"의 앞 사태와 뒷 사태가 계기적으로 접속하는 것 중에, 마침 앞 것이 뒷 것의 원인으로 여겨지는 의미적 관계를 드러내는 경우라고 할 수 있기 때문이다. 곧 "더니"가 나타내는 인과적 의미는 그 자체의 속성이라기보다는 앞뒤 사태의 의미적 결합 관계에서 빚어진 것이라고 할 수 있다는 것이다. 다음에서 보듯이 인과적 접속 기능으로 해석되는 "더니"는 인과적 접속 기능을 명시적으로 보이는 "니 / 니까" 따위와는 다르다.

(147) 그이가 이 약을 {a.먹더니 / b.먹으니 / c.먹었으니 / d.먹었으므로} 병이 나았다.

(147a)의 "먹더니"는 병이 나은 결과를 가져온 원인으로 해석이 되는데 그것은 "더니"의 기본 뜻은 아니다. 먹는 동작과 나은 동작이 계기적으로 일어났음을 객관적으로 서술하는 것이 본디 뜻인데, 다만 상황에 따라 인과 관계가 시사되는 것이다. 다시 말하면 "더니"의 인과성 표시는 계기성에 얹혀진 것으로서 명시성이 없고 필연성이 모자라다. 이런 "더니"의 특성은 인과 관계를 명시적으로 나타내는 나머지 예들 (147b-d)와는 분명히 다름을 알 수 있다. 그러한 점은 다음 보기에서 다시 확인된다.

(148) 그이가 이 약을 {a.*먹더니 / b.먹으니 / c.먹었으니까} 병이 틀림없이 나을 것이다.

(148a)의 "더니"는 "으니" 따위와는 달리 필연적인 인과 관계 표시 기능이 없음이 확인된다.

위에서 지적하였듯이 "었더니"는 일반으로 인과 관계를 암시하는 쓰임조차 별로 없다. 다만, 앞 절의 주어가 화자 자신일 때에는 더러 인과 접속으로 해석될 만한 문장을 이루는 수가 있다.

(149) a. 내가 열심히 일했더니 성공했어요.
　　　b. 내가 도와 주었더니 그이가 고마워해요.

그러나 이렇게 주어가 화자 자신일 때에는 "었더니"의 "지각" 관계문의 한 특수한 경우라고 할 만하다.

8.2.7 미완료 시간 표시의 "기 전에"

미완료 시간 접속의 "기 전에"는 앞 절의 동작이 완료되기에 앞서 이루어진 뒷 절의 서술을 이어주는 구실을 한다.

(150) 그들은 헤어지기 전에 눈물을 흘렸다.

"기 전에" 앞에는 일반으로 시제 형태가 끼어들지 않으며, 뒷 절의 시간적 서술에는 제약이 없다.

(151) *그이가 도착했기 전에 비서가 왔다.

(152) 사람들이 다 모이기 전에 강연이 {a.시작된다 / b.시작되었다 / c.시작될 것이다}.

(151)에서처럼 "기 전에" 앞에 "었"과 같은 시제 형태가 끼어들면 비문이 된다. "겠" 따위도 그와 마찬가지로 끼어들지 못한다. (152)에서는 그 뒷 절이 시간적인 제약을 받지 않음을 보인다.

"기 전에"는 주로 비상태성 용언 특히 동사와 결합하여 쓰이고 형용사 따위 상태성 용언과는 어울리지 않는다.

(153) a. (?)날씨가 따뜻하기 전에 외투를 벗지 마시오.
b. 날씨가 따뜻하여지기 전에 외투를 벗지 마시오.

(154) a.(?)날이 어둡기 전에 떠나시오.
b. 날이 어두어지기 전에 떠나시오.

형용사는 "어지다"로 동사화를 한 다음에 "기 전에"와 어울리는 것이 더 자연스럽다.

"있다"는 본시 동사성이 있기 때문에 "기 전에" 와도 자연스럽게 어울린다. 그러나 "없다"는 본디 동사성이 없기 때문에 자연스럽게 어울리지 못한다.

(155) 그이가 돈이 있기 전에는 퍽 겸손하였다.

(156) 그 돈이 다 {?없기 / 없어지기} 전에는 그 병이 낫지 않을꺼요.

"이다"도 "기 전에"와 자연스럽게 어울리지 못하나 간혹 관용화된 쓰임에서는 예외적인 현상이 보인다.

(157) (?)그 사람이 선생이기 전에 공무원이었다.

(158) 너는 학자이기 전에 사람이 되어라.

그러나 "학자이기 전에"는 "학자가 되기 전에"로 해야 정상적일 것이다.

요컨대 "기 전에"는 일반으로 동사성의 용언과 자연스럽게 어울리고 전형적인 상태성 용언과는 함께 쓰이지 않는 것이 보통이다. 이는 "기 전에"라는 것이 시간 변화와 관련된 시간적 접속 형태이기 때문이다.

8.2.8 완료 접속의 "(으)ㄴ 뒤에 / 후에 / 다음에"

"(으)ㄴ 뒤에," "(으)ㄴ 후에," "(으)ㄴ 다음에"는 앞 절의 서술이 완료되었음을 나타내면서 뒷 절과 접속하는 구실을 한다.

(159) 우리는 일을 마친 뒤에 뒤치다꺼리를 잘 했다.
(160) 그들은 술을 마신 후에 흥이 돋우어졌다.
(161) 그 애는 비질을 한 다음에 걸레로 깨끗이 닦았다.

"ㄴ 뒤에" 따위는 그 앞에 시제나 서법 형태 등을 지니지 못하는 것이 예사이다.

(162) ?그이는 노래를 불렀던 뒤에 앉았었다.

이는 "(으)ㄴ" 자체가 완료상을 드러내기 때문일 것이다.

"ㄴ 뒤에" 따위도 주로 동사성 용언하고만 어울리는 특성이 있다. 형용사 따위와는 역시 잘 어울리지 않는다.

(163) 날씨가 {a.?좋은 / b.좋아진} 뒤에 떠나라.
(164) 하늘이 {a.?맑은 / b.맑아진} 다음에 햇님이 나타났다.
(165) 나는 집에 {a.?있은 / b.머무른} 후에 밖에 나갔다.

이와 같이 상태성 용언이 못 쓰이는 것은 "ㄴ 뒤에" 따위가 완료상을 드러내어 시간 변화와 직결된 의미 특성을 지니기 때문이라 풀이된다.

8.2.9 도달 시점 표시의 "기까지, (으)ㄹ 때까지"

"기까지," "(으)ㄹ 때까지" 따위 도달 시점 표시의 접속 형태는 앞 절이 이루어지는 시점에 이르도록 뒷 절의 서술이 이어짐을 나타낸다.

(166) 비행기가 뜨기까지 손님들은 조용히 기다렸다.
(167) 적이 공격을 시작할 때까지 우리는 기다린다.

(166), (167)에서 보듯이 "기까지"와 "ㄹ 때까지"는 어떤 상황에 이르는 한계 시점을 나타내면서 뒤의 서술과 이어준다.

이들의 쓰임에는 그 선행 용언이 동사성이어야 하는 제약이 있다. 동사와 존재사 "있다"와는 어울릴 수 있으나 형용사나 지정사와는 원칙적으로 자연스러운 어울림을 보이지 않는다.

(168) 오늘이 있기까지는 무수한 고통과 가시밭길이 연속되었다.

(169) 날씨가 {a.?좋기까지 / b.(?)좋을 때까지 / c.좋아질 때까지} 기다리자.

(170) 그가 {a.*대통령이기까지 / b.*대통령일 때까지 / c.대통령이 될 때까지} 많은 세월이 흘렀다.

(168)에서 보듯이 "있다"는 동사성이 있으므로 무방하나, (169)의 "좋다"와 같은 형용사는 "기까지"와 잘 어울리지 못한다. (169c)에서처럼 "어지다"로 동사화를 해야 자연스럽다. "이다"는 (170)에서 보듯이 "되다"로 바꾸지 않으면 "기까지" 등과 전혀 어울리지 못한다.

뒷 절의 용언은 동사나 존재사뿐 아니라 형용사나 지정사도 쓰이는 수가 있다.

(171) 날이 새기까지 그들은 잠을 자지 않았다.
(172) 집에 다 올 때까지 그 둘이는 말이 없었다.
(173) 그날이 오기까지 그 아이는 마음이 불안하였다.
(174) 그 사람은 선거를 치를 때까지 감독자였다.

각기 동사, 형용사, 존재사, 지정사가 뒷 절에 올 수 있음을 알 수 있다.

8.2.10 기간 표시의 "는 / ㄹ 동안에"

기간 표시의 접속 형태 "는 동안에," "(을) 동안에"는 앞 절의 동작이 지속됨을 나타내면서 뒷 절과 연결시키는 구실을 한다.

(175) 그들이 만나는 동안에 우리는 밖에서 기다렸다.

(176) 선생이 부를 동안에 학생들이 받아 썼다.

이 형태도 앞 용언이 동작성을 보일 때에만 쓰이고 형용사처럼 시간적 움직임을 드러내지 못하는 용언과는 어울리지 못한다.

(177) 내가 눈을 {파는 / 팔} 동안에 그 애가 도망갔다.
(178) 나는 집에 {있는 / 있을} 동안에 많은 전화를 받았다.
(179) *날씨가 {좋은 / 좋을} 동안에 일을 많이 하자.
(180) ?그이가 {장관인 / 장관일} 동안에 일이 잘 되었다.

(177), (178)에서처럼 동사나 존재사는 선행 용언으로 쓰일 수 있으나 (179), (180)에서처럼 형용사나 지정사 따위 상태성 용언은 이 형태와 어울리지 못한다.

"는 동안에" 따위는 뒷 용언과의 어울림에 제약이 있다. 형용사나 존재사는 경우에 따라 쓰이는 수가 있으나 지정사는 잘 쓰이지 않는다.

(181) 올림픽 경기가 {진행되는 / 될} 동안에 국민들이 한마음이 되었다.
(182) 그 여자가 노래를 {부르는 / 부를} 동안에 장내가 조용했다.
(183) 학생들이 시험을 {치르는 / 치를} 동안에 감독 선생이 교단 앞에 서 있었다.
(184) ?사람들이 회의를 {하는 / 할} 동안에 그이가 사회자였다.

(181)–(183)에서 보듯이 동사, 형용사, 존재사는 뒷 절에 나타날 수 있으나, (184)에서 보듯이 지정사는 잘 쓰이지 않는다.

부사절 (Ⅲ)

9

9.1 양보 부사절

9.1.1 양보절과 양보 접속 형태

양보절(clause of concession)이란 앞 절이 양보 또는 방임(放任)의 뜻을 나타내면서 뒷 절과 연결되는 부사절이다.

(1) *비록 그 여자가 미워도* 나는 그 여자와 혼인을 하겠다.
(2) *그이가 재주가 있어도* 그 일은 쉽게 못한다.
(3) *비가 와도* 나는 떠난다.

기운 글씨로 된 부분이 양보절이다. 이런 양보절은 뒷 절과 결합하여 양보문을 이룬다. 이 때 앞 절은 그 나타내는 바를 우선 인정하는 뜻 곧 일종의 '양보'를 표시한다. 다시 말하면 앞 절의 내용은 어떤 조건으로 내거는 것이 아니고 그것을 받아들이면서 뒷 절 서술을 펴는 접속 관계를 보이는 것이다.

|새|김| 양보(concessive)라는 용어는 서양 문법에서 쓰던 것이고 최현배(1937)에서는 "방임"이라는 용어를 썼다. 전자는 "백보를 양보하여 말한다 할지라도"와 같은 표현과 관련지어 보면 이해할 수 있다. 후자는 뒷 문장 서술을 어느 방향으로든 제약하지 않고 풀어 놓는다는 뜻이다. 뒷 절의 서술이 앞 절의 제약을 받지 않고 이루어진다는 것이다.

이런 양보절은 양보 접속 형태를 덧붙여서 이루어진다. 양보절은 형태적 요건으로서 다음과 같은 양보 접속 형태를 첨가한다.

〈1〉 어도
〈2〉 더라도, ㄹ지라도, ㄹ망정, ㄹ지언정

〈3〉 기로, 기로서니, ㄴ들, 었자

〈1〉의 "어도"는 "아도" 등 그 변이 형태와 함께 가장 흔히 쓰이는 양보 접속소이며, 〈2〉의 형태들은 주로 가상적인 양보절을 이끌어들이는 데에 쓰인다. 〈3〉의 형태들은 본디 양보 접속소는 아니지만 경우에 따라 다소 특이한 양보성을 드러낸다.

양보문의 앞뒤 절은 의미적인 대조 관계를 보인다. 양보절이 드러내는 뜻과 그 뒷 절의 주장은 어떤 의미로든 일종의 대조 관계를 보인다(양인석 1972, 이기동 1977b). 그런데 이러한 대조 관계는 뒷 절의 서술이 앞 절의 서술에서 흔히 예기되는 바가 아닌 데서 드러나는 것이다. 이를테면, 다음 (4a)에서 앞의 양보절이 나타내는 '날씨의 추움'은 흔히 뒷 절의 행동 곧 '윗도리 벗음'을 예기하지 않는다. 말하자면 일반 예상과 다른 현상이 앞뒤 절에 나타나서 대조 현상이 드러나는 것이다. 만일 이런 예상을 벗어나는 대조 관계가 없다면 (4b)에서 보듯이 양보문이 성립되지 않는다.

(4) a. 날씨가 추워도 그 애는 윗도리를 안 입는다.
b. ?날씨가 추워도 그 애는 윗도리를 {입는다 / 안 벗는다}.

그런데 이런 대조 관계는 일반 대조 접속문에서도 볼 수 있다.

(5) a. 그 아이가 키가 {작으나 / 작지만} 머리가 크다.
b. *그 아이가 키가 {작으나 / 작지만} 머리가 작다.

(5a)와 같은 대조 접속문도 앞뒤 절이 대조를 이루며 그런 대조 관계가 없을 때에는 (5b)에서 보듯이 비문이 되고 만다. 따라서 앞뒤 절의 대조 관계만으로는 양보문을 대조 접속문과 구분하기 어렵다.

양보문에서 내세우는 양보절은 주절을 강조하려고 "일부러 내세우는 대조항"이라는 특징이 있다. 주절을 강조하여 나타내고자 관련있는 대조 사항을 상정하여 보여 주는 데에서 양보문의 대조 관계가 이루어진다. 이것은 그러한 의도가 없이 앞뒤 절의 대조되는 현상을 대등하게 내세우는 대조 접속문과 다른 점이다. 물론, 대조 접속문에서도 그런 대조를 통하여 표현 효과를 강화하려는 뜻에서 대조항을 내세우는 수가 있다. 그러나 그럴 때에는 순수한 대조 접속문의 한계를 넘어서 얼마쯤 양보문의 성격을 띤다고 할 수 있다.

(6) a. 한나는 공부를 잘 {하나 / 하지만} 순이는 공부를 잘 못한다.
b. 순이는 공부를 잘 {못하나 / 못하지만} 한나는 공부를 잘 한다.
c. 한나는 공부를 잘 {하나 / 하지만} 순이는 공부를 잘 못한단 말이야.

(7) a. 철수는 공부를 잘 해도 (그 애는) 시험을 못 친다.
b. 철수는 시험을 못 쳐도 (그 애는) 공부를 잘 한다.

(6a)와 같은 대조 접속문이 순수한 대등문이 될 때에는 (6b)와 같이 맞바꾸기를 해도 의미 차이가 없게 된다. 그러나 (6c)에서와 같이 "한단 말이야"와 같은 특이한 서법적 의미가 드러날 때에는 양보문의 성격을 얼마쯤 띠게 된다. 그러한 특별한 뜻을 뒷 절에서 나타내려고 앞의 대조절을 내세운 것이라 볼 수 있기 때문이다. 한편으로 (7a)에서처럼 양보절이 나타날 때에는 뒷 절의 서술에 중점을 두려고 앞 절을 내세운 것이 분명하다. (7b)와 같이 앞뒤 절을 맞바꾸어 보면 그 강조점이 달라져 버리기 때문이다.

대개 양보문은 앞의 양보절이 뒷 절 서술의 강도를 높여 주는 구실을 한다. 양보절은 주절이 나타내는 주장을 강하게 뒷받침하는 강조 형식의 한 가지이다(이환묵 1981a:53). 곧 양보문은 그 초점이 후행절에 놓이는 문장이다(서정섭 1991:32). 이것은 양보문의 화용론적 특성이라 할 수 있다.

(8) a. *날씨가 아무리 나빠도* 그 애는 결석을 하지 않는다.
b. 그 애는 결석을 하지 않는다.

(9) a. *나이가 많아도 그분은* 힘든 운동을 한다.
b. 그분은 힘든 운동을 한다.

각 a에서처럼 앞의 양보절(기운 글씨)이 있을 때에는 그 뒷 절의 표현 효과가 강화됨을 알 수 있다. 그것은 그러한 양보절이 없이 쓰인 각 b와 견주어 보면 잘 알 수 있다.

양보문과 조건문은 밀접한 관련을 가진다. 두 문장의 기본 요소는 조건이라는 점에서 공통성을 지닌다. 그러나 양보문에서는 그 조건에 양보적인 의미가 덧붙고 앞뒤 절이 대조성을 보인다는 점이 다르다.

(10) a. 내일 날씨가 좋으면 산에 가겠다.
b. 내일 날씨가 좋아도 산에 안 가겠다.

(10a)에서는 그 앞 절이 순수한 조건절을 나타내며, 뒷 절은 그것을 조건으로 이루어지는 것이다. (10b)에서는 앞 절이 비슷한 조건이지만 "어도"로 말미암아 양보적 조건이 되어 있으며, 그와 동시에 뒷 절은 앞 절에서 예상되는 내용이 아닌 서술 곧 대조적인 서술을 보이고 있다.

9.1.2 양보절의 요건

양보절 곧 양보문의 선행절도 조건문의 경우와 마찬가지로 그 확실성의 정도에 따라 세 가지로 나누어 볼 수 있다.

〈1〉 사실 명제
〈2〉 가능 세계의 가정 명제
〈3〉 불가능 세계의 가정 명제

(11) a. 오늘 날씨가 이렇게 좋아도 나는 일이 바빠서 밖에 못 나간다.
b. 내일 날씨가 아무리 좋더라도 나는 일이 바빠서 밖에 못 나간다.
c. 비록 해가 서쪽에서 뜰지라도 나는 일이 바빠서 밖에 못 나간다.

(11a)의 선행절은 사실 명제, (11b)의 선행절은 가능 세계, (11c)의 선

행절은 불가능 세계의 명제인 양보절이다.

대개 뒷 절의 주장을 특별히 강하게 내세우는 양보문에서는 앞 절에 사실 명제보다는 가상적인 명제를 내세우게 된다. 이렇게 가상 명제를 선행절에 내세우는 것은 일종의 과장법과 같은 효과를 거두게 될 수 있다. 이는 사실만을 대조항으로 내세우는 대조 접속문과는 다른 점이다.

(12) 그 사람이 아무리 억만장자라도 그런 큰 사업을 벌일 수 없을 것이다.
(13) 그 친구는 죽었다가 다시 살아날지라도 그 일을 해낼 수 없다.

(12)와 (13)은 각기 현실적으로 아주 어려운 일이나 불가능한 일을 양보절에 이끌어들여 그것을 바탕으로 자기의 주장을 강하게 나타내려 하고 있다.

양보절의 앞머리에는 "비록"이나 "아무리"라는 양보성 부사어가 나타나는 일이 있다. 이 부사어는 양보문의 효과를 더욱 강화하는 구실을 한다.

(14) a. 비록 그 사람이 천사일지라도 그 때에는 못 참았을 것이다.
b. 아무리 그이가 안간힘을 다하더라도 이번 일은 성공하기 어려울 것이다.

위에서 보듯이 "비록"과 "아무리"는 양보문에만 나타날 수 있는 것으로서 양보문의 한 표지처럼 되어 있다. 이것들은 임의로 쓰일 수 있으나 문면에 나타나면 그 절이 으레 양보 형태와 어울리게 된다. 그러나 양보 형태가 나타나면 "비록"이 구태여 안 나타나도 양보절임이 드러나기 때문에 강조 효과를 크게 하려는 경우가 아니면 안 쓰이는 수도 많다.

|새김| 서정섭(1991:140-43)에서는 "비록"은 '긍정적 양보'에, "아무리"는 '부정적 극성' 표현에 쓰인다고 한 바 있다. 특히 "아무리"는 양보형과 어울린 용언을 강조 수식하는 구실을 하므로 양보의 정도를 한층 강화하게 된다.

"지만"과 양보성

"지만"으로 도입되는 선행절은 대개 사실 명제이므로 대등한 대조 접속문을 이루는 것이 예사이다. 그러나 때로는 양보 접속 기능을 보이는 일이 있다.

(15) a. 철수는 가난하지만 영희는 부자이다.
b. 그분은 남을 많이 도와주지만 자기를 드러내지 않는다.
c. 그분은 자기를 드러내지 않지만 남을 많이 도와준다.

(15a)와 같이 앞뒤 절을 맞바꾸어도 의미가 달라지지 않는 경우에는 "지만"은 대조 접속문을 이룬다. 그러나 (15b, c)에서는 앞뒤 절을 바꾸면 의미의 초점이 달라진다. 곧 앞뒤 절을 단순히 대립시킨 것이 아니고 뒷 절을 강조하여 나타내려고 하는 의도가 나타나므로 양보문이라 할 수 있다. 그러나 이런 양보적 쓰임은 그렇게 많지 않고, 또 상황적 의미가 가미되어 나타나는 것이 보통이므로 "지만"의 기본 기능은 대조 접속소로 여김이 마땅하다. 따라서 이 "지만"은 양보성 형태로 따로 다루지 아니하였다.

9.1.3 양보 접속 형태 "어도"

"어도"는 양보 접속 형태의 대표격으로서 앞 절의 용언에 첨가되어 양보 구문을 형성한다. 이 접속소로 이루어지는 양보절은 선행 용언의 종류에 관계없이 이루어질 수 있고, 뒷 절 용언의 종류나 서법 따위에도 별다른 제약을 주지 않는다.

(16) 비록 바람이 {불어도 / 거세어도} 배는 떠난다.
(17) 그이가 재주가 있어도 공부하지 않으면 성공하지 못한다.
(18) 네가 미남이어도 인기가 없다.

(16)에서는 선행 용언이 동사나 형용사, (17)에서는 존재사, (18)에서는 지정사일 때에 각기 "어도"가 쓰일 수 있음을 보인다. 다음 예들에서 보듯이 "어도"가 쓰인 선행절은 뒷 절 용언이나 서법의 종류에 별다른 제약을 주지 않는다.

(19) 길이 아무리 멀어도 {떠난다 / 떠날 것이다 / 상관없지? / 괜찮겠지 / 진군이다}.

(20) 그이가 노래를 잘 못 불러도 끝까지 {들어 보아라 / 들어 보자 / 들어 주마}.

(19)에서 보듯이 "어도"의 후행절에는 각 용언이 서술법이나 의문법 그리고 그 밖의 서법 요소와 함께 쓰일 수 있다. (20)에서는 "어도"의 후행절에 명령법, 청유법, 약속법이 쓰이고 있다.

|새김| 음운론적 조건에 따라 "어도"는 "아도"나 "도" 따위로 변이되며, "하다" 따위 용언 아래에서는 "여도"라는 변이 형태로 된다. 또 지정사 "이다"에는 "어도"보다는 "라도"가 쓰이는 것이 더 자연스럽다. 한편으로, "어도"는 본디 "어 + 도" 곧 "먹어 본다" 따위에 쓰이는 "어"와 한정사 "도"가 합성된 것이라고 추정된다. 그러나 현재로서는 그러한 성분 분석이 어렵다. 의미적으로나 구문론적으로 한 덩이가 되어 있기 때문이다.

한편으로 "어도"가 쓰인 양보문에서는 앞뒤 절 주어의 인칭이나 호응 관계에도 별다른 제약이 없다.

(21) a. 내가 이 차를 타도 (나는) 시내로 갈 수 있다.
b. 네가 {나를 / 그이를} 좋아해도 {내가 / 그이가} 너를 미워할 것이다.
c. 그이가 {너를 / 나를} 따라와도 {너는 / 나는} 돌아보지 않을 것이다.

(21)에서 보듯이 선행절의 주어에 인칭 제약이 없고 그 뒷 절의 주어에도 인칭 제약이나 그 호응 관계에 제약이 없다.

선행 용언의 앞에는 시상 형태 "었"이 쓰일 수 있으나 추정 형태 "겠"은 잘 쓰이지 않는 경향이 있다.

(22) a. 이 책은 아무리 많이 읽었어도 내용을 잘 알 수 {없었다 / 없다}.
b. 나는 그런 동물을 자주 보았어도 그대로 그리지는 못하겠다.
c. 그 사람은 전장에 있었어도 죽지 않을 사람이다.

(23) a. (?)나는 고기를 많이 먹겠어도 참는다.
b. (?)나는 그곳에 혼자 가겠어도 안 갔다.

위에서 보듯이 "었"이 "어도"와 함께 쓰일 때에도 뒷 절의 시제 / 상이나 서법에는 특별한 제약이 없는 듯하다.

지정사가 쓰일 때에는 "어도"보다는 변이 형태 "라도"가 더 잘 쓰이게 된다.

(24) 비록 그가 우수한 {학생이라도 / 학생이어도} 게으르면 남에게 뒤떨어진다.

(25) 이 회사에서는 그가 {누구라도 / (?)누구여도} 간부가 될 수 있다.

(24)에서 보듯이 지정사일 경우에는 "라도"가 "어도"보다 더 자연스럽게 쓰인다.

"어도"는 그 선행절의 확실성에도 다양성을 보인다. 곧 그 선행절에는 사실 명제, 가능성 명제 그리고 불가능성 명제 따위가 두루 나타날 수 있다.

(26) 이 영화가 이처럼 유명해도 흥행이 되지 않는다.

(27) 서점에는 수많은 책이 있어도 독서 인구가 적으니 큰 일이다.

(26), (27)의 선행절은 사실 명제를 양보절로 도입한 것이다. 이와는 달리 다음 예에서는 "어도"가 가상적 명제를 양보절로 이끌어들인다.

(28) a. 그 아이는 키가 더 커도 형만큼 되지는 못할 듯하다.
b. 그 사람이 억만장자가 되어도 인색하기는 마찬가지일 것이다.

(29) a. 물이 거꾸로 흘러도 시간은 거꾸로 가지 않을 것이다.
b. 저 남자는 여자가 되어도 여자의 마음을 짐작하지 못할 것이다.

(28)에서는 "어도"의 선행절이 가능 세계를 나타내고, (29)에서는 불가능 세계를 드러낸다.

양보 접속 형태 "(이)라도"와 한정사 "(이)라도"

양보 접속소 "(이)라도"는 한정사(보조사) "(이)라도"와 동일한 형태이며 어원적으로도 관계가 있다.

(30) a. 보리밥이라도 많이 잡수십시오.
b. (?)이것이 보리밥이라도 많이 잡수십시오.

(31) 저분이 사장이라도 사업 내막을 잘 모른다.

(30a)의 "보리밥이라도"는 그 앞에 (30b)에서처럼 주어를 보충해 보면 오히려 어색한 느낌을 준다. 이런 경우에는 그것이 한정사로 쓰인다. 그러나 (31)에서와 같이 주어가 나타나도 자연스러운 문장이 될 때에는 "(이)라도"는 지정사 "이다"의 양보절이다. 본디 (31)의 "(이)라도"도 이런 양보문과 뿌리를 같이하다가 조사로 굳어진 것이라 추정된다.

9.1.4 "어도"와 양보 및 대조 접속

"어도"는 양보 접속 형태로 널리 쓰이는 형태이지만 때로는 단순한 대조 접속문을 이루는 일이 있다(윤평현 1989:67).

(32) a. 보람이는 집이 가난하여도 부끄러워 하지 않는다.
b. ?보람이는 부끄러워 하지 않아도 집이 가난하다.

"어도"는 (32)에서 보듯이 양보문을 이루는 것이 예사이다. 특히 다음 (33)에서와 같이 선행절이 사실 명제가 아니고 가상적인 명제가 될 때에는 양보문만을 이룬다.

(33) 돌이가 자기를 배반하여도 보람이는 돌이를 사랑할 것이다.

그러나 "어도"의 선행절이 사실 명제를 나타낼 경우에는 대조 접속문을 이루는 일이 더러 있다.

(32)′ a. 보람이는 얼굴은 예뻐도, 마음씨가 곱지 않다.
b. 보람이는 마음씨가 곱지 않아도 얼굴은 예쁘다.

이는 아주 특수한 경우이므로 "어도"는 양보 접속소이지 대조 접속소는 아니다.

9.1.5 양보 접속소 "더라도"

"더라도"는 각 용언에 두루 쓰이는 양보 접속 형태이다. "더라도"는 〈더 + 라도〉로 분석될 수 있는 합성형이지만 실제로는 단일 형태와 마찬가지로 한 덩이가 되어 쓰인다.

(34) 눈이 오더라도 길을 떠나야 한다.
(35) 걱정이 많더라도 참아라.
(36) 아무리 좋은 책이더라도 읽어야 도움이 된다.

"더라도"는 그 선행절 시제 / 상 형태 "었"이나 서법 형태 "겠" 따위와도 비교적 자연스럽게 어울린다.

(37) 그이가 그 사람을 알았더라도 아는 체를 할 수 없었을 것이다.
(38) 그이가 천하장사이었더라도 그 사람을 이겨내지 못하였을 것이다.
(39) 네가 그것을 다 못 먹겠더라도 먼저 먹기 시작하여라.
(40) 내일 날씨가 춥겠더라도 할 수 없다.

그런데 "더라도" 양보절의 뒷 절 시제 / 상이나 서법에는 제약이 있다.

대개 뒷 절의 시제/상은 완료나 과거 형태가 잘 안 쓰이고 서법에서도 단정적인 표현보다는 의도나 추정을 드러내는 경향이 있다. 이런 점에서 "더라도"는 앞에서 말한 "어도"와 차이를 보이는 수가 있다.

(41) 눈이 오더라도 {떠나겠다/떠나야 한다/(?)떠난다/?떠났다}.

(42) 눈이 와도 {떠나겠다/떠나야 한다/떠난다/떠났다}.

(43) 눈이 왔더라도 {떠나겠다/떠나야 한다/떠났을 것이다/떠나야 했다/(?)떠난다/?떠났다}.

(44) 눈이 왔어도 {떠나겠다/떠나야 한다/떠났을 것이다 /떠나야 했다/떠난다/떠났다}.

(41), (42)에서 보듯이 "더라도"와 "었더라도"는 그 후행절의 시제가 현재나 과거이면 자연스럽게 어울리지 못하는 경향이 있다. "떠난다"의 경우에 미래의 뜻일 때에는 가능하지만 현재의 뜻일 때에는 어색하므로 "(?)"를 한 것이다. 서법에서도 모두 추정이나 의도 표시가 드러날 때에만 앞 절의 "더라도"나 "었더라도"와 자연스럽게 어울린다. 이와는 달리, (43), (44)에서 보듯이 "어도"나 "었어도"는 후행절의 시제나 서법에 제약이 없다.

"더라도"도 그 선행절에 사실 세계, 가능 세계 및 불가능 세계의 명제를 양보절로 도입할 수 있다. 그런데 이 형태는 "어도"보다는 가상적 양보절을 이끌어들이는 경향이 짙다. 앞에서 보았듯이 뒷 절에 추정법이 주로 쓰이는 것은 그 때문이다.

(45) 아무리 그 애가 네 동생{이더라도/이라도} 그 애만 두둔하면 되겠니?

(46) 앞으로 돈을 많이 {벌더라도/벌어도} 교만해서는 안 된다.

(47) 세상이 거꾸로 {가더라도/가도} 너만은 바로 걸어라.

(45)-(47)은 각기 그 선행절이 사실 세계, 가능 세계, 불가능 세계의 명제를 도입하고 있다. 특히 가능 세계와 불가능 세계의 명제는 "더라도"

쪽이 더 자연스럽다.

"더라도"의 형태 분석

"더라도"는 본디 "더 + 라 + 고 + 하 + 여도"로 분석될 수 있는 성분들이 축약되면서 합성된 것이라 할 수 있다. 현대어로서는 그런 분석이 불가능하지만 그 의미 면에서는 그런 성분들의 의미가 얼마쯤 남아서 구문론적인 성격을 제약한다고 볼 수가 있다. "더라도"가 가상 세계의 명제 도입에 더 자연스러움을 보이고, 또 그 후행절이 주로 추정이나 의도와 관련된 서법하고 어울리는 까닭은 다음과 같이 풀이할 수 있다.

(48) a. 눈이 오더라도 나는 떠나겠다.
b. 눈이 오더라고 (누가) 말하여도 나는 떠나겠다.

(48a)의 선행절이 (48b)와 같이 분석된다고 가정하면, "더라도"는 본디 (48b)와 같은 의미로서 가상적 요소가 곁들여 있으므로 뒷 절의 불확실한 명제하고만 어울릴 수 있다고 풀이된다.

9.1.6 양보 접속의 "(으)ㄹ지라도," "(으)ㄹ망정," "(으)ㄹ지언정"

"(으)ㄹ지라도," "(으)ㄹ망정," "(으)ㄹ지언정" 등은 기본적으로 "어도"나 "더라도"와 서로 교체될 수 있는 양보 접속 형태들이다. 이들은 모두 합성 형태로 보이나 실제 쓰임에서는 단일 형태처럼 분리되지 않고 한 덩이가 되어 있다. 다만 이 형태들은 의미적인 면에서 좀더 강한 양보성을 드러내는 일이 많다.

이 형태의 분포 관계나 문법 범주들과의 어울림에서도 "어도" 등과 거의 다를 바가 없다. 각 용언과 구분 없이 어울리고 "었"과도 자연스럽게 결합하나 "겠" 등과는 어울리지 못한다.

(49) 마음이 답답할지라도 참고 견디어야 한다.

(50) 나는 죽을망정 나쁜 짓은 안한다.
(51) 비록 목숨을 내놓고 덤빌지언정 네가 이기기는 틀렸다.
(52) 그 사람이 공부를 좀 못하였을망정 낙제는 안했다.
(53) 그이가 꾀가 남달리 많았을지언정 별수가 없었을 것이다.
(54) ?내일 날씨가 좋겠을지라도 산에 가지 않겠다.

"(으)ㄹ지라도" 등은 "어도"와 같은 쓰임을 보이며 상황에 따라 더 강조 효과를 낸다고 할 수 있다. 특히 (54)에서 보듯이 "ㄹ지라도" 무리가 "겠" 등과 어울리지 못하는 것은 이들이 본디 추정의 "ㄹ / 리"와 관련되었기 때문이라 풀이된다.

그런데 이 "ㄹ지라도" 무리는 선행절에 가상적인 명제를 도입하는 경향이 짙다. 특히 "ㄹ망정"과 "ㄹ지언정"은 그런 가상 명제의 양보절에 많이 쓰인다. 따라서 이들이 쓰이면 강한 효과의 양보문을 이루는 것이 예사이다(서정섭 1991:53).

(55) a. 오늘이 노는 날일지라도 거리에 차들이 많다.
b. 우리가 노인이 될지라도 기분은 지금과 마찬가지일 것이다.
c. 그이는 다시 태어날지라도 이 일을 할 것이다.
(56) a. 내가 가난할망정 너에게 구걸은 안한다.
b. 그 애가 어른이 될망정 그 버릇은 못 고칠 것이다.
c. 하늘이 두 쪽이 날망정 나는 굴복을 못한다.
(57) a. 비가 왔을지언정 모내기는 힘들다.
b. 그 사람은 실수를 할지언정 잘못을 저지르지는 않을 것이다.
c. 천지가 변할지언정 내 말은 바뀌지 않으리라.

위 (55)에서는 "ㄹ지라도," (56)에서는 "ㄹ망정," (57)에서는 "ㄹ지언정"이 쓰이고 있다. 그 각 a는 사실 명제, 각 b는 가능 명제, 각 c는 불가능 명제를 선행절에 도입하였다. 이들 중에 "ㄹ망정"과 "ㄹ지언정"은 가상적 명제에 더 알맞은 속성을 보인다.

9.1.7 양보 접속의 "ㄴ들," "었자," "기로서니"

"(으)ㄴ들"은 양보절을 도입하는 접속소로 여길 수가 있다. 이 형태도 다음에서 보듯이 그 선행절이 사실 명제, 가능 명제, 불가능 명제를 도입할 수 있다.

(58) 네가 그렇게 애써 본들 무슨 소용이 있겠니?
(59) 우리가 통일을 애써 부르짖은들 무슨 효과가 있어야 말이지.
(60) 자네가 호랑이 굴속에 들어간들 호랑이를 잡을 것 같은가?
(61) 사람이 날아간들 하늘 끝까지 갈까?

다만 이 형태는 사실 명제를 선행절로 하는 일은 비교적 드물다.

이 "ㄴ들" 형태는 주로 부정적인 후행절과 호응하는 특성이 있다. 그래서 이 형태는 "부정적 평가의 양보"라고 보는 수가 있다(서정섭 1991:87). 위에서 보듯이 선행절의 긍정적인 행위가 소기의 성과를 거두지 못하고 후행절에서 부정적인 뜻의 의문형 따위로 나타난다.

(62) 네가 아무리 나더러 가라고 한들, {나는 안 간다. / 내가 갈소냐? / *나는 간다.}
(63) 손이 발 되도록 빈들, {너는 용서를 못 받는다. / 네가 용서를 받겠느냐?}

|새김| "(으)ㄴ들"이 대구(對句)로 쓰일 때에는 조건 접속 형태로 여겨지는 수가 있다.

〈1〉 이런들 어떠하며 저런들 어떠하리.
〈2〉 이러하면 어떠하며 저러하면 어떠하겠느냐.
〈3〉 (?)이러더라도 어떠하며 저러더라도 어떠하겠느냐.

〈1〉이 〈2〉로 해석됨을 보아 "(으)ㄴ들 … (으)는들" 유형은 조건 접속 형태로 인정된다. 이럴 때에는 〈3〉에서처럼 "더라도"로 대치되면 어색하게 된다. 그러나 이것은 특수한 경우이므로 이 형태를 조건절로 다시 분류할 필요는 없다고 본다.

"ㄴ들"이 "었"과 결합할 때에는 "던"이 함께 쓰이게 되며 그 의미 기능은 조건절로 해석이 된다.

(64) 그이가 술을 조금만 더 마시었던들 못 일어났을 것이다.
　a. 그이가 술을 조금만 더 마시었다면 못 일어났을 것이다.
　b. (?)그이가 술을 조금만 더 마시었더라도 못 일어났을 것이다.

(64a)에서처럼 "었던들"은 조건절로 해석되는 경향이 짙다. (64b)에서처럼 양보절로 해석하면 어색하게 느껴진다. 앞뒤 절의 대조성이 약하기 때문이다. 따라서 이 "었던들"은 주로 조건절로 쓰이는 형태로 여겨 이미 앞에서 다룬 바가 있다. 이것은 "ㄴ들"과는 대조되는 점이다.

"었자"도 "ㄴ들"과 비슷한 양보절을 도입하는 일이 있다. 이 형태의 쓰임이나 구문론적 특성 따위는 "ㄴ들"과 별로 다르지 않다.

(65) 네가 거기에 가보았자, 아무 소용이 없다.
(66) 사람들이 많았자 큰 힘이 못 된다.
(67) 그이가 재주가 있어 보았자 별수가 없다.
(68) 그 사람이 도망을 가보았자 어디로 가겠느냐?

(65)-(68)에서 보듯이 그 뒷 절은 부정적인 표현 의도를 강하게 드러낸다.

"기로서니"도 "ㄴ들"이나 "었자"와 비슷한 표현 효과를 내는 양보절을 도입하는 기능이 있다. 그 후행절에는 부정적이거나 기대에 못 미침을 나타내는 서술이 따르게 된다.

(69) 그 사람이 재주가 많기로서니 그 일을 해결할 수야 없겠지.
(70) 그자가 아무리 불량배이기로서니 남의 가정까지 파괴하다니?

"기로서니"는 "서니"가 줄어져서 "기로" 형태로만 쓰이는 수가 있다. 그러나 다음에서 보듯이 "서니"가 함께 쓰이는 편이 낫다.

(71) 그 여자가 시집을 {가기로 / 가기로서니} 친정을 잊겠느냐?

(72) 네가 어려움을 {겪기로 / 겪기로서니} 그렇게 실망할 필요야 있겠냐?

|새|김| 서정섭(1991:71－73)에서는 "기로서니"에서 "서니"는 "기로"를 강조하는 효과를 내는 어형인듯 하다고 한 바 있다. 그러나 우리가 보기에는 "기로서니"를 기저형으로 보고 "기로"는 "서니"가 생략된 것이라고 풀이함이 타당할 듯하다. 위의 (71), (72)에서 보듯이 "기로"만으로는 양보 의미가 비교적 약한 반면에 다음에서 보듯이 '까닭'을 드러내는 효과가 더 강하기 때문이다.

〈1〉 어머니가 {a.가기로 / b.간다고 해서 / c.간다고 해도} 아이들이 다 따라 나설 필요야 있겠느냐?

〈1a〉는 〈1b〉처럼 '까닭'을 드러내는 쓰임이 〈1c〉의 양보적 쓰임보다 더 뚜렷이 드러난다. 이런 점에서 볼 때에 서태룡(1988)이나 이상태(1988)에서 "기로"를 이유 접속 형태로 보고 "기로서니"만을 양보 형태라 한 것은 타당성이 있다고 할 것이다.

9.1.8 양보 접속소와 "그래도 / 그렇더라도 / 그럴지라도 / 그럴지언정 / 그럴망정" 따위

"그래도, 그렇더라도, 그럴지언정, 그럴망정, 그런들, 그랬자, 그렇기로서니" 등은 각기 "어도, 더라도, ㄹ지언정, ㄹ망정, ㄴ들, 었자, 기로서니"와 대용형 "그러 / 그러하"가 합성된 꼴이다. 이들은 양보절을 잇는 접속소가 아니고 문장의 앞에 쓰이는 문장 부사어이지만 의미로는 그 대응되는 양보 접속소들과 거의 같다. 이런 점에서 그 의미를 간단히 살펴보기로 한다.

(73) a. 두 적수가 외나무 다리에서 만났다. 그래도 말없이 지나쳤다.
b. 두 적수가 외나무 다리에서 만났어도 말없이 지나쳤다.

(74) a. 그이는 나이가 많다. 그렇더라도 늘 운동을 해야 한다.
b. 그이는 나이가 많더라도 늘 운동을 해야 한다.

(75) a. 그이는 인색한 사람이다. 그럴지라도 가끔 고아원을 찾아간다.
b. 그이는 인색한 사람일지라도 가끔 고아원을 찾아간다.

(76) a. 그이는 죽을 고비를 당하였다. 그럴망정 뜻을 굽히지 않았다.
b. 그이는 죽을 고비를 당하였을망정 뜻을 굽히지 않았다.

(77) a. 나는 그이를 믿었다. 그럴지언정 돈을 꾸어 주지 않았다.
b. 나는 그이를 믿었을지언정 돈을 꾸어 주지 않았다.

(78) a. 남북 대표들이 늘 만나 의논한다. 그런들 무슨 효과가 있어야지.
b. 남북 대표들이 늘 만나 의논한들 무슨 효과가 있어야지.

(79) a. 그 사람이 돈을 많이 번다. 그랬자 헛것이다.
b. 그 사람이 돈을 많이 벌었자 헛것이다.

(80) a. 그 여자가 미인이다. 그렇기로서니 천하 일색이야 되겠느냐?
b. 그 여자가 미인이기로서니 천하 일색이야 되겠느냐?

위에서 보는 바와 같이 문장의 양보 접속 형태 "그래도, 그렇더라도, 그럴지라도, 그럴지언정, 그럴망정, 그런들, 그랬자, 그렇기로서니" 등은 그 기본되는 양보 형태들과 실질적으로 동일한 의미 기능을 보인다.

9.2 의도 / 목적 접속소

9.2.1 의도 접속소 "(으)려고," "고자"

의도 / 목적 접속소란 앞 절에 의도나 목적을 나타내어 뒷 절의 행동 서술과 접속하는 것이다. 앞 절에서는 의도나 목적을 제시하고 거기에 따라 뒷 절의 행동 서술이 이루어지는 관계를 보인다.

(81) 그이가 학교에 가려고 집을 나섰다.
(82) 그이는 하느님을 섬기고자 교회에 나간다.

위에서 보듯이 앞 절의 끝에 "려고"나 "고자"가 첨가되어 의도나 목적을 나타내고 뒷 절에서는 거기에 따르는 행위가 서술된다.

이 접속문에서는 앞뒤 절이 모두 동사성 용언만이 쓰일 수 있다. 의도나 목적의 표시나 그 달성 행위는 동작으로 이루어지기 때문이다. 따라서 형용사나 지정사는 이 접속소와 연결되지 못한다.

(83) 그들은 책을 읽으려고 텔레비전을 일절 보지 않았다.
(84) 그이는 늘 집에 남아 있으려고 모임을 피했다.
(85) 그 여자는 얼굴이 {a.*예쁘려고 / b.예뻐지려고} 애썼다.
(86) 나는 착한 {a.*사람이려고 / b.사람이 되려고} 힘썼다.

(83), (84)에서처럼 의도 / 목적 접속소 앞에는 동사나 존재사 따위 동사성을 지닌 용언만이 올 수 있고, (85), (86)에서와 같이 형용사나 지정사일 때에는 그렇지 못하다. 그 때에는 각 b에서처럼 "어지다"로 동사화를 하거나 "되다"로 대치해야 한다.

"(으)려고"와 "고자"의 두 의도 / 목적 표시 접속 형태는 서로 교체될 수 있다.

(87) 그들은 외국으로 {떠나려고 / 떠나고자} 준비를 한다.
(88) 사람은 언제나 {배우고자 / 배우려고} 노력을 한다.

이 목적이나 의도 표시 형태는 "었"이나 "겠" 따위와 함께 쓰이지 않는다.

(89) 아이들이 고기를 {잡으려고 / *잡았으려고 / *잡겠으려고} 냇가로 갔다.
(90) 여자들이 옷을 {사고자 / *샀고자 / *사겠고자} 시장에 갔다.

이 두 형태가 "었"과 어울리지 못하는 것은 앞으로 이루어질 행위를 드러내기 때문이다. 또 그 자체가 미래성을 가진 것이므로 "겠" 따위와 어울리지 못하는 것이다.

이 목적 / 의도 구문의 앞뒤 절 주어는 대개 동일한 행동자를 나타내고 그 선행 용언은 동사성을 드러낸다. '목적'이나 '의도'는 동작성을 전제로 하는 것이 예사이기 때문이다.

(91) a. 내가 집에 {가려고 / 가고자} (내가 / *그이가) 전철을 탔다.
b. 그이가 나를 {만나려고 / 만나고자} (*내가 / 그이가) 찾아왔다.

(92) {아이들이 / ?개가 / *나무가} {놀려고 / 놀고자} 운동장에 모습을 드러냈다.

(93) 그 여자가 {화장하려고 / *아름다우려고 /* 미인이려고} 거울 앞에 앉았다.

(94) 아이들이 부모를 공경하려고 {힘썼다 / (?)열심이다 / ?부지런하다}.

(91)에서는 앞뒤 절의 주어가 동일한 행동자일 때에 자연스러운 문장이 됨을 보인다. 곧 목적이나 의도를 드러내는 이와 그것을 이루는 이가 동일할 때에 이 접속소들이 쓰이는 것이다. (92)에서는 주어가 의도적인 동작자일 때에 이 구문이 될 수 있음을 보인다. "개"는 비록 움직일 수 있는 동물이지만 의도적인 동작자는 될 수 없으므로 이 구문을 이루지 못한다고 여겨진다. (93)에서는 선행절의 용언이 동사성을 가진 것일 때에 이 구문이 될 수 있음을 나타내며, (94)에서는 뒷 절의 용언도 동작성을 가진 것이라야 함을 보여준다.

|새김| "있다"는 동사성으로 쓰일 경우에 "(으)려고"나 "고자"와 어울릴 수 있으나 '소재(所在)'를 뜻할 때에는 그러하지 못한다.

〈1〉 나는 오후에 집에 있으려고 일찍 들어갑니다.
〈2〉 *이 영화가 재미가 있으려고 펼쳐집니다.

한편으로, "알다"나 "믿다" 따위는 본디 "행동성(+ Action)"이 아니고 "상태성(+ Stative)" 동사인데도 "(으)려고"나 "고자"와 어울릴 수가 있다.

〈3〉 그 수험생이 그 답을 {알려고 / 알고자} 무척 애를 썼다.
〈4〉 그이가 종교를 {믿으려고 / 믿고자} 교리를 배웠다.

또 "예뻐지다," "젊어지다" 따위도 행동성 동사는 아니나 이 구문을 이룰 수가 있다.

〈5〉 그 여자가 더 예뻐지려고 화장을 짙게 했다.

〈6〉 그 할아버지가 젊어지려고 안간힘을 쓰고 있다.

이런 점에서 볼 때에 여기에서 말하는 동사는 "행동성"이라기보다는 "동사성"이라고 함이 나을 듯하다. 다만 이 경우에 그 주어가 되는 사람의 의도가 곁들일 수 있는 동사이면 될 것이다.

또 "(으)려고"와 "고자"의 후행절에는 명령법이나 청유법, 약속법, 의도법이 잘 쓰이지 않는 제약이 있다.

(95) ?너 우리 집에 {놀려고 / 놀고자} 오너라.
(96) ?우리는 남을 {도우려고 / 돕고자} 돈을 모으자.
(97) ?자네가 나를 도와 {주려고 / 주고자} 내일 오겠나?
(98) (?)나는 친구를 {도우려고 / 돕고자} 힘쓰마.

이처럼 후행절의 서법이 의도나 명령법 따위와 자연스럽게 어울리지 못하는 것은 "(으)려고"와 "고자" 자체가 의도를 드러내는 것이므로 중복이 되기 때문이라 풀이된다.

|새|김| "(으)려고"와 "고자"가 '의도'를 주로 나타낸다고 여겨지는 경우는 다음과 같은 동사들과 어울릴 때이다.

〈1〉 나는 내년에 대학에 들어가려고 생각한다.
〈2〉 나는 그 때에 울지 않으려고 마음먹었다.

〈1〉, 〈2〉에서와 같이 직접적인 동작이 아닌 심리 작용 따위가 뒷 절에 이어질 때에는 선행절이 목적을 나타낸다기보다는 의도를 드러낸다. 이는 다음에서와 같이 뒷 절에 행위를 나타내는 동사가 이어져서 행위의 '직접 목적'을 드러낼 때와는 대조된다.

〈3〉 나는 그 사람을 꼭 만나려고 달려갔다.
〈4〉 그이는 그 친구를 붙잡으려고 손을 뻗쳤다.

요컨대, "(으)려고"와 "고자"는 경우에 따라 행위의 직접 목적 또는 의도를 나타내는 접속소이다.

"(으)려고"나 "고자"는 다음과 같이 "하다"와 이어져서 합성 형태처럼 보이는 수가 있다.

(99) 나는 내일 그 사람을 만나려고 한다.
(100) 그이는 우주 비행을 떠나고자 한다.

(99), (100)에서 보듯이 "려고 하다"나 "고자 하다"가 합성 형태처럼 보이고 일부에서는 그런 식으로 다루는 일이 있다.

그러나 이런 경우의 "하다"는 "대행 동사"의 한 가지이다. 특정한 문맥이나 상황에 따라 실질 동사를 대신하여 가리키는 것이다(서정수 1975a, 1991a).

(101) a. 나는 너를 {만나려고 / 만나고자} *무척 힘썼어.*
b. 나는 너를 {만나려고 / 만나고자} *애를 무척 썼어.*
c. 나는 너를 무척 {만나려고 / 만나고자} *했어.*

(101a)와 (101b)의 뒷 절(기운 글씨)에서 "무척" 따위는 앞 쪽으로 옮기고 그 나머지는 (101c)에서처럼 "하다"로 대행시킬 수가 있다. 다시 말하면 "하다"는 상황에 따라 "려고 / 고자" 뒤의 말들을 대리 표시하는 것이다. 요컨대, 이런 경우의 "하다"를 "려고"나 "고자"와 관련지어 "려고 하다" 따위 합성형으로 다룰 것이 아니라, 여러 군데에서 나타나는 "하다"의 한 대행 기능으로 기술하는 것이 바람직하다는 것이다.

"고자"는 가끔 "자"로만 줄어지는 일이 있다. 곧 "고"가 임의 탈락되는 수가 있다.

(102) a. 죽자 하니 청춘이요, 살자 하니 고생이라. (최현배 1961:311)
b. 죽고자 하니 청춘이요, 살고자 하니 고생이라.
(103) a. 남을 돕자면 희생이 필요하지요.
b. 남을 돕고자 하면 희생이 필요하지요.

각 b에서처럼 "고자"가 경우에 따라 "자"로만 쓰이게 된 것이다. 그것은 문맥의 도움으로 이해가 되기 때문이다. 그런데 (102a)에서는 "고자"의

"고"가 줄 적에 그 뒤의 "하"도 같이 줄어지고 있다.

"(으)려고"와 "고자"의 일상 쓰임

현대의 일상말에서는 "(으)려고" 꼴이 "고자"보다 더 많이 쓰이는 경향이 있다. 후자는 공문과 같은 글말에서만 주로 쓰인다.

(104) 다음 7월 7일에는 이사회를 가지고자 하니 꼭 나와 주시기 바랍니다.
(105) 가난한 이웃들을 돕고자 쌀을 거두고 있으니 참여하시기 바랍니다.

(104), (105) 따위와 같은 공고문 등에는 "고자"가 쓰이는 일이 많다.

"려고"를 "랴고" 또는 "ㄹ려고"와 같이 쓰는 것은 현행 맞춤법에 어긋난다. "고자"도 "고저"나 "고져"로 쓰는 것은 표준어로 인정되지 않는다.

(106) 울랴고 내가 왔던가 → 울려고 내가 왔던가
(107) 나는 공부를 할려고 해 → 나는 공부를 하려고 해
(108) 그이는 장가를 {가고저 / 가고져} 한다 → 그이는 장가를 가고자 한다

각기 바른편 것과 같이 표기함이 맞춤법에 맞다.

그런데 최현배(1961:312)에 따르면 어원적으로는 "고자"보다 "고저"가 일반적이겠으나 실제 쓰임이나 그 줄임꼴("고자"가 "자"로 주는 경우)로 보아 전자가 낫다고 한 바 있다.

9.2.2 목적 접속소 "(으)러"

"(으)러"가 쓰인 앞 절은 목적을 나타내면서 뒷 절과 접속된다. 이 형태는 '의도'보다는 '목적'을 주로 나타낸다는 점에서 앞에서 다룬 "려고 / 고자"와 차이를 보인다. 곧 후자는 목적을 나타내기도 하지만 의도까지도 표시하는 기능을 지녔으나 전자는 목적 표시에만 한정된다는 것이다. 그 뿐 아니라 구문론적인 제약에서도 양자는 서로 다른 바가 있다. 특히 이

"(으)러" 형태는 뒷 절에 쓰일 수 있는 동사에 심한 제약을 드러낸다.

(109) 그들은 벚꽃을 보러 공원에 갔다.
(110) 우리는 문법을 배우러 여기에 왔다.
(111) 그 사람은 외국말을 공부하러 다닌다.

"가다," "오다," "다니다" 따위 이동 동사가 뒷 절에 이어질 때에만 "(으)러"가 쓰인다. 그 밖의 용언이 뒤따르는 경우에는 비문이 된다.

|새김| "(으)러"와 어울릴 수 있는 이동/내왕 동사는 대개 다음과 같은 것들이다.

〈1〉 가다/오다, 들어가다/들어오다, 나가다/나오다, 뛰어가다/뛰어오다
〈2〉 다니다, 나다니다, 드나들다

그러나 다음과 같은 한자말은 "(으)러"와 어울리는 이동 동사에 들지 않는다.

〈3〉 통학하다, 출근하다, 출발하다, 출입하다, 내왕하다

이들은 "*국어를 배우러 통학한다," "?일하러 출근한다"에서처럼 "(으)러"와 함께 쓰이지 못한다.

이 "(으)러" 형태는 이동 동작의 '직접 목적'을 드러내는 의미적인 특성을 보인다. 곧 이 형태는 일반 동작의 의도는 드러내지 않고 일부 이동 동사의 동작 목적만을 주로 드러낸다. 이런 점에서 이 형태는 '목적'뿐 아니라 '의도'도 드러내는 "(으)려고/고자"와는 다르다.

(112) a. 사람들이 강연을 들으러 {갔다/*모였다}.
　　　b. 사람들이 강연을 들으려{고/고자} {갔다/모였다}.
(113) a. 그이는 상을 받으러 {왔다/*기다린다}.
　　　b. 그이는 상을 받으려{고/고자} {왔다/기다린다}.

각 a에서처럼 "(으)러"는 이동/내왕의 직접 목적을 나타내는 데에만 쓰이며, 이럴 때에는 "(으)려고/고자"와 일치한다. 그러나 이 "(으)러"는 그 밖의 동사들과는 함께 쓰이지 못한다. 따라서 "(으)려고/고자"가 드

러내는 의도 표현에는 관여하지 못하는 것이다.

"(으)러"는 "었"이나 "겠" 따위와 함께 쓰이지 않으며, 앞뒤 주어가 동일한 행동자일 때에 쓰인다는 점에서는 "(으)려고 / 고자"와 공통성을 지닌다. 그런데 이 형태는 그 선행 동사가 "행동성"이 두드러지는 특성이 있다. 그 선행 동사가 넓은 의미의 "동작성"을 보이는 "(으)려고 / 고자"와는 달리 "(으)러"는 능동적인 행동성을 강하게 보이는 동사들하고만 결합하는 것이다.

(114) 그 사람이 시골에 {살러 / (?)있으러 / 있으려고} 갔다.

(115) 그 아이가 복음을 {들으러 / (?)알러 / (?)믿으러 / 믿으려고} 교회에 나갔다.

(116) 그 여자가 {단장하러 / ?예뻐지러 / ?젊어지러 / 젊어지려고} 미장원에 갔다.

위에서와 같이 능동적인 행동성이 아닌 용언들은 비록 동사성을 가진 것이라도 "(으)러"와는 어울리지 못하고 있다. 말하자면 "행동성"이 두드러진 동사들만 쓰일 수가 있고 상태성이나 과정성의 동사들은 "(으)러"와는 함께 쓰이지 못하는 것이다.

한편으로, 다음에서 보듯이 "(으)러"는 뒷 절의 서법에 제약이 없다는 점에서도 "(으)려고 / 고자"와는 퍽 다르다.

(117) a. 철수는 날마다 글짓기를 배우러 {간다. / 가니?}
b. 철수야, 너 글짓기를 배우러 {가거라. / 가겠니?}
c. 철수야, 우리 뒷산에 놀러 가자.

특히 (117b, c)에서 보듯이 "(으)러"가 쓰인 선행절에 이어지는 후행절에는 의도나 명령법 따위 서법과 함께 쓰일 수 있다. 이것은 이 형태 자체가 '의도' 표시 접속어가 아닐 것이라는 추정을 강하게 시사한다. 이런 의도와 관련된 서법 형태가 문말에 다시 나타날 수 있다는 것은 앞 절에 그런 의도 관련 표현이 없다는 것을 의미하기 때문이다.

위와 같은 특성에 비추어 볼 때에 "(으)러"는 '의도'보다는 행동의 '직접 목적'을 제시하는 절을 도입함이 확인된다. 위 (114)-(116)에서 보듯이 이 형태가 행동성 동사하고만 어울린다는 점이라든지, (117)에서 보듯이 뒷 절 서법으로 '의도' 표시 형태들과 자유로이 어울릴 수 있다는 점, 그리고 "가다/오다" 따위 이동 동사만 후행절에 쓰일 수 있다는 점 따위는 이 "(으)러"가 행위자의 간접적인 의도 표시보다는 좀더 직접적인 목적 표시를 한다고 결론지을 수가 있다. 따라서 이 "(으)러" 형태는 "(으)려고/고자"가 보이는 목적 표시 기능과는 서로 교체될 수 있으나 의도 표시 기능과는 교체될 수가 없다.

|새김| "(으)러"는 '목적꼴'이라 하여 '의도꼴'의 "(으)려고/고자"와 구분한 것은 일찍이 최현배(1961:311-12)에서 볼 수 있었다. 이는 매우 통찰력 깊은 기술이었다. 우리는 이제야 그런 가름의 참뜻을 이해할 수 있게 된 것이다. 다만 우리는 "(으)려고/고자"에도 목적 표시 기능이 있음을 덧붙이게 되었다.

목적 표시의 "기 위하여"

목적이나 의도를 나타내는 "(으)려고/고자"와 "(으)러" 대신으로 "기 위하여"를 쓰는 일이 많다. 그래서 이 어구도 목적절 도입의 기능을 보이는 것으로 여겨질 수 있다. 그러나 이것은 문법 형태로 인정되기에는 문제점이 있다고 보기에 여기에서는 정식으로 다루지 아니하고 간단히 풀이한다.

(118) 그이는 돈을 {a.벌기 위하여/b.벌려고/c.벌러} 중동에 갔다.
(119) 그들은 취직을 {a.하기 위해서/b.하려고/c.*하러} 시험을 쳤다.
(120) 그들은 서울에 {a.있기 위하여/b.있으려고/c.*있으러} 직장을 옮겼다.

"기 위하여" 또는 "기 위해서"는 "(으)려고"와 서로 교체되어 쓰일 수 있다. 그러나 형용사 따위가 앞 용언이 될 때에는 못 쓰인다.

(121) 그들이 서로 {a.*친하기 위하여 / b.친해지기 위하여} 술을 마셨다.

(122) 학생들은 {a.*훌륭한 사람이기 위하여 / b.훌륭한 사람이 되기 위하여} 노력을 하였다.

그런데 "위하여"는 "목적어 명사구"와 어울려서도 비슷한 뜻을 드러내는 수가 있다. 이럴 때에는 "를 위하여" 꼴로 쓰이는데 그것은 종속절의 접속 기능 형태가 아니다. 따라서 "기 위하여" 따위는 "위하다"는 문법 형태라기보다는 한 특수한 낱말의 쓰임이라고 할 것이다.

(123) 우리는 {나라를 위하여 / 나라를 섬기기(를) 위하여} 싸웠다.

(124) 그 여자는 {부모를 위하여 / 부모를 섬기기(를) 위하여} 정성을 다하였다.

곧 "기 위하여"는 아직 확정된 문법 형태로 다루기 어렵다.

9.2.3 의도 / 목적 접속소와 "그러려고," "그러고자"

"그러려고," "그러고자"는 각기 "려고"와 "고자"에 대용형이 결합된 합성어로서 문장 연결 기능을 보인다. 이들은 "그렇게 하려고 / 하고자"나 "그리 하려고 / 하고자"가 줄어져서 된 것이다. 다만 "러"에 대응하는 "그러러"는 안 쓰인다.

(125) 우리는 큰 국제 회의를 치렀다. {그러려고 / 그리하려고} 일년 동안이나 준비를 했다.

(126) 그는 그 여자를 만나려고 했다. {그러고자 / 그리하고자} 정류장에서 오래 기다렸다.

"그러려고," "그러고자"의 실질적 의미는 "(으)려고 / 고자" 따위와 다를 바 없다.

(127) a. 그이는 물건을 살 것입니다. 그러려고 시장에 갔으니까요.

b. 그이는 물건을 사려고 시장에 갔다.

(128) a. 나는 친구를 만날 생각을 하였다. 그러고자 전화를 걸었다.
b. 나는 친구를 만나고자 전화를 걸었다.

(129) a. 나는 집을 하나 짓겠다. 그러려고 땅을 사놓았다.
b. 나는 집을 하나 지으려고 땅을 사놓았다.

그런데 이 대용 형태들은 일반으로 자주 쓰이지 않는 편이다. 특별한 경우가 아니고는 이들 문장 부사어보다는 "(으)려고" 따위를 쓰는 것이 예사이다.

9.3 결과 관계 부사절

결과 관계 접속이란 앞 절에 어떤 결과를 설정하고 뒷 절에서 그런 결과에 이르는 동작이 이어지도록 하는 것이다. 앞 절에서 보이는 동작이 어떤 결과를 낼 때까지 뒷 절의 동작이 계속됨을 보이는 접속 관계이다.

(130) 수일이가 공부를 마치도록 부모가 뒷바라지했다.
(131) 수일이는 아침 해가 떠오르도록 잠을 잤다.

(130)에서는 "공부를 마치는 결과가 드러날 수 있게" 뒷바라지가 계속됨을 보인다. (131)에서는 "해가 뜨는 결과가 나올 때까지" 잠자는 일이 계속됨을 드러낸다.

결과 관계 접속을 이루는 주요 형태는 "도록"이며 "게"나 "게끔"도 경우에 따라 쓰이는 일이 있다.

(132) 아이들이 맛있게 {a.먹도록 / b.먹게 / c.먹게끔} 어머니가 반찬을 장만하였다.
(133) 자식들이 착하게 {a.자라도록 / b.(?)자라게 / c.(?)자라게끔} 부모들은

타일렀다.

(132)에서는 "도록"이나 "게" 또는 "게끔"이 다 같이 쓰임을 보인다. 그러나 (133)에서 보는 바와 같이 "게"와 "게끔"은 그 쓰임이 어색하게 되는 일이 있다. 이러한 점은 뒤에서 논의할 것이다.

이 접속 형태들과 어울리는 용언은 동사성을 가진 것이라야 하며, 형용사나 지정사 따위는 일반으로 못 쓰이고 다만 일부 예외적인 쓰임이 나타날 뿐이다. 이 점은 바로 뒤에서 설명할 것이다.

9.3.1 결과 관계 접속 형태 "도록"

"도록"은 기본적으로 결과 관계 접속문을 이루는 접속소이다. "도록"은 동작성을 지닌 앞 용언과 어울려 결과 관계 접속문을 이루는 데에만 쓰이는 대표적인 접속소이다.

(134) 학생들이 일찍 오도록 선생이 지시했다.
(135) 어머니가 아이에게 집에 있도록 타일렀다.
(136) 방이 {a.(?)따뜻하도록 / b.따뜻하여지도록} 아주머니가 불을 지폈다.

(134)에서는 동사 "오다," (135)에서는 존재사 "있다"가 "도록" 앞에 쓰였다. (136a)에서 보듯이 형용사 "따뜻하다"는 "도록"과 바로 어울리면 어색하고 (136b)에서처럼 동사화를 해야 자연스럽게 어울릴 수 있다.

그런데 특수한 경우에는 일부 형용사도 "도록"과 어울리는 일이 있다.

(137) a. 그 일은 서로 좋도록 원만히 해결하시오.
b. 그 일은 서로 좋게 되도록 원만히 해결하시오.
(138) a. 그들은 어둡도록 밭에서 이삭을 주웠다.
b. 그들은 어두워지도록 밭에서 이삭을 주웠다.

위와 같은 경우에 쓰이는 "좋도록"이나 "어둡도록" 따위는 관용적인 표현일 뿐이고 정상적인 것은 아니다. 이는 각 b에서처럼 동사화한 것이 더 자연스럽게 느껴지는 것으로 확인된다.

|새김| "늦도록"이나 "밝도록" 따위가 자연스러운 것은 "늦다"나 "밝다"가 동사로도 쓰일 수 있기 때문이다.

〈1〉 지금 가도 늦는다. 사람에게 너무 늦도록 기다리게 하면 안 된다.
〈2〉 날이 밝는다. 온 누리가 환히 밝도록 기다려라.

"도록" 접속 형태의 구문은 동사구 보족절의 성격을 짙게 띠는 점이 특색이다.

(139) a. 그이는 학교에 빨리 오도록 아침 일찍부터 서둘렀다.
b. 그이는 〈그가 학교에 빨리 오도록〉 일찍부터 서둘렀다.

(140) a. 선생이 학생에게 집에 가도록 지시했다.
b. 선생이 학생에게 〈학생이 집에 가도록〉 지시했다.

각 a는 기저적으로 분석하면 각 b와 같은 동사구 보족절이 된다. 앞에서 지적한 바와 같이 모든 종속 접속문이 동사구 보족절로 환원할 수 있으나 그 중에도 이 "도록" 구문이 그런 구조적 성격이 비교적 짙다고 할 수 있다.

|새김| N. Kim(1978b)에서는 "도록"이 "고"와 함께 동사구 보족절을 이루는 보문자임을 밝히고 그것이 명사구 보족절의 보문자와 다른 점을 자세히 논증한 바 있다.

"도록" 접속문 중에는 모호성을 띠는 것들이 있다.

(141) 철수는 민희를 죽도록 사랑하였다.
a. 철수는 민희를 (민희가 죽도록) 사랑하였다.
b. 철수는 민희를 (철수가 죽도록) 사랑하였다.
c. 철수는 민희를 (그 둘이 죽도록) 사랑하였다.

(141)은 그 아래에서 보는 것처럼 세 가지 해석이 가능하다. 이처럼 "도록" 구문은 문맥에 따라 축약된 문장을 이루므로 모호성을 보이는 수가 잦다.

9.3.2 "도록"과 사동 표현

"도록" 접속문의 뒷 절이 "만들다"나 "하다" 따위가 될 때에는 사동적인 표현으로 여겨지는 수가 있다.

(142) 비서가 사람들에게 사장을 {a.못 만나도록 / b.못 만나게} 만들었다.
(143) 선생이 학생들에게 운동장에서 {a.놀도록 / b.놀게} 했다.

각 a가 각 b와 같은 뜻으로 해석되는 만큼 사동 표현으로 여겨진다. 따라서 "도록"이 "게"와 마찬가지로 사동 구문소라고 할 수도 있을 듯하다. 실제로 그런 풀이를 하는 이들이 있다.

그러나 위 각 a는 본디 사동문이라기보다는 한 접속문의 특수한 경우라고 할 수 있다. 곧 "도록"이 이루는 접속문이 뒷 절의 동사가 마침 "만들다"나 "하다" 형태만으로 된 경우라는 것이다.

(144) 선생이 학생들에게 {a.놀도록 / b.(?)놀게} 분위기를 만들었다.
(145) 비서가 사람들에게 사장을 {a.못 만나도록 / b.(?)못 만나게} 거짓말을 했다.

"도록"은 각 a에서 보듯이 "만들다"나 "하다" 앞에 딴 성분을 삽입시키면 오히려 자연스러운 문장이 될 수가 있다. 이는 각 b에서 보듯이 "게"가 그런 중간 성분들을 자유로이 허용치 않고 사동문만을 이루는 것과 대조를 이룬다. 이는 "도록"이 사동문을 이루는 "게"와는 달리 일반 접속소임을 강하게 뒷받침하는 것이다. 따라서 "도록"이 (142), (143)의 각 a에서와 같이 "만들다"나 "하다"와 직접 연결된 것은 그 사이에 딴 성분들이 마침 개입되지 않은 결과라고 풀이된다. 다시 말하면, "도록"은 각 b의 "게"와는 달리 사동 기능 요소가 아니라 접속소임이 확인된다는 것이다.

한편, (144), (145)의 "도록"은 사동 구문소가 아님과 동시에 그것과 어울리는 "만들다"나 "하다"는 사동 보조 동사가 아님이 확인된다. "도록"과 "만들다" 사이에 딴 요소가 마음대로 개입되고 있기 때문이다. 이는 사동 구문소와 사동 보조 동사의 사이에는 아무런 딴 요소도 삽입되지 못한다는 사동 제약에 어긋나는 것이다.

요컨대, "도록"은 접속소이고 사동법을 이루는 구문소가 아니다. 이 형태는 사동법을 이루는 "게"와는 다르다. "도록"과 어울리는 "만들다"나 "하다"는 사동 보조 동사가 아니라 여느 동사로 쓰인 것이다. (142), (143)에서처럼 "도록"이 "만들다, 하다"와 어울려 비록 사동 의미 효과를 드러내지만 그것은 그것들 사이의 접속 관계에서 빚어진 것이고 사동법을 이루기 때문이 아니다.

"도록"의 기본 의미 문제

최현배(1961:312)에서는 접속소 "도록"을 "미침꼴(到及形)"이라 했으나, 최근의 윤평현(1989), 김종록(1993) 들에서는 "결과형"이라 부르는 일이 있다. 우리도 후자 쪽이 타당한 것으로 본다. 그것은 "도록"은 단순한 도달 관계와는 다른 경우가 많기 때문이다.

(146) 우리는 그 문제를 해결하도록 노력했다.
 a. 우리는 그 문제를 해결하는 결과를 낼 수 있게 노력했다.
 b. 우리는 그 문제를 해결할 때까지 노력했다.
 c. 우리는 그 문제를 해결하려고 노력했다.

(146)은 경우에 따라 그 아래의 몇 가지 뜻으로 해석될 수 있다. 그러나 그 중에 가장 기본되는 의미는 (146a)로 여겨진다. (146b)에서처럼 그 노력이 어느 지점까지 계속되는 것도 아니요, (146c)처럼 단순히 목

표를 향한 노력도 아니다. 어디까지나 문제 해결의 결과를 낼 수 있게 노력한다는 것이 (146)의 본뜻이다. 이는 다음과 같은 경우에도 잘 드러난다.

(147) 내일 아침에 일찍 오도록 힘쓰십시오.
　a. 내일 아침에 일찍 오게끔 힘쓰십시오.
　b. (?)내일 아침에 일찍 오기까지 힘쓰십시오.
　c. 내일 아침에 일찍 오기 위해서 힘쓰십시오.

(148) 그 학생은 밤이 새도록 거리를 쏘아 다녔다.
　a. 그 학생은 밤이 새는 결과에 이를 만큼 거리를 쏘아 다녔다.
　b. 그 학생은 밤이 새기까지 거리를 쏘아 다녔다.
　c. (?)그 학생은 밤을 새기 위해서 거리를 쏘아 다녔다.

(147)과 같은 예에서는 (147b)의 도달 관계 해석이 어색하고, (148)의 경우에는 (148c)의 목적 관계 해석이 어색하다. 더구나 다음과 같은 경우에는 도달 관계와 목적 관계가 다 쓰이지 못한다.

(149) 학생들과 같이 설악산에 가도록 명령을 받았다.
　a. 학생들과 같이 설악산에 가는 (결과를 내게) 명령을 받았다.
　b. (?)학생들과 같이 설악산에 가기까지 명령을 받았다.
　c. (?)학생들과 같이 설악산에 가기 위해서 명령을 받았다.

이와 같은 사실은 "도록"이 도달 관계나 목적 관계와는 차이가 있음을 드러낸다.

9.3.3 결과 관계 접속의 "게"와 "게끔"

"게"도 경우에 따라 결과 관계 접속문을 이루는 일이 있다. 이 형태는 본디 사동법을 이루는 것이 기본 기능이지만, 경우에 따라 결과 관계 접속문을 이루어 "도록"과 교체되는 수가 있다. 한편으로, "게끔"은 "게"를 힘

주어 나타낼 때에 쓰이는 것인데 결과 접속 관계를 표시하는 기능이 있다.

(150) 차가 {a.지나가게(끔) / b.지나가도록} 사람들이 비켜섰다.
(151) 그는 아이가 날마다 집에 {a.있게(끔) / b.있도록} 타일렀다.

위와 같은 보기들에서는 "게"나 "게끔"은 "도록"과 나란히 접속 형태로 쓰임을 알 수 있다.

그런데 "게"는 많은 경우에 다음에서와 같이 "게" 다음에 쉼(pause)(아래 예문에서는 쉼표로 표시하였음)을 두어야 자연스럽다. "게"는 접속 형태로서의 쓰임에는 상당한 제약이 있는 것이다. 다만 "게끔"이라는 형태로 바꾸면 쉼이 없이도 쓰일 수가 있으며 "도록"과 교체될 수 있다.

(152) 학생들이 시위를 {a.못하게 / b.못하게끔 / c.못하도록} 경찰이 최루탄을 쏘았다.
(153) 주인이 일꾼들이 {a.쉬게 / b.쉬게끔 / c.쉬도록} 휴가를 주었다.
(154) 어머니가 아들에게 진학을 {a.하게 / b.하게끔 / c.하도록} 학비를 대어 주었다.

위에서 보듯이 "도록"과는 달리 "게"는 뒷 절과의 사이에 쉼이 있어야 자연스럽게 느껴지는 것이다. 다만 그것을 "게끔"으로 대치하면 그런 어색함이 덜하다.

더구나, "게"는 "도록"을 거의 대치하지 못하게 되는 경우가 많다. "도록"으로는 자연스런 문장을 이루지만 그것을 "게"로 바꾸면 매우 어색한 문장을 이루는 일이 흔히 있다. 이럴 때의 "게"는 "게끔"으로 바꾸어도 어색함을 다 지울 수가 없다.

(155) 그들이 본국에 {a.(?)돌아가게 / b.(?)돌아가게끔 / c.돌아가도록} 명령을 받았다

(156) 사람들이 빨리 {a.(?)모이게 / b.(?)모이게끔 / c.모이도록} 사환이 종을 쳤다.

"게"는 결과 관계 접속 기능이 있기는 하나 매우 한정적이다. 이는 "게"의 본 기능이 아니기 때문이다. 곧 "게"는 그 기본 기능이 사동법이고 그 기능이 일정한 범위 안에서 결과 관계 접속 기능으로 번지는 것이다.

"게"의 주요 기능

"게"가 사동법 기능을 보일 때에는 앞에서 본 바와 같이 "만들다" 또는 "하다"와 비분리적으로 결합한다.

(157) 선생이 학생에게 책을 읽게 {만들었다 / 하였다}.
(158) (?)선생이 학생에게 책을 읽게 강제로 {만들었다 / 하였다}.

(157)은 "게"가 사동 보조 동사 "만들다"와 함께 사동법을 이룬다. 이런 경우에 (158)에서처럼 "게"와 "만들다" 사이에 "강제로"와 같은 성분이 개입되면 사동법이 안 될 뿐 아니라 어색한 문장이 되고 만다.

한편으로, "게"는 비동사성 용언 곧 형용사 따위와 어울릴 때에는 일종의 동사구 보족절이 된다. 이는 다음에서와 같이 사동법도 아니고 결과 관계 접속문도 아니고 단순히 동사를 부가적으로 수식할 뿐이다.

(159) 그 여자가 보기 좋게 꽃꽂이를 했다.
(160) 꽃이 산과 들에 아름답게 피었다.

(159), (160)과 같은 경우의 "게"는 여느 부사 전성 접미사에 가까운 기능을 보인다.

(161) 비행기가 {높게 / 높이} 떴다.

이런 경우의 "높게"는 전성 부사 "높이"와 서로 교체될 정도이다.

9.3.4 "도록"과 "게"의 의미 차이

위에서 보듯이 "게"가 본디 사동법 기능의 형태이고, "도록"은 본디 결과 관계 접속 기능 요소라는 점이 밝혀졌거니와, 이런 차이는 이 두 형태의 의미 차이에서도 뒷받침이 된다. 여기에서는 이 두 형태의 의미 차이를 살펴보기로 한다.

일반으로 "게"는 그 자체로서는 실질적 의미를 지니지 않는 문법 형태로 여겨진다. 이와는 달리 "도록"은 그 자체의 의미 특성을 가진 접속소이다.

(162) 그들은 집에 다 {a.?가게 / b.가도록 / c.가기까지} 차에서 잤다.

(163) 그들은 아들이 {a.??돌아오게 / b.돌아오도록 / c.돌아오기까지} 꼬박 기다렸다.

위에서 보듯이 "게"와는 달리 "도록"은 한 동작이나 사태가 어떤 결과를 낼 만큼 지속됨을 나타낸다. 각 c에서 보듯이 "도록"은 '소기의 결과에 이르기까지'라는 의미를 보인다. 이런 의미 특성은 다음과 같은 예에서도 잘 드러난다.

(164) 그이는 저녁에 {a.늦게 / b.늦도록 / c.늦게 되기에 이르기까지} 잤다.

(165) 그이는 아침에 {a.늦게 / b.?늦도록} 일어났다.

(164a)의 "늦게"는 '늦은 시간에'라는 뜻으로서 단순히 시각 표시와 관련된 부사적 기능을 보일 뿐이다. 이와는 달리 (164b)의 "도록"은 '늦은 시각에 이르는 동안'을 나타내는 의미 기능이 있다. 그러므로 "도록"의 의미는 (164c)에서 보듯이 "게"에 '결과를 내기까지'의 의미 요소가 결합된 것이라 할 수가 있다. 한편으로, (165)와 같은 상황에서는 그런 '결과에 이르는 동안'의 뜻이 드러날 수 없으므로 "도록"은 거의 쓰이지 못한다.

요컨대, "도록"은 그 자체의 의미 특질을 지니고 있으며, 그 자체의 의미 특질에서 결과 관계 접속 기능이 나타난다. 따라서 "도록"의 결과 관계 기능은 본질적인 것이다. 실제로, "도록"의 모든 기능은 이 의미 특질을 바탕으로 설명될 수 있다. 이와는 달리, "게"는 본질적으로 그런 고유한 의미 특성이 없는 일종의 문법 기능 형태이다. 이런 "게"는 사동 제약 밑에서는 사동법과 관련을 맺으며, 비사동적 환경에서는 〈비동사성〉 용언과 어울려 부사적 수식 기능을 보인다. "게"가 이처럼 서로 다른 범주의 기능을 보이는 것도 그 자체의 실질적 의미가 없다는 증표가 된다.

9.4 전환 접속 부사절

9.4.1 전환 접속소 "다가"

전환(transferentive) 접속이란 앞 절의 상태나 동작을 전환하여 뒷 절과 잇는 것을 일컫는다. 앞 절의 서술이 변화 또는 중단되면서 뒷 절 서술로 이어지는 것이다.

(166) 그가 학교에 가다가 돌아왔다.
(167) 아이가 방에서 놀다가 이제는 잠을 잔다.

(166)은 학교에 가는 동작이 중단되고 돌아오는 동작으로 바뀜을 드러낸다. (167)에서는 아이가 노는 동작에서 잠을 자기에 이르는 전환을 보인다. 이런 전환 접속을 이루는 접속소는 "다가"이다.

이 전환 접속소 "다가"는 일상 대화에서는 (168)에서처럼 "다"로 축약되어 쓰이는 일이 많다. 특히 현대어에 와서 그런 축약 현상이 많이 나타난다.

(168) 그이는 잡지를 읽다 신문을 읽는다.

이렇게 "다가"가 "다"만으로 축약될 때에는 서술법의 종결 형태 "다"와 동일형이 된다. 그러나 그 의미 기능은 같지 않다.

접속 형태 "다가"는 앞뒤 절의 주어가 실질적으로 동일할 때에만 쓰인다.

(169) 그분이 노래를 부르다가 ({a.그분이 / b.*딴 분이}) 슬며시 앉았다.
(170) 그이가 학교에 가다가 ({a.그이가 / b.*그들이}) 친구를 만났다.

(169)의 괄호 안에 표시한 것과 같이 뒷 절의 주어가 앞 절의 것과 서로 같아야만 된다. 만일 (169b)에서 보듯이 앞것과 다른 주어는 선택될 수가 없다. (170)에서도 앞 절 주어 "그이"와 다른 주어 "그들"이 선택될 수 없음을 보인다.

이처럼 "다가" 구문의 앞뒤 주어가 동일한 것이 원칙이므로 뒷 절의 주어는 거의 상례적으로 생략된다. 동일 주어 생략 원칙에 따른 것이다.

(171) 그분이 술을 마시다가 (그분이) 담배를 피운다.
(172) 나는 집에 있다가 (나는) 나갔다.

위 예문에서 각기 괄호 안에 주어가 나타나면 어색하다. 앞뒤 절의 주어가 늘 동일하므로 생략되는 것이 상례화되었기 때문이다.

이 전환 형태는 동사성 용언 곧 동사 및 존재사와 어울리는 것이 예사이다. 그것은 이 형태는 변화 또는 전환의 기능이 그 본질이기 때문이다. 다만, 특정한 경우에는 형용사와 지정사도 이 전환 구문을 이루는 수가 있다.

(173) a. 아침에는 하늘이 맑다가 낮에는 흐리다.
b. 아침에는 하늘이 맑아졌다가 낮에는 흐려졌다.
(174) a. (?)그 애가 기분이 좋다가 안 좋다.
b. 그 애가 기분이 좋다가 안 좋아졌다.

c. 그 애가 기분이 좋다가 말았다.

(175) a. ?그 여자가 예쁘다가 안 예쁘다.
b. 그 여자가 예쁘다가 안 예뻐졌다.

(176) a.(?)그이가 회장이다가 사장이다.
b. 그이가 회장이다가 사장이 되었다.

(173a)에서처럼 "맑다"나 "흐리다" 따위는 비록 형용사라도 가변적인 상태성을 지니므로 상황에 따라 "다가"와 어울리는 수가 있다. 그러나 이때에도 그것들을 동사화한 (173b)가 더 자연스럽다. (174a)의 "좋다"와 같은 것은 적어도 뒷 절이 (174b)에서처럼 변화를 나타내는 "좋아지다"로 바뀌어야 된다. (175a)의 "예쁘다"와 같은 형용사는 본디 항구적 상태를 나타내는 것이므로 양쪽이 동일한 형용사 형태가 되어서는 곤란한 것이다. (176)의 "이다"는 적어도 뒷 절이 변화가 드러나는 서술이어야 어색하지 않게 된다.

"다가"는 완료 형태 "었"과 어울리어 앞 절의 동작이나 변화가 완료됨을 나타낸다. 곧 "었다가"의 형태로 쓰이면 앞 절의 동작이 끝나고 전환됨을 나타낸다. 그 반면에 "다가"만으로 쓰이면 대개 중도에 전환됨을 나타낸다.

(177) 그들이 거기에 {a.갔다가 / b.가다가} 돌아왔다.
(178) 그 공무원이 뇌물을 {a.받았다가 / b.받다가} 들켰다.

각 a처럼 "었다가"가 쓰이면 완료된 뒤의 전환이고 각 b처럼 "다가"만 쓰이면 도중에 전환된 것을 나타낸다.

"다가"는 반복되는 전환 행위나 상태를 나타내기도 한다. 이럴 때에는 그 반복 횟수만큼 되풀이 서술이 된다.

(179) 날씨가 흐렸다가 갰다가 비가 왔다 한다.
(180) 비가 오다 말다 한다.

(181) 너는 이랬다 저랬다 하는구나, 왔다 갔다 하면서.

이런 반복 전환의 서술에서는 마지막에 "하다"라는 대용 형태를 쓰게 된다.

"다가"는 일부 관용화된 형태로 쓰이기도 한다.

(182) 알다가도 모를 일이다.

(183) 오다 가다 만난 사람

|새김| 최현배(1937)에서는 이 접속소 "다가"를 "중단형"(그침꼴)이라 하였는데 그 용어는 적절치 않다. 앞 절에서 나타내는 바가 중단되는 데에 그치지 않고 뒤 절로 바꾸어지는 것을 나타내는 서술이기 때문이다. 이 접속소에 관해서는 김문웅(1982), S. Song(1983a) 등에서 자세히 다룬 바 있다.

9.4.2 전환 접속소 "다가"와 "그러다가"

"그러다가"는 "다가"와 "그러"가 합성된 형태이며 본디 "그러하 + 다가" 또는 "그렇게 하 + 다가"의 축약형으로 볼 수 있다. 또 "그러다가"는 "그러다"로 다시 축약되는 수도 있다. 그 기본 의미는 "다가"와 비슷하나 문장 사이에 쓰이는 것이 다르다.

(184) a. 그이는 숲속에 숨었다. {그러다가 / 그러다} 그이는 경찰에 붙잡혔다.
b. 그 여자는 숲속에 숨었다가 (그 여자는) 경찰에 붙잡혔다.

(185) a. 비가 오다 말다 한다. {그러다가 / 그러하다가} 오후에는 그칠 것이다.
b. 비가 오다 말다 하다가 오후에는 그칠 것이다.

이 형태는 "그랬다가 / 그랬다"로 쓰이는 수가 있다. 이는 "그러 + 었다가"의 축약형으로서 앞 동작이 완료된 뒤의 접속 관계를 보인다.

(186) 그들은 드디어 자백했다. 그랬다가 얼마 뒤에 다시 번복했다.

(187) 나는 얼마 전에 보석을 샀다. 그랬다가 다 팔았다.

"그러다가 / 그랬다가"는 명령문의 뒤에 쓰이기도 하며, 화용론적 상황에 따라 말머리에 쓰이기도 한다.

(188) 그 일을 꾸준히 계속하십시오. 그러다 보면 좋은 결과가 나타날 것입니다.
(189) 너 그런 말을 함부로 하지 말라. {그랬다가 / 그러다가} 큰일날 것이다.
(190) 그러다(가) 어떻게 하려고 하니?
(191) 그랬다가 남이 보면 어떻게 하니?

(188), (189)는 명령문 뒤에 "그러다가 / 그랬다가"가 쓰인 경우이며, (190), (191)은 화용론적 상황에 따라 처음부터 그것을 쓰는 보기이다.

"다가"와 관용 표현

"알다"와 같은 상태성 용언은 일반으로 "다가"와 어울리지 못하나 관용 표현이나 "었다가"의 형태로는 쓰이는 수가 있다.

(192) a. *나는 그 일은 알다가 모른다.
b. 그 일은 알다가도 모를 일이다.
(193) 우리는 그 문제의 답을 {*알다가 / 알았다가} 잊어 버렸다.

"있다"는 "다(가)"와 결합하여 쓰이는 과정에서 "이따가"라는 부사를 형성한 것으로 짐작된다.

(194) a. 그이가 {조금 / 10분} 있다가 돌아올 것입니다.
b. 그 아이가 이따가 여기에 올 것입니다.

"조금 있다가" 따위 표현이 "이따가"라는 부사로 대치되기에 이르렀음을 짐작할 수 있다.

9.5 첨가 및 점증 접속 형태

9.5.1 첨가 접속의 "ㄹ뿐더러," "ㄹ 뿐 아니라," "그럴뿐더러 / 뿐 아니라"

첨가 접속의 "ㄹ뿐더러"는 앞 절의 서술에 뒷 절의 서술이 덧붙여지도록 잇는 구실을 한다. 이 형태는 본디 몇 가지 형태소가 결합된 꼴(ㄹ + 뿐 + 더러)이지만 그 기능은 단일 형태와 마찬가지이다. 이 첨가 접속 형태는 용언에 두루 어울린다.

(195) 그 사람이 담배를 피울뿐더러 술도 마신다.
(196) 오늘은 기분이 좋을뿐더러 흥이 절로 난다.
(197) 그 친구는 늘 집에 있을뿐더러 잠만 잔다.
(198) 그분은 그 회사의 주인일뿐더러 사장이다.

"ㄹ 뿐(이) 아니라"는 어구 형태로 된 것이나 "ㄹ뿐더러"와 마찬가지로 첨가 기능을 보인다. 이 형태도 각 용언에 두루 어울린다.

(199) 그이는 소설을 쓸 뿐 아니라 시도 쓴다.
(200) 그 신사는 멋이 있을 뿐 아니라 마음이 너그럽다.
(201) 그 옷은 빛깔이 좋을 뿐 아니라 감이 좋다.
(202) 오늘은 내 생일일 뿐 아니라 공휴일이다.

|새|김| "ㄹ 뿐 아니라"는 "ㄹ 뿐만 아니라"의 형태로 쓰이는 일이 많은데 "만"은 군더더기이다. 의미로 보아 "뿐"과 중복되므로 "만"은 덧붙이지 않는 편이 낫다.

"그럴뿐더러"와 "그럴 뿐 아니라"는 각기 "ㄹ뿐더러"와 "ㄹ 뿐 아니라"와 "그러"라는 대용형이 합성된 것이다. 그 기본 의미는 전자와 같고 다

만 문장 사이에 쓰이는 것이 다르다.

(203) a. 그이는 노래를 잘 부른다. 그럴뿐더러 춤도 잘 춘다.
b. 그이는 노래를 잘 부를뿐더러 춤도 잘 춘다.

(204) a. 그분은 마음이 좋다. 그럴 뿐 아니라 행실이 무척 착하다.
b. 그분은 마음이 좋을 뿐 아니라 행실이 무척 착하다.

9.5.2 점증 접속의 "(으)ㄹ수록"과 "그럴수록"

"점증 접속"이란 앞 절 서술과 뒷 절의 서술이 점증적으로 이어지는 것이다. 이런 점증 접속에는 "(으)ㄹ수록"만 쓰인다. 이 형태도 각 용언에 두루 어울린다.

(205) 사람은 나이가 들수록 생각이 깊어진다.
(206) 갈수록 태산이다.
(207) 돈은 많이 있을수록 더 벌고 싶어진다.
(208) 여자는 얼굴이 예쁠수록 화장을 더 잘 한다.
(209) 친한 사람일수록 서로 예의를 더 지켜야 한다.

"그럴수록"은 "ㄹ수록"과 동일한 의미 기능을 보이나 문장 사이에 쓰이는 것이 다르다.

(210) a. 그는 그 여자를 자주 만난다. 그럴수록 더 깊이 사랑하게 되었다.
b. 그는 그 여자를 자주 만날수록 더 깊이 사랑하게 되었다.

9.6 비교 및 반복 접속소

9.6.1 비교 접속의 "거든"

비교 접속의 "거든"은 앞 절에 첨가되어 뒷 절 서술과 견줌을 드러내는 구실을 한다. 이 형태는 각 용언에 두루 쓰일 수 있으며, 뒷 절의 첫머리에 임의로 나타나는 "하물며"와 짝을 지어 쓰이기도 한다. 특히 이 형태는 뒷 절의 반어법과 호응된다는 점이 색다르다.

(211) 아이도 하거든 하물며 어른이 못하랴?
(212) 남도 도와주거든 제 아이를 돌보지 않겠느냐?

뒷 절이 평서술법이 아니고 "못하랴," "않겠느냐" 따위와 같이 반어적 의문법으로 끝나는 것이 특색이다.

9.6.2 유사 접속의 "듯(이)"

비교 접속의 "듯(이)"는 앞 절의 용언에 직접 첨가되어 뒷 절 서술이 그와 비슷한 양상으로 이루어지도록 접속하는 것이다. 이 형태와 어울리는 용언이나 뒷 절의 서법에는 별다른 제약이 없다.

(213) 그 사람은 술을 물 마시듯이 단숨에 들이킨다.
(214) 그 친구는 자기 전공 책을 소설 읽듯이 재미있게 읽는다고 한다.
(215) 꼭 어른이 말하듯이 이 아이는 굵은 목소리로 말하지?

위에서 보듯이 "듯(이)"는 앞 용언의 어간에 첨가되어 뒤따르는 동작이나 상태가 앞것과 비슷한 모습으로 이루어짐을 나타낸다.

이 접속소의 기저형은 "듯이"이나 "이"가 탈락되어 "듯" 형태로만 쓰이는 수도 있다.

(216) 우리는 해방의 소식을 듣고 하늘로 날 듯 기뻐했다.
(217) 우리가 서로 용서하듯 너희도 서로 화해를 하여라.

|새|김| 접속 형태 "듯(이)"는 앞의 의존 명사 "듯"과 어원적으로 밀접한 관련을 가진 것으로 짐작된다. 사실 서로 구분하기 어려운 데가 있기도 하다. 이 두 가지의 관계는 여기에서 더 깊이 따지지 않고 뒷날의 숙제로 남긴다.

접속소 "듯(이)"와 의존 명사 "듯"

접속소 "듯(이)"는 용언에 바로 첨가되어 쓰인다. 한편, "듯"이라는 형태는 앞에서 살핀 바와 같이 의존 명사로 쓰이는 경우가 있다. 이럴 때에는 그 "듯"이 선행 동사의 관형화소의 뒤에 놓인다.

(218) 그 남자는 여자가 {a.말하듯이 / b.말하는 듯이} 가는 목소리로 속삭였다.
(219) 그이는 그 일을 직접 {a.(?)겪었듯이 / b.겪은 듯이} 실감나게 말했다.
(220) 그이는 기분이 {a.?상하였듯이 / b.상한 듯이} 낯빛을 달리했다.
(221) 둘이는 서로 {a.*싸우겠듯이 / a.싸울 듯이} 덤벼 들었다.

(218a)의 "듯이"는 접속소로 쓰이는 것이고 (218b)의 "듯이"는 의존 명사 "듯"과 "이"가 결합된 꼴이다. 이 때의 "이"는 '말하는 듯'이라는 명사구를 부사어처럼 만드는 기능을 보인다. 곧 이 때의 "이"는 선행어를 부사로 만드는 단순한 파생 접미사라기보다는 선행 명사구 전체를 부사어로 만드는 후치사와 같은 구실을 한다(이 문제는 여기에서 더 깊이 들어가지 않고 남겨 둔다). 어떻든 (218)에서처럼 '현재' 시제일 때에는 a의 접속소 "듯이"와 b의 "듯이"는 서로 교체될 만큼 동일한 의미를 드러낸다. 그러나 (219), (220), (221)의 각 a에서 보듯이 접속소 "듯이"는 "었"이나 "겠" 따위와 잘 어울리지 못하는 제약을 보인다. 결국, 현재 시제

이외의 쓰임에서는 각 b에서처럼 의존 명사 "듯"만이 자연스럽게 쓰이게 된다.

접속 형태 "듯이"와 의존 명사 "듯"은 관용적인 쓰임을 보이기도 하며 "하다"와 결합하여 나타나기도 한다.

(222) 비오듯이 흘린다, 구름에 달 가듯이, 위에서 보듯이, 밥먹듯한다
(223) 보일 듯 말 듯하다, 아는 듯 모르는 듯, 죽은 듯이, 깎아 지른 듯하다

(222)의 보기들은 접속소 "듯(이)"가 이루는 관용 표현이고 (223)의 예는 의존 명사 "듯"이 관련된 관용 표현이다. 전자는 "듯"이 어간에 직접 덧붙은 경우이고 후자는 관형화소와 어울린 경우이기 때문이다.

참고 문헌

고영근(1976b). "특수 조사의 의미 분석," 〈문법연구〉, 3.

_____(1983). 〈국어문법의 연구: 그 어제와 오늘〉. 서울: 탑출판사.

_____(1986a). "서법과 양태의 상관 관계," 유목상 외(공편)(1986).

_____(1986b). "국어의 시제와 동작상," 〈국어생활〉, 6.

_____(1986c). "능격성과 국어의 통사구조," 〈한글〉, 192.

_____(1989). 〈국어 형태론 연구〉. 서울: 서울대학교출판부.

고영근 · 남기심(공편)(1983). 〈국어의 통사 의미론〉. 서울: 탑출판사.

고창수(1987). "후치사 재고," 〈어문논집〉(고려대), 27.

구현정(1987). "씨끝 {-아, -게, -지, -고}의 쓰임과 의미," 〈건국어문학〉, 11-12.

_____(1989a). "현대 국어의 조건절 연구"(학위논문, 건국대).

_____(1989b). "조건과 주제," 〈언어〉, 14.

권녕춘(1988). "국어 조사 {도}, {까지}, {마저}, {조차}의 의미 분석," 〈국어국문학논문집〉(서울대), 32.

권숙렬(1984). "'답, 롭, 스럽'에 대하여," 〈새국어교육〉, 39.

권재선(1988). 〈국어학 발전사: 현대 국어학 편〉. 서울: 우골탑.

권재일(1985). 〈국어 복합문 구성 연구〉. 서울: 집문당.

_____(1986a). "형태론적 구성으로 인식되는 복합문 구성에 대하여," 〈국어학〉, 15.

_____(1986b). "의존 동사의 문법적 성격," 〈한글〉, 194.

_____(1988). "접속문 구성의 변천 양상," 〈언어〉, 13-2.

_____(1989). "조사의 성격과 그 생략 현상에 대한 한 기술 방법," 〈어학연구〉, 25-3.

김경훈(1977). "국어의 부사수식 연구," 〈국어연구〉(서울대), 37.

_____(1980). "국어의 위치 제약에 대하여," 〈현평효 박사 회갑기념논총〉.

_____(1981). "국어의 양상구조에 대하여," 〈개신어문연구〉(충북대), 1.

_____(1985). "특수조사 '-도'와 접속어미 '-도'에 대하여," 〈개신어문연구〉(충북대), 4.

_____(1990). "부사 및 부사화," 국어연구회(편)(1990).

김광해(1986). "선택과 양보(1): '라도'와 '나'를 중심으로," 〈인문학보〉(강릉대), 2.

김규선(1970). "국어의 복합어에 대한 연구," 〈어문학〉(대구), 23.

김기찬(1981). "전제 이론과 한국어 "-는," "-도," 〈언어연구〉(대구언어학회), 1.

_____(1982a). "영어 'even'과 한국어 '까지,' '마저'의 비교," 〈인문논총〉(경북대), 7.

_____(1982b). "의미 자질에 의한 전제해석: 한국어 "-는," "-도"를 중심으로," 〈어문연구〉, 7.

김기혁(1981). "국어 동사류의 의미 구조," 〈말〉, 6.

_____(1987). "국어 보조 동사 연구"(학위논문, 연세대).

김동식(1984). "동사 '되다'의 연구," 〈국어국문학〉, 92.

_____(1986). "형태 '-서'와 앞서 있음," 〈한남어문학〉, 12.

김두봉(1916). 〈조선말본〉. 경성: 신문관. 김민수 · 하동호 · 고영근(공편)(1986) 재록.

_____(1922). 〈깁더 조선말본〉. 김민수 · 하동호 · 고영근(공편)(1986) 재록.

김민수(1960). 〈국어 문법론 연구〉. 서울:통문관.
_____(1961). "'늣씨'와 'Morpheme'," 〈국어국문학〉, 24.
김상대(1969). "조사의 문법적 고찰," 〈문호〉(건국대), 5.
김석득(1961). "형태소(Morphemes)의 분석," 〈왕십리〉(한양대), 1.
_____(1970a). "움직씨 접미사의 통사론적 연구," 〈연세논총〉, 7.
_____(1971a). 〈국어 구조론: 한국어의 형태, 통사구조론 연구〉. 서울: 연세대 출판부.
_____(1971b). "한국어 부정법에 대하여," 〈국어국문학〉, 53.
_____(1986). "도움 풀이씨의 형태-통어론적 차원," 〈말〉, 11.
_____(1987a). "시킴(사동)법과 입음(피동)법," 〈국어생활〉, 8.
김선희(1987). "현대 국어의 시간어 연구"(학위논문, 연세대).
_____(1988). "시간어와 시간적 의미," 〈목원어문학〉(목원대), 7.
김승곤(편)(1992). 〈한국어 토씨와 씨끝〉. 서울:서광학술자료사.
김승렬(1981). "완문포유시고," 〈국어교육〉, 38.
_____(1985). "보편적 어순 제약과 국어의 어순," 〈박병채 박사 환력기념논총〉.
_____(1988). "국어 어순 연구"(학위논문, 고려대).
김영철(1982). "조건문에 관한 연구," 〈어학〉(전북대), 9.
김영희(1974a). "한국어 조사류어의 연구," 〈문법연구〉, 1.
_____(1974b). "처소격 조사 '에서'의 생성적 분석," 〈연세어문학〉, 5.
_____(1974c). "대칭관계의 접속조사 '와'," 〈한글〉, 154.
_____(1974d). "'와'의 양상," 〈국어국문학〉, 65, 66 합병호.
_____(1975a). "'닥-아서'에서 '다가'까지," 〈연세어문학〉, 6.
_____(1987a). "국어의 접속문," 〈국어생활〉, 11.
_____(1991). "종속 접속문의 통사적 양상," 〈서재극 박사 환갑기념논문집〉.
김완진(1970). "문접속의 '와'와 구접속의 '와'," 〈어학연구〉, 6-2.
김용석(1983). "한국어 보조 동사 연구," 〈배달말〉, 8.
김인택(1988a). "'-기도 하-'와 '-게 하-' 구문에 대하여," 〈부산한글〉, 7.
김일웅(1975)(1991). "국어의 이음과 묶음," 〈국어의 이해와 인식〉(김석득 교수 회갑기념). 서울: 한국문화사.
김재윤(1977). "국어 연결 어미의 통사적 기능에 관한 연구"(학위논문, 단국대).
김정대(1990). "'-게 하다' 사동 구문의 기저구조(2)," 〈인문논총〉(경남대), 2.
김종록(1984). "접속어미 {-러, -려고, -고자, -도록}에 관한 연구" (석사학위논문, 경북대).
_____(1991). "접속어미 '-나, -나마, -아도'의 통사, 의미적 상관성," 〈문학과 언어〉(대구), 11.
_____(1992). "국어 접속문 구성에서의 부정법," 〈어문학〉(대구), 53.
_____(1993a). "국어 접속문의 통사론적 연구"(학위논문, 경북대).
김종택(1986). "'-아 있다,' '-고 있다' 조동사의 구분에 대하여," 〈영남어문학〉, 13.
김진수(1983). "가정, 조건문과 원인 이유문 고찰," 〈어문연구〉(대전), 13.
_____(1985a). "시간부사 '벌써,' '이미'와 '아직'의 상과 통사 제약," 〈한글〉, 189.
_____(1989). "국어 접속어미의 분류," 〈언어연구〉(대전), 6.

김차균(1980b). "'아 있다'와 '고 있다'의 의미," 〈언어〉(충남대), 1.
김충효(1992). "국어의 의문사와 부정사에 관한 연구"(학위논문, 한양대).
김태상(1990). "접속어미 '-어'와 '-어(서)'," 〈문학과 언어〉(경북대), 11.
김하수(1977). "도급형 접미사에 대하여," 〈연세어문학〉, 9-10.
김홍범(1987). "'-다면서,' '-다고,' '-다니'의 구조와 의미," 〈말〉, 12.
김홍수(1977). "계기의 '고'에 대하여," 〈국어학〉, 5.
_____(1980). "인과 구문의 해석," 〈국어국문학〉(전북대), 21.
_____(1982). "원인의 '에'와 '로'에 대하여," 〈국어국문학〉(전북대), 22.
_____(1983). "'싶다'의 통사-의미 특성," 〈관악어문연구〉(서울대), 8.
남기심(1970). "이음씨끝 '-아'를 매개로 한 겹씨의 움직씨," 〈한글〉, 146.
_____(1971). "인용문의 구조와 성격," 〈동방학지〉, 12.
_____(1976). "국어의 시제," 〈언어〉, 1-2.
_____(1978a). "국어 연결어미의 화용론적 기능: 나열형 '-고'를 중심으로," 〈연세논총〉, 15.
_____(1978b). "'아서'의 화용론," 〈말〉, 3.
_____(1980). "연결어미 '고'에 의한 접속문에 대하여," 〈한국학국제학술회의논문집〉(정신문화연구원).
_____(1985). "접속어미와 부사형어미," 〈말〉, 10.
_____(1990a). "토씨 '와/과'의 쓰임에 대하여," 〈동방학지〉, 66.
_____(1990b). "사전의 조사에 대한 풀이에 관하여: '에'의 풀이를 중심으로," 〈강신항 교수 회갑기념 국어학논문집〉.
_____(1993). 〈국어 조사의 용법〉. 서울: 서광학술자료사.
_____(1994). 〈국어 연결어미의 쓰임〉. 서울: 서광학술자료사.
남기심 · 루코프(1983). "논리적 형식으로서의 '-니까'구문과 '-어서'구문," 고영근 · 남기심(공편)(1983).
노대규(1974). "한국어의 문맥어에 대하여," 〈언어문학〉(연세대), 1.
_____(1979). "상황소와 한국어의 시제," 〈문법연구〉, 4.
_____(1982). "국어의 복합어 구성 법칙," 〈인문논총〉(한양대), 4.
_____(1983c). "부사의 의미와 수식 범위," 〈한글〉, 180.
_____(1988). "공간 표시어의 의미론," 〈매지논총〉(연세대), 4.
도수희(1965). "'그러나, 그러고, 그러니, 그러면' 등 어사고: 품사론적 견지에서," 〈한국언어문학〉(충남), 3.
류구상(1983). "국어 후치사에 대한 재론," 〈경희어문학〉, 6.
민현식(1984). "'-스럽다, -롭다' 접미사에 대하여," 〈국어학〉, 13.
_____(1986). "국어 조사에 대한 화용론적 연구," 〈관악어문연구〉, 7.
_____(1990). "시간어와 공간어의 상관성(1)," 〈국어학〉, 20.
박선자(1982). "때 어찌씨의 의미분석," 〈국어국문학〉(부산대), 18, 19.
_____(1983). "한국어 어찌말 연구"(학위논문, 부산대).
_____(1984). "월어찌말과 말재어찌말," 〈박태권 선생 회갑기념논총〉.

박승윤(1988). "국어의 조건문에 관하여," 〈언어〉, 13-1.
박시현 · 김명숙(1987). "'-도'에 대하여," 〈한글〉, 197.
박양규(1972). "국어의 처격에 대한 연구," 〈국어연구〉(서울대), 27.
박영순(1985a). 〈한국어 통사론〉. 서울: 집문당.
_____(1985b). "관용어에 대하여," 〈이을환 교수 화갑기념논문집〉.
박영준(1991). "국어 명령문 연구"(학위논문, 고려대).
_____(1994a). 〈명령문의 국어사적 연구〉. 서울: 국학자료원.
_____(1994b). "종결어미 '지'에 관하여," 〈한국어학〉, 1. 서울: 서광학술자료사
박형익(1989). "동사 '주다'의 3가지 용법," 〈한글〉, 203.
_____(1991). "여격 동사," 〈국어의 이해와 인식〉(김석득 교수 회갑기념). 서울: 한국문화사.
배태영(1985). "한국어와 영어에 있어서의 조응표현 비교," 〈언어연구〉(경희대), 6.
배해수(1977). "국어 문형의 연구," 〈어문논집〉(고려대), 19, 20.
백봉자(1981). "연결어미 '느라고, 느라니까, 느라면'의 의미와 기능," 〈말〉, 5.
백선기(1985). "처격 조사 '에'의 의미 기능과 문구성 요소연구," 〈목원어문학〉, 5.
서상규(1984). "부사의 통사적 기능과 부정의 범위"(학위논문, 연세대).
서정목(1984). "후치사 '-서'의 의미에 대하여," 〈언어〉, 9-1.
_____(1985). "접속문의 의문사와 의문 보문자," 〈국어학〉, 14.
서정섭(1991). "국어 양보문 연구"(학위논문, 전북대).
서정수(1971). "국어의 용언어미 '어(서)'," 〈한글학회 50돌기념논문집〉.
_____(1978). "'-었더니'에 관하여," 〈허웅 박사 환갑기념논문집〉.
_____(1979). "'(었)던'에 관하여," 〈서병국 박사 화갑기념논문집〉. 고영근 · 남기심(공편)(1983) 재록.
_____(1982). "연결어미 '-고'와 '-어서'," 〈언어와 언어학〉(외국어대), 8.
_____(1984). "한국어와 일본어의 접속어미 비교연구," 〈문법연구〉, 5.
_____(1985). "국어의 접속어미 연구," 〈한글〉, 189.
_____(1985). "시간관계 접속어미," 〈역사언어학: 김방한 선생 회갑기념).
_____(1988). "어미 '게'와 '도록'의 대비 연구," 〈말〉, 13.
_____(1996). 〈국어문법〉(수정증보판: 서울: 한양대학교 출판원)
서종학(1983). "15세기 국어의 후치사연구: 체언, 용언, 부사 파생의 후치사 중심," 〈국어연구〉, 53.
서태룡(1979a). "국어 접속문에 대한 연구," 〈국어연구〉(서울대), 40.
_____(1979b). "내포와 접속," 〈국어학〉, 8.
_____(1982). "국어의 조건과 주제," 〈성심여대논문집〉, 13.
_____(1990). "'-으니까'와 '다가'의 {-가}," 〈강신항 교수 회갑기념 국어학 논문집〉.
성광수(1976a). "국어중피동구조에 대한 검토," 〈어국문학〉, 72, 73.
_____(1976b). "불완전 명사 + {하다, 이다}에 대한 생성론적 분석," 〈어문논집〉(고려대), 17.
_____(1976). "존재 동사 '있다'에 대한 재고," 〈국어어문논총: 강복수 박사 회갑기념

논문집〉.
_____(1977). "국어 조사에 대한 연구"(학위논문, 고려대).
_____(1978a). "체언 접속과 공격," 〈한글〉, 162.
성기철(1972). "어미 '고'와 '어'의 비교연구," 〈국어교육〉, 18, 19, 20.
_____(1974). "경험의 형태 {었}에 대하여," 〈문법연구〉, 1.
_____(1992). "국어 어순 연구," 〈한글〉, 218.
_____(1993). "'-어서'와 '-니까'의 변별적 특성," 〈주시경 학보〉, 11.
_____(1994). "주격조사 '-가'의 의미," 〈선청어문〉, 22.
성낙수(1976). "접속사 '다가'에 대하여," 〈연세어문학〉, 7, 8.
_____(1978a). "이유, 접속을 나타내는 접속문 연구(1)," 〈연세어문학〉, 11.
_____(1978b). "이유, 원인을 나타내는 접속문 연구(2)," 〈한글〉, 162.
_____(1974). "부사화 접미사 '-이/-히' 논고," 〈국어국문학〉, 65, 66 합병호.
손세모돌(1991). "보조동사 '주다'의 결합제약과 의미," 〈한국학논집〉(한양대), 19.
_____(1992). "중세 국어의 '브리다'와 '디다'에 대한 연구," 〈주시경 학보〉, 9.
_____(1993). "국어 보조 용언에 대한 연구"(학위논문, 한양대).
송석중(1982). "조사 '과, 를, 에'의 의미분석," 〈말〉, 7.
송영주(1990). "'-었었-'과 '-더-'의 비교," 〈한국 언어 문학〉(한국 언어 문학회), 1.
안명철(1982). "처격 '에'의 의미," 〈관악어문연구〉(서울대), 7.
_____(1983). "현대 국어의 양상 연구: 인식 양상을 중심으로," 〈국어연구〉, 56.
_____(1985). "보조 동사 '-서'의 의미," 〈국어학〉, 15.
양인석(1972). "한국어의 접속화," 〈어학연구〉, 8-2. 남기심/고영근/이익섭(공편) (1975) 재록.
_____(1975). "한국어 부사의 의미와 화용론(1)," 〈어학교육〉(전남대), 7.
_____(1977). "한국어 부사의 의미 분석," 〈이숭녕 선생 고희기념논총〉.
_____(1978). "'가다, 오다' 합성동사 화용론," 〈김영희 박사 송수기념 영어영문학 논총〉.
오 만(1979). "현대 한국어 복합 동사 '나다 / 내다'의 형태적, 의미적 고찰," 〈언어학〉, 4.
오오이히 데아끼(1986). "한국어의 '-가'와 주제 일본어 '-Wa, -Ga'와의 비교를 중심으로"(석사학위논문, 연세대).
옥태권(1988b). "'-려 하(다)'의 의미," 〈부산한글〉, 7.
우명제(1988). "'-며, -면서' 연구," 〈국어국문학논문집〉(서울대), 34.
우인혜(1990). "시늉성 부사의 구문론적 제약," 〈한국학논집〉(한양대), 17.
_____(1991). "우리말 시제/상 표현과 시간 부사," 〈한양어문연구〉, 9.
_____(1993a). "용언 '지다'의 의미와 기본 기능," 〈말〉(연세대), 17.
우형식(1986). "지각동사 '보다'의 경험과 추정," 〈연세어문학〉, 19.
유구상. "국어의 후치사," 〈어문논집〉(고려대), 11.
유동석(1981). "'더'의 의미에 대한 관견," 〈관악어문연구〉(서울대), 6.
_____(1984). "'로'의 이질성 극복을 위하여," 〈국어학〉, 13.
_____(1988). "시간어에 대한 양화론적 해석과 조사 {에}: φ," 〈주시경 학보〉, 1.

유동준(1980). "한국어의 접속화 연구," 〈연세어문학〉, 13.
유목상(1970). "접속어에 대한 고찰," 〈한글〉, 145. 남기심/고영근/이익섭(공편)(1975) 재록.
유현경(1986). "국어 접속문의 통사적 특질에 대하여," 〈한글〉, 191.
윤평현(1981). "'-도록'의 의미와 문법," 〈한국언어문학〉, 20.
_____(1986). "이유, 원인 연결어미에 대한 연구," 〈어문논총〉(전남대), 9.
_____(1988a). "국어 대립 접속어미에 대한 연구," 〈한글〉, 200.
_____(1988b). "'-게'와 '-도록'의 의미," 〈국어국문학〉, 100.
_____(1989). "국어의 접속어미에 대한 연구: 의미론적 기능을 중심으로"(학위논문, 전남대).
_____(1991). "국어의 가정표현에 대한 고찰," 〈국어의 이해와 인식〉(김석득 교수 회갑기념). 서울: 한국문화사.
_____(1992). "접속 어미 '어도'의 의미에 대하여," 고영근 외(편)(1992).
윤평현/최재희(1985). "국어 연결어미의 화용론적 고찰: '-아서'와 '-니까'를 중심으로," 〈인문과학연구〉(조선대), 6-7.
이건원(1984). "문장 접속 연구," 〈어학연구〉, 20.
이관규(1989). "동사 연결의 유형과 특성," 〈우리 어문 연구〉, 3.
_____(1990). "'와'의 연결과 '공동'," 〈한국어학 신연구〉. 서울: 한신문화사.
이광호(1980). "접속어미 '-면'의 의미 기능과 그 상관성," 〈언어〉, 5-2.
_____(1984). "처격어미 {에}, {에서}의 의미와 그 통합 양상," 〈어문학〉(국민대), 3.
_____(1985). "격조사 {로}의 기능 통합을 위한 시론," 〈국어학 논총: 김형기 선생 팔지기념〉.
이규희(1983). "동의적 연결어미의 구문상 제약," 〈말〉, 8.
이근규/도수희(1974). "소위 후치사의 설정문제," 〈연구보고집〉(충남대), 3.
이기갑(1982). "씨끝 '-아'와 '-고'의 역사적 교체," 〈어학연구〉, 17-2.
_____(1987). "의도 구문의 인칭 제약," 〈한글〉, 196.
_____(1989). "한국어의 어순 뒤섞기(scrambling)와 용인성 측정법," 〈어학연구〉, 25-1.
이기동(1977). "대조, 양보의 접속어미의 의미 연구(1)," 〈어학연구〉, 13-2.
_____(1979). "연결어미 '는데'의 화용상의 기능," 〈인문과학〉(연세대), 40-41.
이기백(1972). "국어 조사의 분류에 대하여," 〈상산 이재수 박사 환력기념논문집〉.
이기용(1975). "시상에 관한 의미공존의 설정," 〈어학연구〉, 11-2.
이기용/이환묵/전병쾌(역)(1990). 〈현대 문법이론 강의〉(원본: P. Sells 1985), 서울: 한신문화사.
이남순(1981a). "'겠'과 'ㄹ것'," 〈관악어문연구〉(서울대), 6.
_____(1981b). "현대 국어의 시제와 상에 관한 연구," 〈국어연구〉(서울대), 46.
_____(1983a). "'에'와 '로'의 통사와 의미," 〈언어〉, 8-2.
_____(1983b). "양식(様式)의 '에'와 소재의 '에서'," 〈관악어문연구〉(서울대), 8.
_____(1987). "'에, 에서'와 '-어 있(다), -고 있(다)'," 〈국어학〉, 16.

이봉선(1987). "동사적 합성어에 대해서," 〈어학〉(전북대), 14.
이상복(1977). "한국어 부사류에 대하여," 〈연세어문학〉, 9, 10집.
_____(1978). "국어의 연결어미에 대하여: '-아서'를 중심으로," 〈말〉, 3.
_____(1981). "연결어미 '-아서, -니까, -느라고, -므로'에 대하여," 〈배달말〉, 5.
이상태(1974). "복합 동사의 구조에 대하여," 〈국어교육연구〉(경북대), 6.
_____(1977a). "이음말 {-야}와 그 월의 구조," 〈한글〉, 160.
_____(1977b). "'-면'무리 이음월에 대하여," 〈배달말〉, 2.
_____(1978). "조건문 연구," 〈경상대논문집〉, 17.
_____(1986). "{-을수록} 구문의 통사와 의미에 관하여," 〈국어학신연구〉. 서울: 탑출판사.
_____(1987). "{-는지, -는데, -으니}의 의미 상관성에 관하여," 〈배달말〉, 12.
_____(1988). "국어 접속어미 연구"(학위논문, 계명대).
이석규(1988a). "시간 부사 의미 연구를 위한 시론," 〈선청어문〉(서울사대), 16, 17.
_____(1988b). "현대 국어 정도 어찌씨의 의미 연구"(학위논문, 건국대).
이 숙(1985). "연결어미 '느라고'의 의미적, 통사적 분석," 〈말〉, 10.
이시형(1988). "'-어', '-고' 보문자에 대한 재고찰," 〈서강어문〉(서강대), 6.
_____(1989). "보문자 '게'와 '도록'의 대비 고찰," 〈국어국문학논총〉(서강대).
이영숙(1989). "연결어미 '-느라고'의 선택 제한," 〈이용주 박사 회갑기념논문집〉.
_____(1991). "현대 국어 연결어미 '-느 / 는데'의 분석," 〈김영배 선생 회갑기념논총〉.
_____(1969). "부사, 접속사의 기능에 대하여," 〈논문집〉(서울대), 6.
_____(1984a). "시간 부사와 동사의 '-겠다' 활용형이 나타내는 동작의 시간적 양상," 〈사대논총〉, 28.
_____(1984b). "'시간 부사 + V-었다'가 나타내는 동작의 시간적 양상," 〈사대논총〉, 29.
_____(1985a). "'시간 부사 + V-느 / -(으)ㄴ / -(으)ㄹ'의 동작상태 등의 시간적 양상," 〈사대논총〉, 30.
이윤하(1988a). "경험표현의 '-서'에 대한 연구: 명사구에 나타나는 '-서'를 중심으로," 〈국어연구〉, 81
_____(1988b). "'-(이)라서'에 대한 별견,", 〈어문연구〉, 58.
이은경(1990). "국어의 접속어미 연구," 〈국어연구〉, 97.
_____(1992). "접속과 접속 형식," 〈주시경 학보〉, 9.
이은정(1983). "{-도록}의 기능과 의미 유형 고찰," 〈한글〉, 181.
이익섭 / 임홍빈(1983). 〈국어문법론〉. 서울: 학연사.
이정민(1975). "국어의 보문화에 대하여," 〈어학연구〉, 11-2.
_____(1980). "한국어 조건, 원인 구문의 통사론과 의미론," 〈한국학국제학술대회 논문집〉(정문연).
이정택(1988). "'-고'와 공존하는 도움풀이씨 연구," 〈한글〉, 200.
이종덕(1987). "어미 {-게}의 통사와 의미," 〈국어국문학논문집〉(서울대), 29.
이충우(1986). "국어 정도 부사의 동사 수식에 대하여," 〈국어국문학논문집〉(서울대), 24.
이필영(1989). "'와'의 접속 기능과 격표시 기능에 관하여," 〈수련어문논집〉(부산여대), 16.

이환묵(1975). "양상부사의 통어적 특성에 대한 의미론적 접근," 〈어학교육〉(전남대), 7.
______(1976). "문장부사 '다행히'에 대하여," 〈언어〉, 1-2.
______(1979). "부사론(1)," 〈어학교육〉(전남대), 10.
______(1981a). "양보문의 의미 분석," 〈어학교육〉(전남대), 12.
______(1981b). "'또'의 의미 분석," 〈한글〉, 173-174,
임홍빈(1972). "NP 병렬의 '와 / 과'에 대하여," 〈서울대 교양과정부 논문집〉, 4.
______(1974). "'로'와 선택의 양태화," 〈어학연구〉, 10-2.
______(1975). "부정법 {어}와 상태진술의 {고}," 〈국민대논문집〉, 8.
______(1976). "부사화와 대상성," 〈국어학〉, 4.
장경희(1987). "국어의 완형보절의 해석," 〈국어학〉, 16.
장석진(엮음)(1994). 〈현대 언어학 지금 어디로〉. 서울: 한신문화사.
전혜영(1983). "가정 조건문 연구," 〈이화어문논집〉, 6.
______(1989). "현대 한국어 접속어미의 화용론적 연구"(학위논문, 이화여대).
정정덕(1986a). "국어 접속어미의 통사 의미론적 연구"(학위논문, 한양대).
______(1986b). "조사 관계 접속어미," 〈어학논지〉(창원대), 1.
______(1989). "접속어미 '니까'와 '니'," 〈어학논지〉(창원대), 4.
채연강(1985). "현대 한국어 연결어미에 대한 연구"(학위논문, 성균관대).
채 완(1976). "조사 '는'의 의미," 〈국어학〉, 4. 고영근 / 남기심(공편)(1983) 재록.
______(1982). "국어 수량사구의 통시적 고찰 - 어순 변화의 일례로서 -," 〈진단학보〉, 53, 54.
______(1983). "국어 수사 및 수량사구의 유형적 고찰," 〈어학연구〉, 19-1.
______(1985). "병렬의 어순과 사고방식," 〈국어학〉, 14.
최용재(1976b). "영어의 전치사와 한국어의 후치사와의 대조 연구," 〈사대논문집〉(조선대), 7.
최재희(1985). "'-고' 접속문의 양상," 〈국어국문학〉, 94.
______(1987a). "국어 접속문의 생략 현상," 〈국어교육연구〉(조선대), 5.
______(1987b). "국어 대립구문의 분석," 〈장태진 박사 회갑기념〉.
______(1989). "국어 접속문의 구성에 관한 연구"(학위논문, 성균관대).
______(1990). "국어 의도 관계접속문 분석," 〈강신항 교수 회갑기념논집〉.
______(1991). 〈국어 접속문 구성 연구〉. 서울: 탑출판사.
최현배(1937). 〈우리말본〉 경성: 연희전문출판부.
______(1961). 〈우리말본〉(세번째 고침). 서울: 정음사.
홍기문(1947). 〈조선문법 연구〉. 서울: 서울신문사. 김민수/하동호/고영근(공편)(1986) 재록.
홍기선(1984). "한국어 풀이씨의 상적 특성," 〈문법연구〉, 5.
홍사만(1993). 〈한일어 대조어학 / 논고〉. 서울: 탑출판사.
홍재성(1982). "'러' 연결어미문과 이동동사," 〈어학연구〉, 18-2.
황미경(1988). "국어 연결어미 '-아서'와 '-고'," 〈어문학보〉(강원대), 11.
황병순(1886). "'-어'와 '-고'의 기능에 대하여," 유목상 외(공편)(1986)

_____(1988). "국어 복문구조에 대하여," 〈배달말〉, 14.
황찬호(편)(1988). 〈한-일어 대조 분석〉. 서울: 명지출판사.

Abasolo, R.(1974). "Basic Semantic Structures of Korean" (dissertation, George-town University.). Seoul: Tap Publishing Co.
Bak, S. Y.[박승윤](1977). "Topicalization in Korean," *Working Papers in Linguistics*(Univ. of Hawaii), 9-2.
_____(1987). "Conditionals in Korean," in Kuno et al.(eds.)(1987). verbials," *Language*, 44-1.
Ramstedt, G.(1933). "The Nominal Postposition in Korean." Reprinted in Kim/Ha/Ko(eds.)(1986)
_____(1939). *A Korean Grammar*. Helsinki: Suomalsis-Ugrilainen Seura.
Ree, Joe[이정로](1970). "Does Korean have Relative Clause?" *Papers in Linguistics*, 3.
_____(1974). *Topics in Korean Syntax with Notes to Japanese*. Seoul: Yonsei U. Press.
_____(1975). "A Semantic Analysis of (u)ni and (e)se," *Language Research*, 11-1.
_____(1978). "A Re-Analysis of (u)ni and (e)se," in C. Kim(ed.)(1978).
Sohn, H. M.[손호민](1973a). "Coherence in Korean 'Auxiliary' Verb Constructions," *Language Research*, 9-2.
_____(1973b). "A Re-examination of 'Auxiliary' Verb Constructions in Korean," *Working Papers in Linguistics*(University of Hawaii), 6-4.
_____(1975). "Retrospection in Korean," *Language Research*, 11-1.
_____(1976). "Semantics of Compound Verb in Korean," *Linguistic Journal of Korea*, 1-1.

찾아보기

ㄷ

ㄹ

ㅂ

ㅅ

ㅈ

ㅊ

ㅋ

ㅌ

『한국의 탐구』 시리즈 간행사

우리 것에 대한 탐구의 필요성은 19세기 서양문명이 도래하면서부터 활발히 일기 시작했다. 동도서기(東道西器)란 논제가 19세기 전반기에 이미 지식계에 등장한 것으로 보아 그렇게 추단된다. 아니 18세기 실학(實學) 단계에서 이미 중국을 타자(他者)로 여기는 인식이 싹텄고 더 앞서 훈민정음에서 "나랏말이 중국과 달라(國之語音異乎中國)"라고 하였으니 그 연원은 더 올라가겠다.

일본 제국주의의 강압 속에서 우리 것을 잃지 않으려는 노력은 일일이 거론하기 어려울 정도로 많았다. 조선얼, 조선정신, 혼백론, 조선학, 조선어, 진단(震檀) 등 그 표현 용어가 한둘이 아니었다. 힘센, 일본정신, 화혼(和魂), 서학(西學), 양학(洋學) 등에 넘어가지 않으려는 안간힘이었다. 그래서 체계성이 미비하다던가, 객관성이 부족한 단점도 없지 않았다. 그렇더라도 그만큼 버텨 낸 것만 해도 큰 공이라 하지 않을 수 없다.

8·15 해방 후에는 거대 강국, 미국과 소련의 틈바구니에서 버둥대느라 우리 것 부지하기가 더 어려운 형세가 되었다. 남북 분단 속에 한쪽 이데올로기에 충실해야 하는 현실 속에 우리를 찾을 여유가 없었다. 동족상잔의 비극을 치른 뒤, 1960년대에 들어서서야 한국학 붐이란 것을 맞이할 수 있었다. 각박한 세월이었다. 1970년대, 1980년대의 개발독재, 군사독재 속에서 한국학은 그 이용물로 넘어갈 듯한 위험에 처하기도 했다. 초역사적 당위가 시대를 잘못 만나 독재의 이용물이라고 오해를 받기도 하면서 그 토대를 넓혀 갔다. 그러나 1990년대에 민주화 물결 속에 오히려 국학은 뜻하지 않은 위기에 처하기도 하였다. 대학의 교양 필수과목이었던 한국사가 선택과목으로 전락하고, 대학입학 시험 과목에서도 독립 영역을 잃어버리는 사태가 빚어진 가운데 오늘에 이르고 있다.

우리의 학문은 아직도 서양학문에 많이 의존하고 있다. 그럴 필요성이 많이 남아 있는 것을 부인할 수 없다. 특히 이공 분야는 국경을 긋기 어려운 점이 많다. 그러나 인문학, 사회과학은, 귀는 바깥으로 기울이더라도, 눈은 안쪽으로 항상 향해 있어야 하지 않을까. 그래야 세계적으로도 대접받는 학문이 되지 않을까.

한국학은 해방 후 반세기가 넘는 시간 속에 산전수전 다 겪은 셈이다. 그 세월이 헛되지 않으려면 객관성이 그만큼 다져졌어야 했다. 『한국의 탐구』 시리즈는 그간에 한국학 각 분야의 연구자들이 쌓고 쌓은 학문적 축적을 누에가 실 뽑듯 풀어서 독자들과 만나게 하기 위해 짜낸 기획이다. 기획측의 성급함과 조급증으로 필자들에게 충분한 시간을 드리지 못해 만족스런 책이 되지 못한 경우도 없지 않을 것 같다. 이런 경우가 있다면 개고(改稿)의 기회를 약속하면서, 이 시점에서의 전진을 위해 모든 것이 양해되기를 바란다.

발간 취지상으로는 한국의 언어·문학·역사·사상 분야의 그간의 연구성과를 폭넓게 정리해, 학술전문서적과 교양도서와의 중간단계를 지향하는 총서를 만들려고 했다. 이 기획물이 일반 독자들에게 우리 것에 대한 교양의 폭을 넓히는 데에 기여하는 한편, 젊은 학도들에게 학문적 발상을 자극하여 비단 한국학만이 아니라 우리의 모든 학문영역이 새로운 도약을 해 나가는 데에 기여할 수 있기를 기대해 본다.

1998년 4월

기획위원 권두환 금장태

노태돈 이병근 이태진

저자 소개

서정수

서울대학교 문리과 대학 물리학과를 졸업하고, 연세대학교 대학원 국문학과에서 석사와 박사 학위를 받았다. 한양대학교 인문대학 교수로 재직하였고, 1998년 정년퇴임하였다.

한글학회 이사, 국어심의회 국어정보화분과 위원장, 한국 문장 교육학회 회장, 사단법인 국어 정보학회 회장, 〈'94, '95, '96 우리말 컴퓨터 처리 국제 학술대회〉 한국 대표단장, 정보통신부 정보통신용어 표준화 위원, 한글문화 세계화 운동본부 회장, 한글날 국경일 제정 범국민 추진 본부 본부장, 한글 인터넷 주소 추진 총연합회 상임 대표를 역임하였다.

학술적 업적으로 노산문학상(학술 부문), 외솔상(학술 부문), 백남학술상, 대한민국학술원상을 수상하였고, 2007년 작고하였다.

저서 : 〈국어문법〉. 서울 : 한양대출판원. 1996
New Millennium Dictionary of Korean Language & Culture. Seoul: Hansebon. (2003)
An Encyclopaedia of Korean Culture. Seoul: Hansebon. (2004)
등 30여 편

논문 : 국어 부사류어의 구문론적 연구, 〈동방학지〉(연세대), 12 (1971)
Remarks on Subject Honorification, in Kim, Chin-W(ed.) (1978)
韓國語現代敬語法ノ推移, 〈朝鮮學報〉, 89 (1978) 등 100여 편

한국의 탐구 32

한국어의 부사

펴낸곳 서울대학교출판문화원
펴낸이 성낙인
지은이 서정수

초 판 1쇄 발행 2005년 3월 20일
초 판 3쇄 발행 2018년 1월 30일
출판등록 제15-3호

주소 (08826) 서울 관악구 관악로 1
대표전화 02-880-5252 **팩스** 02-888-4148
홍보마케팅팀(주문상담) 02-889-4424, 02-880-7995
이메일 snubook@snu.ac.kr
홈페이지 www.snupress.com

ISBN 978-89-521-2015-1 93710

한국의 탐구

1. 퇴계의 삶과 철학
금장태
2. 한국의 석조미술
정영호
3. 실학의 국가 개혁론
김태영
4. 한국의 샤머니즘
조흥윤
5. 한국유학의 탐구
금장태
6. 한국의 목조건축
주남철
7. 북한의 언어 문화
고영근
8. 조선시대 건축의 이해
김동욱
9. 한국고대의 금속공예
이난영
10. 韓國의 譯學
강신항
11. 한국의 원형신화 원앙부인 본풀이
조흥윤
12. 재외동포
이광규
13. 이율곡, 그 삶의 모습
황준연
14. 김소월, 그 삶과 문학
오세영
15. 한국천문학사
나일성
16. 한국의 선비와 선비정신
금장태
17. 한국인의 죽음관
이은봉
18. 서포 김만중의 생애와 문학
김병국
19. 춘향전의 비밀
설성경
20. 신라 화엄사상사연구
김두진
21. 장영실과 자격루
- 조선시대 시간측정 역사 복원
남문현
22. 구한말의 개혁 · 독립투사 서재필
이정식
23. 한국어의 의성어와 의태어
채완
24. 보부상 - 근대화 격변기의 상인
조재곤
25. 한국의 성씨와 족보
이수건
26. 조선시대 도자기
김영원
27. 홍길동전의 비밀
설성경
28. 이익사상의 구조와 사회개혁론
김용걸
29. 근대도시 목포의 역사 · 공간 · 문화
고석규
30. 고구려 고분벽화의 세계
전호태
31. 삼국사기의 현대적 이해
정구복
33. 한국어 문법
이익섭
34. 조선시대 궁중의 식생활문화
한복진
35. 여운형
- 시대와 사상을 초월한 융화주의자
이정식